北京市经济信息中心

2016 北京市经济形势分析与预测

◎ 王维然 • 等著

BEIJING ECONOMIC SITUATION ANALYSIS & FORECAST

中国财政经济出版社

图书在版编目（CIP）数据

北京市经济形势分析与预测. 2016/王维然等著. —北京：中国财政经济出版社，2016.1

ISBN 978-7-5095-6621-3

Ⅰ. ①北… Ⅱ. ①王… Ⅲ. ①区域经济－经济分析－北京市－2015②区域经济－经济预测－北京市－2016Ⅳ. ①F127.1

中国版本图书馆CIP数据核字（2016）第017024号

责任编辑：陆宗祥　　责任校对：杜建东

版式设计：丁雪莲　　装帧设计：北京真色彩广告有限公司

中国财政经济出版社 出版

URL: http://www.efeph.cn

E-mail：cfeph@cfeph.cn

社址：北京市海淀区阜成路甲28号　邮政编码：100142

营销中心电话：88190406　北京财经书店电话：64033436　84041336

北京紫瑞利印刷有限公司印刷　各地新华书店经销

787×1092毫米 16开　24.5印张　300 000字

2016年1月第1版　2016年1月 第1次印刷

定价：58.00元

ISBN 978-7-5095-6621-3/F · 5328

（图书出现印装问题，本社负责调换）

本社质量投诉电话：010-88190744

打击盗版举报热线：010-88190492、QQ：634579818

《2016北京市经济形势分析与预测》撰写委员会

主　　任： 王维然

副 主 任： 林明金　刘岚芳

委　　员： 邢志俊　齐　心　崔　岩　胡彭辉

杨永恒　孙　哲　宋亚妮

序

“玉羊归去，金猴献岁”之际，《北京市经济形势分析与预测》与大家又见面了。创刊九年来，绿皮书撰写团队始终坚持分析、预测、对策相结合的写作思路，全面、系统地研究北京市宏观经济运行、投资消费、重点产业和人民生活等领域的问题。在2016版绿皮书中，更是立足于城市战略定位和首都发展的阶段性特征，在深入分析传统增长动力基础上，将改革、创新和开放、协同视作新常态下经济发展的持久动力。在研究过程中形成了关于首都经济发展的若干认识，写入书中与大家共同分享。

本书认为，2015年是“十二五”规划的收官之年，北京市牢牢把握首都城市战略定位，有序推进非首都功能疏解，狠抓“大城市病”攻坚治理，主动适应经济发展新常态，进一步加快转方式、调结构步伐，全年GDP增长6.8%左右，经济进入“6”时代。今后一段时期，是落实京津冀协同发展规划和率先建成全面小康的关键时期，北京市将积极贯彻创新、协调、绿色、开放、共享的发展理念，进一步强化非首都功能疏解，努力推动区域融合发展，培育壮大经济发展新动力，构建完善高精尖产业体系，“十三五”时期经济有望在合理区间运行。2016年，面对全球经济慢复苏的常态和国内经济减速的形势，北京市将坚持稳增长、调结构、惠民生、防风险，加快疏功能、转方式、治环境、补短板、促协同，经济有望继续保持平稳态势，预计全年增长6.5%左右。

作为一家长期致力于北京市经济发展形势分析与预测的专业机构，北京市经济信息中心由衷地希望本书的出版能在首都运行特点、存在问题和未来发展趋势方面，为政府决策、企业战略制定、学术机构研究等提供借鉴与支撑。

由于时间仓促、水平有限，书中难免有疏漏与不妥之处，敬请读者批评指正。

编 者

2016年1月

目 录

导 言

第三章 消费 消费需求持续释放 亟待改革丰富供给

第五章 外资外贸 对外贸易分化运行 双向投资良性互动

第六章 农村经济 农业综合服务功能凸显 城乡一体化稳步推进

第九章 高技术产业 创新创业热潮涌动 高技术产业发展总体向好

第十一章 就业 就业持续平稳增长 总量矛盾有所显现

导言

在疏解中发展 在调整中提升

——关于首都经济发展的几点认识

当前我国正处于新老动力转换、新旧常态衔接的阶段，经济发展的传统增长动力减弱，新动力正在培育和催生之中。北京市在经济增速换挡、产业结构优化和经济增长动力转换方面更早发生了深刻变化，人口资源环境方面也更早遇到了强约束，单纯依赖投资、消费、出口三驾马车拉动经济增长将难以为继，需要适应首都功能定位，从服从和服务于首都功能优化的大局出发，加大改革力度、加快创新、加强开放协同，推动经济发展由聚集资源求增长向疏解功能谋发展转变。未来北京市将在疏解中发展、在调整中提升。

一、调整疏解是首都转型发展的必经之路

当前，北京市患上了相当程度的“城市病”，人口过多、交通拥堵、房价高涨，自然生态系统退化，资源环境处于超负荷状态。北京城市病问题的深层次原因是北京所承载的各类政治、经济、文化、国际、科技、宜居等功能太多。为此，北京市积极贯彻习总书记系列讲话精神，明确提出要坚守“四个中心”的城市战略定位，在城市布局、资源配置等方面加强统筹，突出首都核心功能定位，实现由经济发展主导城市发展向经济发展服从和服务于城市战略定位的转变。要将有序疏解北京非首都功能作为落实首都城市战略定位、解决“大城市病”的先导和突破口，守住人口、用

地规模、开发强度、生态保护四条红线，深化结构调整和优化空间布局，通过发挥首都的比较优势，实现在新常态下更高水平、更可持续的发展。同时，强调要融入京津冀协同发展大局，促进区域间要素顺畅流动，在区域内推动形成优势互补、分工协作、协调发展的产业格局，在首都范围内瞄准高端环节和高端业态，加快形成创新引领、技术密集、价值高端的经济结构，切实推动经济发展从增量扩能为主向调整存量与做优增量并举转变，实现首都转型发展。

二、新常态下传统增长动力面临调整

（一）从投资看，要加快由重规模扩张向重结构优化转变

近年来北京市投资对经济增长的直接拉动作用在减弱，平均每增加1元投资可带动的GDP增加量由2007年的0.44元下降到2014年的0.2元，与发达国家的0.5~1元的差距再度扩大，并且投资率连续9年波动下行，2014年下降至40%。目前北京市城乡建设用地规模达到2886平方公里，据初步估算，“十三五”时期将压缩至2800平方公里，到2030年，再压缩至2700平方公里，继续依赖传统模式保持投资高速增长的难度越来越大。要实现投资对经济增长的拉动，必须转变原有的“立项目、聚资源、求增长”投资模式，及时调整、优化投资方向，遏制外延式投资，更多地投向城市基础设施特别是“里子”工程、民生领域特别是远郊区县的公共服务设施，要把更多的资金从盖楼堂馆所上转向路网加密、地下综合管廊建设，让投资更多发挥“优功能、提效率、促转型”的作用。

一是注重由重“面子”转向重“里子”。“出门看海、出门必备游泳圈”的帖子在网上频频出现，再次说明了城市光鲜的“面子”背后，凸显了城市排放系统“里子”的脆弱。目前，北京建成的涉及供水、排水、电力、电信等各种市政管线近1.3万公里，但基础情况不清、设防标准低。2015年李克强总理指出城市地下综合管廊建设是未来市政建设改造的主要方向。综合管廊是实施统一规划、设计、施工和维护，建于城市地下用于集中敷设电

力、通信、广播电视、给水、排水、热力、燃气等市政管线的公用设施。据专家测算，国内每公里管廊总造价约1.2亿元，这意味着，在北京加快城市更新改造、提升新城承载能力、优化城市功能的过程中，依然有着较大的投资需求。

二是注重由重广度转向重深度。政策性资金要改变“撒胡椒面”式的投资方式，进一步聚焦城市发展短板，更加注重提高城市绿色空间，加密交通路网，形成“拳头效应”。以交通为例，北京与东京相比，一些衡量交通基础设施指标的差距十分明显，如北京市平均路网密度1.7公里/平方公里，东京都平均路网密度11.13公里/平米公里；北京市人均公共轨道交通长度为2.1厘米，东京都人均轨道交通长度20厘米。如果将统计范围由北京扩大至京津冀地区，交通基础设施的差距将更为巨大。这也意味着，随着京津冀协同发展的推进，未来在提升区域承载能力和改善运行软环境等方面，蕴含着巨大的投资潜力。

三是注重提高城市“智商”和畅通“血脉”。当前，新技术和信息技术的广泛运用特别是与传统产业的深刻融合，正引发影响深远的产业变革。北京在信息基础设施建设上与发达国家和地区相比还有不少差距。比如，2015年北京宽带平均可用速率为6.2兆，而韩国22.1兆、日本13.3兆、香港12.5兆、美国9.8兆，而且这些国家或地区基本实现主要公共区域Wifi全覆盖，相比而言，北京市还存在一定差距。同时，要建设完善公共数据信息平台，推进“三网（城市管理网、社会服务管理网、社会治安管理网）”融合，为政府管理决策提供全方位支撑，也需要加大投入力度。信息基础设施投资属于投资效益高的领域，要紧紧抓住国家实施“互联网+”行动计划和“宽带中国”战略的有利时机，抓紧推进信息基础设施建设，全面提升智慧城市建设水平，努力率先迈入国际先进行列。

四是注重投资结构和布局与功能定位的协调。立足功能重新布局和重大项目、重大活动安排，投资布局应注重与功能定位的协调。中心城更加注重推进功能优化重组，在建设用地减量的情况下，要着力于提升国际化水平和产业的高端化发展，营造便捷舒适的城市环境。发展新区将成为承载首都功能的战略新空间，是产业的重要集聚区、城六区功能和人口疏解的主要承接地，需要按照新的定位加大投资力度，改善基础设施、公共服务和生态环境，提高区域的承载能力。涵养区功能依然是生态保护和水源涵养，需要进一步扩大环境容量生态空间。作为承接产业、转移就业、提供服务的新空间，系列特色小城镇也需要加强功能配套。产业投资要与首都发展阶段和定位相关联，重点投向节能环保、健康医疗、养老、体育等。

（二）从消费看，要加快由商品性消费为主向服务性消费为主转变

目前，北京市最终消费率已经达到60%，高出投资率20个百分点左右，对经济增长的贡献率上升至70%左右，消费对于经济的主引擎作用持续巩固。但与纽约、伦敦、东京等世界城市消费率普遍在85%以上相比，仍有很大提升空间。目前北京市居民消费基本完成了从生存型向发展型、享受型的转变，“你有、我有、人人有”的模仿型排浪式消费阶段已经结束，个性化、多样化消费渐成主流，中高端群体的服务性消费步入了快速释放的时期，如果能从服务供给、结构升级、热点培育、收入增长等方面做好文章，消费潜力释放空间将巨大，对经济增长的带动作用有望提高。

一是增加消费品供给，释放商品消费潜力。随着居民收入水平提高和消费观念改变，市民对健康、科技、绿色、安全的需求上升，对产品选择开始由“经济、适用”向“品质、舒适”转变，享受型物品、智能环保家电将有巨大增长空间。以交通工具为例，出台新能源车优惠政策、提高电池续航能力、完善充电配套设施，将使新能源汽车有望成为北京下一个重量级消费亮点。再如家用电器消费，欧美国家户均拥有三四十种小家电，日本则户均多达100多种，而北京市家庭平均拥有小家电数量不足10件，这一领域升级换代潜力巨大。而推进宽带网络光纤化改造，加快提升移动通信网络服务能力，将助推线上线下融合互动，提升物流仓储的自动化、智能化水平和运转效率，“互联网+零售”模式将会进一步催生新一轮商品消费

需求。

二是拓展服务性消费，引领消费需求提升。从发展规律看，商品消费比重下降、服务消费比重上升并逐渐主导消费发展是一个必然趋势。2014年服务消费占北京市消费总量的比重为45%，比2010年提高1.3个百分点；2010~2014 北京市服务性消费总额年均增速 11.4%，分别高于总消费和商品消费 0.8个百分点、1.5 个百分点。以健康医疗、文化教育、休闲娱乐等为代表的"以人为核心"的服务性消费不仅是消费增长新引擎，更有望成为北京市经济增长的主要动力。要充分发挥首都信息、科教、文化、卫生、体育、金融等优势资源，创新公共服务提供方式，在保障基本公共服务需求的同时，深化服务业体制改革，落实服务业扩大开放试点意见，鼓励社会投资进入教育培训、健康医疗、养老服务、体育休闲等领域，丰富服务消费供给层次，满足中高收入群体层次高、个性化强的消费需求，通过高质量和高效率的服务，扩展服务消费空间。同时，采取措施适当增加服务消费时间，满足服务性消费所需的相对充足的闲暇时间，释放消费潜力。

三是打造活动消费，创造消费需求。建设国际活动聚集之都将为首都消费发展提供持续动力。未来较大的国际活动有冬奥会、世界园艺博览会和世界休闲大会等。冬奥会的成功申办，不仅将带动中国3亿人参与冰雪运动，而且将促进冬季旅游产业的发展，进一步丰富北京的旅游市场。比如，承办2010年冬奥会的温哥华，仅惠斯勒雪场(承担温哥华冬奥会雪上竞赛项目)的全年总收益就达1.43亿美元，之后又以每年10%至15%的速度增长，不仅收回了冬奥会的基本投资，还实现了盈利；承办2002年冬奥会的盐湖城将冬季滑雪运动打造成为城市的旅游名片，并在其他季节开展徒步旅行、登山探险和自行车越野等多种旅游项目，形成了"四季游"格局。此外，还可以主动设计更多的有一定时间跨度的国际顶级体育赛事，如万达集团王健林曾设想邀请国际数家知名足球俱乐部来京举办赛事，打造和培育符合首都功能定位的特色品牌活动，通过举办重大赛事，吸引和带动旅游消费。

四是完善消费政策，留住境外消费。2014年，我国境外消费超过1万亿元，其中76%的奢侈品购置于境外，占全球奢侈品消费的46%。“海淘”等网民跨境网购消费占全国比重约两成，消费规模在150亿元以上。可通过改善消费环境，降低消费品关税，缩小境内外价差，留住境外消费。目前，北京市已经实施了境外旅客购物离境退税政策，鼓励境外游客在京消费，也是要把部分境外游客消费留在境内。如果能够通过优化消费环境、提高商品和服务的质量截流部分境外消费，将对消费和国内产业起到较大的支撑作用。

（三）从产业看，要加快由“大而全”的经济体系向“高精尖”的经济结构转变

经过几十年的发展，北京市早已形成了“大而全”的产业结构，有效支撑了首都的发展。面临日益增强的资源环境约束，立足北京城市战略定位的二元特征，北京市的产业结构，不仅要满足首都定位，提升服务首都核心功能的产业层级，占据产业链发展高端，引领和带动全国产业发展；而且要服务北京自身发展需求和本地居民的生活需求，在适度控制发展规模的同时不断提升发展质量。也就是说，要按照高端化、服务化、集聚化、融合化、低碳化的要求，抓好“瘦身健体”、“强筋健骨”两条主线，加快推动传统产业结构改造升级，培育具有核心竞争力的战略性新兴产业，加快构建“高精尖”经济结构，构建富有区域特色和竞争力的现代产业体系，服务和保障首都核心功能的优化提升。

一是推动“北京制造”向“北京智造”转变。发展先进制造业对增强一个城市的创新活力具有十分重要的意义。纽约大约还有10%的制造业份额，东京都市圈则保持了20%以上的现代制造业。北京市可结合“中国制造2025”的战略布局重点，借鉴德国“工业4.0”计划，立足自身资源基础，把握全球产业发展前沿趋势，充分利用创新优势，重点在以集成电路、大数据和云计算为核心的电子信息，以新能源汽车为核心的高端汽车，以机器人为核心的高端装备等优势制造业领域，积极抢占行业发展制高点。通过信息通讯技术和信息物理系统网络的结合，实现生产的集中式控制向分散式增强型控制的转变，促使制造业向智能化转型；促进高端制造业与服务业深度融合，推动重点装备企业由生产为中心向生产与服务并重的运营模式转变，促进制造业形态由生产型向集成平台型、服务型转变。

二是推动生产性服务业向价值链高端延伸。2014年，北京市生产性服务业占GDP比重已达52%，其主导地位进一步确立。但也要看到，内部高端、新兴环节发展较慢，国际影响力相对较弱。如金融业仍以银行、保险、证券总部为主，新兴互联网金融、第三方支付、投资管理等新业态占比较低，尚未形成新的增长点。生产性服务业中还包含着大量的区域性批发市场、教育培训机构、呼叫服务中心、软件外包基地等劳动密集型业态，这些产业劳动生产率普遍不高，而且聚集大量外来人口，是非首都功能疏解的重要内容。要抓紧落实国务院《关于加快发展生产性服务业促进产业结构调整升级的指导意见》，以释放服务资源效能、提升综合服务功能为导向，突出研发设计、战略投融资、集成创新、现代营销等高端环节，推动形成创新融合、高端集聚、高效辐射的生产性服务业发展新模式，增强金融、信息、科技、商务等重点行业的辐射带动作用，打造智力密集型、高附加值的服务经济，提升国际影响力。

三是推动生活性服务业向精细和高品质转变。生活性服务业是体现城市服务功能的重要载体，生活性服务业发展水平直接关系群众的生活质量，但目前北京市生活服务业的部分行业形态较为低端，难以满足多样化、个性化需求。要着眼推进生活性服务业连锁化、品牌化、规范化运营，加强行业规范标准建设和市场监督管理，提升行业组织化程度、品牌建设和特色发展水平。鼓励发展O2O、B2C等网络服务新业态，推动电子商务整合提升社区商务服务、大众餐饮服务等传统经营模式。鼓励深度开发从出生到终老、从衣食住行到心理精神全生命周期各个阶段、各个环节的生活服务，提升生活性服务业的精细化水平，为首都市民提供更加优质服务。

三、改革、创新与开放协同是新常态下经济发展的持久动力

（一）从改革看，更加注重供给侧改革带来的制度红利

当前中国经济发展面临供给侧的结构性矛盾，主要体现在，要素价格扭曲导致资源不能有效配置，一些行业过度投资过度发展，形成了产能过剩；政府管制太多、法制薄弱，严重抑制了创新活动，减少了有效供给；中国企业普遍停留在低成本竞争阶段，低端供给过剩、高端供给不足，无法适应居民消费升级的需求结构。随着经济发展进入新常态，亟须适应市场需求结构的变化，调整供给体系，提高供给质量与效率，推动我国社会生产力水平实现整体跃升。2015年中央财经领导小组第十一次会议明确提出了"在适度扩大总需求的同时，着力加强供给侧结构性改革，着力提高供给体系质量和效率"。随着供给侧结构性改革的提出，国家政策重心将由"需求侧"转向"供给侧"，供给体系的改革将成为未来一段时期经济发展的重点。围绕劳动力、土地、资本、创新四大要素，通过改革优化配置，激发创新创业活力，释放新需求，创造新供给，推动新技术、新产业、新业态蓬勃发展，创造新的经济增长点。

一是推动土地领域改革，释放巨大红利。北京市建设用地利用效率与国际大都市和国内特大城市之间存在着较大差距，目前北京市平原地区开发强度达到45%，远高于大巴黎的21%，大伦敦的23.7%，日本三大都市圈的15%。2013年单位建设用地的产出率为553万元/公顷，为香港的1/13、新加坡的1/10，为深圳、广州、上海的4成、6成和8成左右，提升土地利用效率将蕴藏巨大潜力。要制定和执行分区分圈层的发展策略，通过分区管控实现城市发展空间资源优化和活力提升，为城市经济结构优化升级提供发展空间。要积极创新土地开发模式，在符合规划、功能定位和相关法规的前提下，分类细化设置补缴地价规则，实现用地性质兼容与转换，充分调动社会资本参与城市更新改造的积极性。要合理利用中心城腾退空间，适度增加公共绿地、公共活动空间以及公共服务设施，实现土地集约利用和生态环境建设的同步提升。要遵循项目全生命周期规律，推行差别化的用

地弹性年期出让制，对符合首都功能的高精尖产业，可适度放宽土地出让年限及相关条件，为推动首都产业高端化、服务化、集聚化、融合化、低碳化发展提供有效保证。要积极推动农村集体经营性建设用地入市改革试点，稳步推进农村建设用地制度改革，促进农村集体建设用地的集约节约利用。

二是深化金融市场化改革，提升金融服务实体经济发展的能力。当前北京市金融业的法人单位资产占北京市资产总量的比重近9成左右，实现增加值占北京市GDP的比重超过15%；在京财务公司数占全国的三分之一以上；证券公司、保险公司、基金公司、创投公司等数量和规模在全国名列前茅，北京市金融发展的潜力巨大。但与国际大都市相比，我们的投资银行业务还很不发达，资本市场和要素市场层次和功能还不够完善，现有的四级资本市场仅能解决北京市不到1%市场主体的投融资等服务需求，广大企业特别是中小微企业进入多层次资本市场的潜在需求还没有释放出来，金融服务实体经济的能力仍需要进一步提高。要构建多层次、广覆盖、有差异的银行金融机构体系，扩大民间资本进入银行业。要加快推动多层次资本市场建设，推进创业板与“新三板”、区域股权交易市场间的转板联通制度，放开私募和柜台市场等基础资本市场的发展，鼓励面向小微企业的金融服务创新。要稳步推进利率和汇率市场化改革，根据条件适时、渐进地推进存款利率市场化，实施股票发行注册制，规范发展互联网的新型金融模式，带动金融效率的提升和服务成本的下降，降低企业融资成本。随着金融领域改革的持续推进，未来北京市投融资、政策等的综合服务平台将得到不断完善，各类市场主体不仅可以依托平台实现投融资需求，还可以通过平台享受企业发展的各项优惠政策和其他服务信息，实现通过多层次资本市场的“融资支持”、“孵化支持”、“中介支持”、“转板支持”、“并购支持”、“重组支持”等全方位立体化服务。

三是深化国企改革，提高国有资源配置效率。央、地国企资产庞大是北京经济发展的显著特征之一，但由于资源分散分割、市场化程度不高等原因，目前在京央企资产虽然占到北京市资产总量的78%，但实现的增加值仅占北京市的38%；金融业、信息服务业等国资密集的行业劳动生产率，均明显低于上海和深圳水平，资产效率有待提高，国有资源配置效率亟待提升。要积极推进中央及市属国资国企改革，进一步推进国有企业分类改革，优化国有资本投资方向和领域。要完善各类国有资产管理体制，将经营决策权归位于企业，发挥国有资本投资、运营公司作用，探索国有资本形态转换机制，提高国有资本证券化水平，推动国有资本合理流动优化配置。要鼓励民营企业进入更多领域，支持央企、民企、外资各类市场主体参与国有企业改制重组和合资经营。市场主体的进入，将加速混合所有制、改制上市、国企薪酬、国企重组、国企领导人选聘任用考核及退出、员工持股等领域的改革步伐，企业发展活力和经营效率也将随之不断提升，北京庞大的国有资产将更顺畅地转变为发展动力。

四是推动简政放权，释放市场活力和社会创造力。2015年以来北京市在简政放权方面取得了显著成效，到目前为止，共取消和下放57项市级行政审批事项，修订发布了北京市政府核准投资项目目录，核准事项减少65%；深化商事制度改革，实行“先照后证”，“三证合一、一照一码”登记改革试点在北京市推广；中央和地方取消、停征、减免多项行政事业性收费和政府性基金，大大减轻企业和个人负担，新增市场主体呈现快速增长。今后，适应万众创新、大众创业的要求，需要继续深化行政审批制度改革，推行政府投资清单管理，进一步放宽市场准入，推进公共领域投资向社会资本开放，降低重点产业领域的准入门槛，将北京的资源优势转化为现实的经济增长。要进一步精简审批事项，取消和下放行政审批，限制政府对企业经营决策的干预。要优化和公开审批流程，强化内部流程控制，规范审批行为。要创新服务方式，推进网上办理和网上咨询，依托“互联网+”推进部门间公共服务信息共享。要清理和规范涉企行政事业性收费，完善公平竞争、促进企业健康发展的政策。要加强事中、事后监管，在减权放权的同时，全面实施“三个清单”制度，划定政府与市场、企业和社会的权责边界。以权力清单明确政府能做什么，“法无授权不可为"；以责任清单明确政府该怎么管市场，"法定职责必须为"；以负面清单明确对企业的约束有哪些，"法无禁止即可为"。

（二）从创新看，更加注重全面创新带来的发展活力

习总书记对首都发展的要求是，要构建"高精尖"经济结构，产业发展上做"白菜心"。说到底，北京发展"高精尖"、做"白菜心"靠的就是创新资源优势和中关村集聚的创新环境。2014年北京市人均GDP达到1.6万美元，即将进入创新驱动阶段①。要以建设全国科技创新中心为契机，率先形成以创新为主要引领和支撑的经济体系和发展模式，提升全要素生产率，提高发展质量和效益，增强核心竞争力。

一是科技创新服从服务于国家战略。北京具有得天独厚的创新优势，首都地区有全国近一半的两院院士，北京市技术合同交易额和创业投资额均占全国三分之一以上，是国家创新的重要支撑，也是首都经济活力和动力的源泉。要发挥首都科技资源优势，牢牢把握产业链高端环节，以需求为导向，在大规模并行数据分析、基因工程、生物芯片、下一代互联网等重点领域的关键共性技术上取得突破，并形成若干战略性技术和战略性产品，形成区域自主创新的核心能力。要强化技术创新的市场主导机制，充分发挥市场对技术研发方向、创新要素配置的导向作用，强化企业创新主体地位和主导作用，形成一批具有国际影响力的创新型领军企业。要深化首都科技条件平台和技术市场合作模式，促进资源、成果、要素互联互通、有序流动，发挥引领支撑和辐射带动作用。要在现行"1+6"先行先试政策基础上进一步构建鼓励创新的普惠性政策支持体系，强化科技金融创新支撑，深化知识产权领域改革，支持众创、众包、众扶、众筹发展，不断完善创新创业生态环境。

二是文化创新激发文化生产力。北京文化底蕴深厚，是享誉世界的历史文化名城。北京市拥有各类博物馆居世界城市前列，是全球第四大艺

① 按照《全球竞争力报告2011~2012》中提出的标准，人均GDP超过1.7万美元就进入创新驱动阶段。

术品市场，图书和音像出版单位占全国的四成，报刊占全国的三成，广播电视制作经营机构占全国1/4，信息网络传播视听节目单位占全国1/5，每十万人拥有3.5块银幕，演出经纪机构占全国的1/2以上。北京市数字出版业收入占据全国电子书市场90%以上的份额，动漫游戏总产值约占全国的近1/3，出口额稳居全国第一。要立足全国文化中心的定位，加大文化体制改革力度，优化提升传统优势文化产业，积极培育新型文化业态，把首都文化优势转化为现实生产力。要打破传统文化资源和产品分配体制，综合利用中央、市属、民营、国际等文化资源，打造首都群众文化发展平台、高端国际演出平台和文化创意产业服务平台，形成多渠道、多形式、多层次的品牌文化产业体系。要推动文化与科技、金融、旅游的深度融合，推动移动网络、数字交互、大数据等新技术在文化创意和设计中的应用，大力发展基于“互联网+”、“文化+”的新兴文化业态。要深入推进文化体制改革，创新文化资产管理模式，探索形成公共文化服务主体和提供方式多元化的供给模式，逐步完善现代文化市场体系，激发文化创新活力。

三是管理机制创新提升城市软实力。管理创新不仅体现在企业经营上，对于城市发展也意义重大，需要统筹考虑人口资源环境承载能力，处理好首都发展各项目标、各项功能、各类主体不同诉求之间的关系，优化城乡空间布局，提升城市治理能力，促进人口合理有序流动，共同推动城市发展。要加强城市规划与管理，强化“两线三区”的空间管控机制，划定城市增长边界和生态保护红线，控制城乡建设用地规模和开发强度，遏制城市“摊大饼”式发展。要推动财税、金融、投资、产业等经济发展政策统筹，贯穿产业链条、建立统一市场；推动人口和水资源、能源、土地、生态建设等资源环境政策统筹，重组区域资源、提高利用效益。要理顺市场要素价格形成机制，制定完善分区域、阶梯式、差别化的公共服务、资源性产品价格和税费政策，实施更加严格的节水、节地、节能、减排标准，健全市场化引导机制。要深化城市管理体制改革，强化法律制度保障，理顺城市管理部门职责分工，推动城市治理重心下移、力量下沉，形成“大城管”综合治理格局。要倡导多元主体共治共建共享，创新城市治理方式，实现政府治理与社会自我调节、居民自治良性互动。要充分运用现代信息技术，推进城市治理的现代化、精细化，提高城市运行效率。

（三）从开放协同看，更加注重京津冀协同与双向开放带来的发展动力

随着经济全球化的深入推进，开放合作成为不可逆转的世界潮流。从全国来看，更加注重从全球角度来考虑资源和商品、资本、生产和市场的布局，在全球化视角下处理双向贸易、双向投资和双向资源要素流动，这将突破以往的外贸和投资模式，为对外经济贸易创造新的增长空间。作为国家首都的北京，随着我国综合国力的不断增强，随着“一带一路”、京津冀协同发展战略的实施以及北京服务业扩大开放综合试点的推进，将进一步推动引进来和走出去并重、货物贸易和服务贸易并进、引资和引技引智并举的开放型格局的逐步形成，提升北京在全球资源配置中的地位和作用，加快建设以首都为核心的世界级城市群。

一是对接国家“一带一路”战略有利于形成首都对外开放新格局。伴随综合国力的不断增强和“一带一路”战略的深入推进，我国在全球治理体系中的地位和话语权不断提升，为北京深度参与国际分工、提高全球资源配置中的作用、打造成为全球城市网络的主要节点提供重要契机。北京是新亚欧大陆桥和中蒙俄经济走廊的重要节点城市，以此为突破口主动融入国家“一带一路”战略，加强与沿线国家的关键通道建设，加强科技和人文交流，有利于形成首都对外开放新格局。要充分发挥北京市企业在基础设施建设、现代装备制造业和战略性新兴产业方面的优势，引导企业参与“一带一路”沿线国家交通、能源和通信干线网络等重大基础设施项目建设，推动北京市高铁、特高压电网、轨道交通设备、核电、通信等产品出口，并带动相关服务输出。要主动服务亚投行和丝路基金等国家战略性金融机构，引导北京市金融机构为央企海外布局提供贴身服务，推动金融业“走出去”。要发挥骨干企业力量，带动关联产业在沿线国家建立海外经贸合作区和产业园区。要积极发挥世界旅游城市联合会的作用，加强与沿线国家的旅游合作，依托国际友好城市、驻外机构等平台，加强文化交流，增强文化竞争力和影响力。

二是推动京津冀协同发展将为新时期首都经济发展提供更为广阔的空间。纵观经济全球化的演进，大都市区的崛起和发展是推动全球经济发展的主要动力。根据联合国预测，包括东京、首尔、巴黎、纽约、渥太华等在内的40个超级大都市区，到2050年将参与全球66%的经济活动和85%的技术革新。目前京津冀协同发展上升为国家战略，将为北京在更大尺度上破解城市病、疏解非首都核心功能、构筑高精尖经济结构提供契机。**要**立足北京在京津冀协同发展中的核心地位，发挥示范带动作用，创新合作模式，推进资本、技术、管理、人才、标准、品牌输出，加快推动错位发展和融合发展，实现区域良性互动。**要**充分依托首都科技资源优势，通过科技引领、政策创新，进一步发挥中关村园区辐射和带动作用，推动首都科技创新成果更多地在天津、河北转化，促进科技创新资源和成果开放共享。**要**将产业一体化作为京津冀协同发展的重要支撑，依托4+N高端产业合作区建设，推动产业有序转移承接，推动形成符合三地优势和定位的产业链。**要**把CBD、金融街等高端功能区园区建设和管理经验向合作区延伸，推动形成区域产业对接协作的示范效应，在服务国家大局和区域发展中进一步提升首都经济的影响力和辐射力。

三是落实服务业扩大开放综合试点将为新时期首都经济增长注入新的动力。从国际大环境看，服务贸易自由化正在深入推进，服务业的国际化和跨国转移成为世界经济贸易发展的重要特征。2014年北京市服务贸易额达1106.1亿美元，占北京对外贸易额的21%，占全国服务贸易的18.3%，占全球服务贸易额的1.1%。其中服务外包、技术贸易、文化贸易等体现首都文化、科技创新优势的重点领域，正成为服务贸易新的增长点。“十二五”前四年实际利用外资达到327亿美元，其中服务业实际利用外资占86%，高于“十一五”期间平均水平5.7个百分点。金融服务业对外开放位于全国前列。目前，北京已经拥有了京交会这个面向全球的服务贸易平台，2015年又获批开展服务业扩大开放综合试点，率先在全国推动科学技术服务等六个领域扩大开放，将有利于充分发挥北京市服务业的比较优势，不断提升北京服务的辐射带动能力和品牌影响力，推动北京市开放型经济发展，为新时期首都经济增长注入新的动力。要有序放宽市场准入，改革监管模式，健全服务贸易促进体系，积极培育新业态和新商业模式，做强"北京服务"，推动服务业发展与国际接轨。要着力营造优良的国际服务环境，实施外商投资准入前国民待遇加负面清单的管理模式，支持外资参与六大领域投资，引进高端外资项目，扩大服务贸易规模，实现服务业结构与城市功能优化、品质和效益的提升。要提高"走出去"综合服务能力，创新境外投资管理体制，支持企业跨国并购、股权投资，培育本土国际品牌企业和跨国集团。

第一章 经济增长

结构调整成效凸显 增速将保持在合理区间

2015年，北京市积极适应“新常态”，紧密围绕首都城市战略定位，认真落实《京津冀协同发展规划纲要》，积极推动京津冀协同发展，修订完善“北京市新增产业禁止和限制目录”，有序推进非首都功能疏解，经济增长实现了较为平稳的运行态势，结构调整和动力转换取得积极进展。预计2015年北京市经济增长6.8%，较2014年回落0.5个百分点。2016年，内、外部环境依然错综复杂，经济增长仍存在不确定性。在落实首都城市战略定位、推进京津冀协同发展的过程中，北京市将进一步加大调整疏解的力度，预计经济运行将保持在合理区间，初步预测，全年GDP增长在6.5%左右。

一、2015年北京市经济运行特征

2015年，面对全球经济复苏乏力、国内经济下行风险加大等压力，北京市围绕首都城市战略定位，主动贯彻落实《京津冀协同发展规划纲要》意见，积极出台实施“北京市新增产业禁止和限制目录（2015年版）”，进一步疏功能、促协同，加快瘦身健体。经济运行在降速中实现质量提升。

延伸阅读：《京津冀协同发展规划纲要》正式颁布实施

2015年4月30日，中央正式审议通过《京津冀协同发展规划纲要》（下文简称《规划纲要》），这标志着协同发展由“顶层设计”阶段转向“全面实施”阶段。《规划纲要》明确，**协同发展的目标是：**近期到2017年，有序疏解北京非首都功效取得显著进展，在切合协同发展目标且现实急需、具备条件、取得共识的交通一体化、

生态环境保护、产业升级转移等重点领域率先取得突破，深化改革、创新驱动、试点示范有序推进，协同发展取得显著成效。中期到2020年，北京市常住人口控制在2300万人以内，北京"大城市病"等突出问题得到缓解；区域一体化交通网络基本形成，生态环境质量得到有效改善，产业联动发展取得重大进展。公共服务共建共享取得努力成效，协同发展机制有效运转，区域内发展差距趋于缩小，初步形成京津冀协同发展、互利共赢新局势。远期到2030年，首都核心功效更加优化，京津冀区域一体化格局基本形成，区域经济结构更加合理，生态环境质量总体良好，公共服务水平趋于均衡，成为具有较强国际竞争力和影响力的重要区域，在引领和支撑全国经济社会发展中发挥更大作用。**协同发展的战略核心是：**有序疏解北京非首都功能。从疏解对象讲，重点是疏解一般性产业特别是高消耗产业，区域性物流基地、区域性专业市场等部分第三产业，部分教育、医疗、培训机构等社会公共服务功效，部分行政性、事业性服务机构和企业总部等四类非首都功效。**协同发展的重点是：**交通、生态环保、产业三个重点领域力争率先取得突破。

目前，京津冀三省市已在社会保障、医疗卫生、教育合作等方面进行了有益探索和实践，积累了一定的经验，并已编制完成关于京津冀创新驱动发展的指导意见，就打造京津冀协同创新共同体、促进京津冀创新驱动发展做出工作部署。同时，也在抓紧出台重大改革措施实施方案，争取尽早建立优势互补、互利共赢的区域一体化发展制度体系。重点领域的率先试点工作也在加紧推进。在交通领域，积极推进京津冀重点城市公交"一卡通"互联互通、汽车电子标识、货物多式联运和公路甩挂运输等试点工作；在生态环保领域，开展环首都国家公园试点，探索开展跨区域排污权交易、环境污染第三方治理等工作；在产业领域，鼓励京津冀国家级开发区共建跨区域合作园区或合作联盟，鼓励和推动中关村在天津和河北建设科技成果转化基地。

（一）经济增速有所放缓，新势能不断蓄积

叠加市场需求不足、重大赛事、活动期间停工、闭业以及城市功能提升中存量转移、增量受限等多重因素影响，2015年1~3季度，北京市GDP同比增速放缓至6.7%，较2014年同期回落0.6个百分点，经济增速自2010年以来首度滑破7%，综合警情也处于趋降的浅蓝灯区（见图1~1）。4季度，国内外环境依然错综复杂，与此同时，北京市将继续推进非首都功能疏解、治理大城市病等艰巨任务，经济运行下行压力仍旧偏大，但考虑前

期稳增长、促改革等诸多政策效应的持续释放，以及结构调整持续推进下新动力不断蓄积等有利因素带动，预计2015年北京市经济将增长6.8%，较2014年同期回落0.5个百分点。

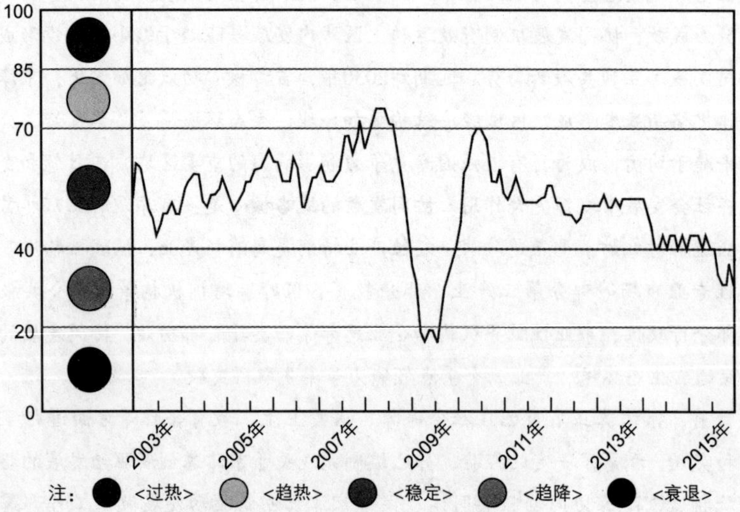

图1-1 北京市宏观经济综合警情

2015年以来，北京市积极响应国家"双创"号召，全面落实"关于发展众创空间推进大众创新创业的实施意见"，创新创业日益活跃。一批空间承载能力强、资源集聚度高、服务模式创新的创业服务机构应运而生。创新工场、车库咖啡、微软加速器、36氪等一大批创新型孵化器正在崛起。目前中关村创业大街已集聚30多家创业服务机构，2500个合作投资机构，600个入孵创业团队，成为创业者、创业投资机构、天使投资人的聚集的首选之地。同时，商事制度改革推进下，全国各地新设立的企业注册登记开始推行"三证合一、一照一码"模式，企业注册登记效率有所提升。创新创业活力的增强与大量新企业的诞生，不断为北京市经济发展蓄积新动力。

（二）需求增长疲弱，结构持续优化

2015年，受内、外部环境综合影响，北京市需求增长较为疲弱，但内部结构优化特征明显。其中，投资对城市承载能力和运行效率起到了关键的提升作用，消费对稳定经济增长的主导贡献进一步提高。

1．投资注重提升城市承载力和改善运行软环境

2015年，受产业疏解、大项目落地制约因素增强、重大赛事、活动举办下有效工期不足等影响，基础设施投资进度滞后、工业投资大幅下滑，下拉投资增长，1~3季度，投资增速同比放缓至4.7%，增幅较2014年同期回落2.2个百分点，创下2009年以来的同期低位。尽管投资对于经济增长的即期拉动作用有所减弱，但对于提升城市承载能力、改善城市运行软环境等社会效应却在不断放大。一是伴随京津冀协同发展以及非首都功能疏解的推进，新机场、轨道交通、绿化、能源等大项目加快实施，有利于提升城市运行效率、改善城市环境。二是符合首都城市功能定位的金融业、信息服务业、商务服务业等产业投资持续保持双位数增长，有利于北京市“高精尖”经济结构的构筑。三是民间投资保持活跃，为投资增长注入了新动力。伴随简政放权力度加大、PPP模式推广，社会资本对基础设施、公共服务以及符合城市战略定位的产业投入不断加大。1~9月，民间投资占社会投资的比重已达42.9%，较2014年同期提高5.5个百分点。预计2015年全社会固定资产投资增长5%。较2014年同期回落2.5个百分点（见图1~2）。

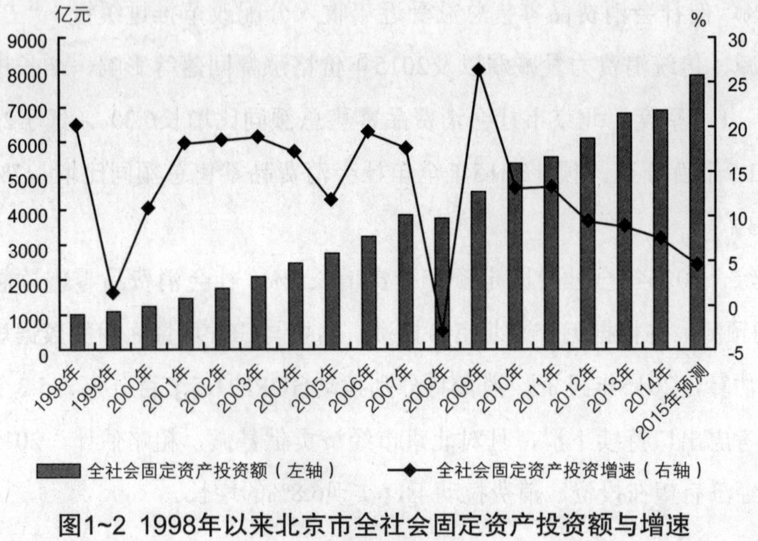

图1~2 1998年以来北京市全社会固定资产投资额与增速

延伸阅读：北京市固定资产投资内生动力增强

“十二五”时期，北京市固定资产投资规模不断扩大，但增势有所放缓。2011~2014年，北京市累计完成全社会固定资产投资26967.9亿元，年均增长10.5%，较“十一五”时期回落3.9个百分点。但投资结构进一步优化，内生动力不断增强。特别是随着简政放权、深化改革步伐加快，民间投资增长较快。2014年北京市实现民间投资2620.7亿元，占北京市固定资产投资的比重达到34.7%，较2012年提高2.4个百分点。

2. 新兴消费需求不断释放、服务性消费对消费的贡献明显提升

2015年，以互联网为载体、线上线下互动的新兴消费模式，有效地激发了个性化、体验式消费需求增长。1~3季度，市场消费总额达1.3万亿元，同比增长8.3%。其中，老字号集体上线、知名百货领军者王府井开启移动端APP应用、小米新增线下实体销售等线上线下的融合互动，有效地促进了消费增长。1~3季度，北京限额以上批发零售企业实现网上零售额同比增长38.8%，比北京市社会消费品零售额增速高32.5个百分点。服务性消费需求旺盛，成为拉动总消费提速的主要力量。1~3季度，教育、医疗等服务性消费均保持双位数增长，服务性消费占北京市消费比重提高至44.7%。但社会消费品零售总额受近年收入分配改革推进缓慢、“三公”支出缩减、传统消费力量减弱以及2015年价格涨幅回落等影响，增长进一步放缓。1~3季度，北京市社会消费品零售总额同比增长6.3%，低于2014年同期1.9个百分点。预计2015年全年社会消费品零售总额同比增长7%（见图1~3）。

综合2015年全社会固定资产投资增长5%、社会消费品零售总额增长7%的预测，并根据近年来北京市投资、消费与GDP增量之间的数据规律，粗略估算，2015年投资、消费将分别拉动GDP约1.5个百分点、5.3个百分点，考虑出口持续下滑，且对北京市经济贡献甚微，粗略估计，2015年北京市经济有望在投资、消费拉动下，实现6.8%的增长。

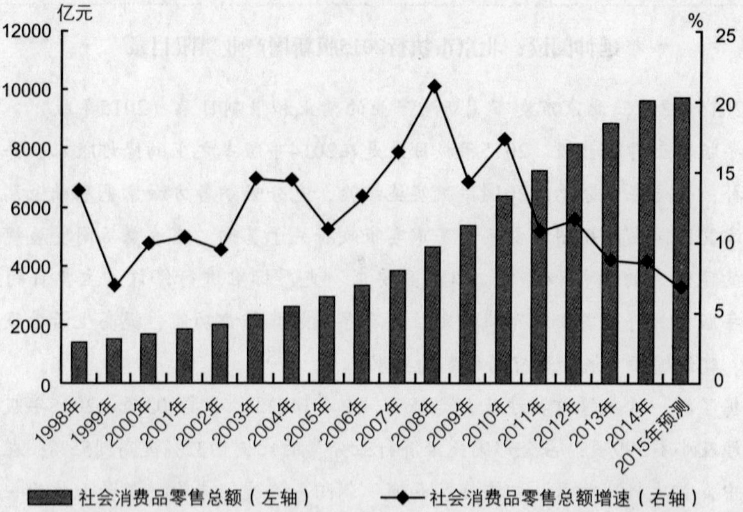

图1~3 1998年以来北京市社会消费品零售总额与增速

延伸阅读：消费需求对首都经济的拉动力有所提升

“十二五”时期，消费需求对首都经济的拉动力进一步提升。北京市最终消费率由2010的56.9%提高到2014年的62.5%。2011~2014年，消费需求对全市经济增长的平均贡献率达到74.4%，高于投资需求45.4个百分点。市场消费总规模不断扩大，服务性消费较快增长。“十二五”时期，全市服务性消费增长较快，有力推动了首都经济的稳定增长。2014年北京市市场消费总额达到17156.6亿元，比2011年增长34.6%，年均增长10.4%。其中，服务性消费额达到7518.6亿元，比2011年增长36%，年均增长10.8%；社会消费品零售总额达到9638亿元，比2011年增长33.4%，年均增长10.1%。

（三）产业增长分化，高端引领态势明显

2015年，尽管国内外市场需求减弱给北京市产业发展带来较大下行压力，但北京市围绕首都城市战略定位，主动开展非首都功能疏解、积极推动京津冀协同发展，产业疏解取得积极进展，结构优化升级的调整成效进一步凸显。其中，以“互联网+”为核心的产业生态圈建设催生了不少新业态、新模式，为经济发展蓄积了新的动能。

延伸阅读：北京市执行2015版新增产业禁限目录

2015年8月，北京市发布《新增产业的禁止和限制目录（2015年版）》，在2014年版本上再次升级。2015年版目录是在2014年版本之上的修订版本，并非简单修补，而是在充分总结2014年版实施经验，充分吸纳各方面意见基础上，根据《京津冀协同发展规划纲要》和《市委市政府关于贯彻〈京津冀协同发展规划纲要〉的意见》的精神和要求，以更高要求、更严标准进行修订，主要目的是使2015年版更加符合首都城市战略定位、有序疏解非首都功能、提高生活性服务业品质、建设国际一流和谐宜居之都的要求。

据了解，这次修订共涉及大类25项，中类148项，小类403项。2015年版禁限目录涉及小类599项，占全部国民经济行业分类的比例由32%提高到55%；在2015年版中，首次将城六区，即东城、西城、朝阳、海淀、丰台、石景山作为一个区域来实施统一的禁限措施。东城区、西城区禁限的小类占全部国民经济行业分类的比例已经由2014年版禁限目录的67%上升到79%。而其他四区的禁限措施更加严格，朝阳区、海淀区、丰台区、石景山区四区相应的比例由42%上升到79%，增加幅度为四类功能区中最大。针对“优质教育资源在北京过于集中”的问题，2015版禁限目录中，明确了北京市范围内将不新设立中等职业学校，不再扩大普通高等学校成人教育、网络教育、自考助学的面授教育规模。卫生类禁限目录中则明确，东西城不再批准建立设置床位的医疗机构、不再批准增加医疗机构床位总量和建设规模。

1．农业增速放缓，结构调整更加注重提升生态、生活功能

2015年，北京市积极推进农业结构调整和发展方式转变，传统农业规模进一步收缩，1~3季度，农林牧渔业总产值同比下降10.2%，扣除价格因素实际下降8.3%。但内部结构明显优化。一是种植业内部结构发生变化，小麦等高耗水作物种植退出明显。1~3季度，秋粮播种面积同比下降13.2%，降幅比2014年收窄8.1个百分点；蔬菜及食用菌播种面积同比减少0.5万亩，下降0.7%。二是养殖业作为《北京市新增产业的禁止和限制目录》中限制发展的产业，受结构调整影响，规模明显下降，生猪、家禽存栏量1~3季度分别下降6.7%和11.9%。三是设施农业、观光休闲农业呈现良好的发展态势。1~3季度，随着北京市设施类型结构、种植结构不断调整，在北京市农业设施实际利用占地面积同比下降3.5%的情况下，播种面积却同比增长8.5%，实现收入43亿元，同比增长9.4%。同时，依托生态环境优势，观光休闲农业积极调整经营策略，瞄准不同的消费群体，采取多样化的营销方式，促进收入增长。1~3季度，北京市观光园实现收入同比增长9.7%。其中，怀柔、密云、延庆三个区民俗旅游收入同比增长21.1%，占北京市的比重为54.3%。

延伸阅读："十二五"时期都市型农业生态、生活功能不断增强

"十二五"时期，百万亩平原造林工程基本完成，成为拉动全市农业增长的主要动因。2014年北京市林业产值占农林牧渔业总产值的比重达到21.6%，较2010年提高16.5个百分点。平原造林等绿化工程产生的生态效益显著。据测算，2014年农业森林生态与环境服务价值比2010年增长12.3%。依托生态环境优势，农业观光园、民俗旅游发展势头良好。2014年农业观光园和民俗旅游收入分别达到24.9亿元和11.3亿元，比2010年年均分别增长8.8%和11.2%；接待人次分别达到1911.2万人和1914.2万人，年均分别增长1.9%和5.4%。

2．工业增长减缓，高技术制造和战略性新兴产业支撑作用增强

2015年，受内、外部需求不足，非首都功能疏解下产业外迁以及重大活动赛事期停工限产等影响，北京市工业增长大幅减缓，1~3季度，规模以上工业增加值同比增长0.2%，较2014年同期回落6.3个百分点，创下了2010年以来的低位。北京市39个工业行业大类中有30个行业增速同比出现下降。预计2015年工业增加值增速为1.1%。但结构调整成效更加明显。一是高端、新兴制造业引领和支撑的作用持续增强。1~3季度，规模以上高技术制造业、现代制造业增加值同比分别增长8.6%，6.2%，增幅分别高于北京市规模以上工业增长水平8.4个百分点和6个百分点。战略性新兴产业增加值同比增长2.6%，占规模以上工业的比重为23.3%，对规模以上工业增加值增长贡献率超过100%。二是智能化升级步伐加快。2015年，北京市抓住落实《中国制造2025》和"互联网+"行动计划的契机，聚焦"智能制造"业发展。目前，北京市已制订了《北京创造2025》，把智能制造列入了重点专项，并设立了产业投资引导基金。相关信息显示，在2015年国家立项的43项智能制造标准中，北京市牵头实施的有23项，超过总数的一半。其中，冠捷显示科技公司的智能制造项目已完成八成，并促进企业年制造成本下降543万元，生产效率提高31%，不良率下降45%。三是企业技术创新能力不断增强。1~8月，北京市大中型工业企业R&D经费内部支出同比增长22.8%。R&D投入强度（R&D经费内部支出占企业主营业务收入比重）为1.2%，比2014年同期提高0.3个百分点。随着R&D经费投入的增加，技术创新成果不断涌现，1~8月，规模以上大中型工业企业发明专利3960件，占北京市大中型企业41.4%。

延伸阅读：北京市工业疏解取得积极进展

2015年，在京津冀协同发展和产业疏解的背景下，在政府引导和市场主导的双重作用下，北京市工业疏解取得新进展。一是一般制造业关停退出力度加大。9月末，《禁限目录》涉及的规模以上工业企业停产109户，其中，城六区停产企业47户，占全部《禁限目录》停产企业的43.1%。二是企业向河北、天津迁移的意愿不断增强。1~3季度，北京市有88户企业计划在年内进行外迁或者在异地新建生产基地，其中，67户企业将落户河北、天津，比2015年上半年增加18户。同时，一些需要新增产能的重点企业开始在外地投资建厂。三是不宜发展产业的新增产能得到严控。1~3季度，《禁限目录》涉及的工业投资247.5亿元，同比下降27.9%。

3. 服务业增长稳中有升，高端优势行业带动作用突出

2015年，北京市服务业增长稳中有升，对经济的拉动作用不断增强。1~3季度，服务业增加值同比增长8.1%，较2014年同期提高0.7个百分点，占地区生产总值的比重提升至80.7%，对北京市经济增长的贡献率达92.9%，创2012年来的最高值。预计2015年服务业增加值增速有望实现8%的增长。服务业内部结构加速调整分化。彰显首都城市功能的金融、信息、科研等高端优势行业保持较快增长态势，对服务业增长的带动作用增强。1~3季度，金融业、信息传输、软件和信息技术服务业、科学研究和

技术服务业增加值同比分别增长19%、11.8%和13.1%，占服务业的比重分别为22.4%、12.5%和11.3%，对服务业增加值增长的贡献率达到83.4%，成为支撑服务业增长的主要力量。着力疏解的商贸流通业叠加实体经济减速的影响，延续增长下行的态势。1~3季度，批零业、交通运输业增加值同比分别下降2.2%和增长5.3%，较2014年同期回落7.8个百分点和1.8个百分点。房地产业受政策利好、市场回暖的带动，增加值增速同比回升至4.8%，较2014年同期提高10.5个百分点。与惠及民生密切相关的行业继续保持较快增长。1~3季度，教育、卫生、社会和社会福利业增加值增速分别为10.1%、12.2%，同比增幅分别提高0.5个百分点和1.6个百分点。

延伸阅读：北京市市场疏解稳步推进

2015年1~3季度，北京市累计减少42个商品交易市场，主要涉及生产资料、工业消费品、农产品等类型，共减少营业面积65.7万平方米，减少出租摊位10825个。其中，城六区减少32个，共减少营业面积51.5万平方米，减少出租摊位1万个。

此外，随着互联网、云计算、大数据为代表的新一代信息技术与现代制造业、生产性服务业加速融合，北京市产业发展不断涌现出新产业、新业态和新模式。2015年，在国家“互联网+”行动计划的带动下，企业加速通过并购、合作等方式，优化产业链，创新服务模式。如，奇虎科技与歌华有线、金砖丝路资本控股有限公司签署战略合作协议，共同探索为用户提供包括互联网电视、手机电视和高清交互平台在内的多渠道、多终端、多内容观影服务模式。京东集团通过加大对送餐、购车、生鲜等领域企业的并购力度，谋求多元化发展。综合来看，产业跨界融合、新业态、新模式的兴起，将持续推动北京市产业结构优化升级，为经济发展蓄积新的动能。

综合2015年工业、服务业增加值增长将分别在1.1%、8%左右的预测，并结合建筑业走势平稳、2015年增长在12%的预测，粗略估算，第二产业、第三产业对经济增长的贡献将分别达到0.9个百分点、5.9个百分点。考虑第一产业对北京市增长贡献甚微，初步预计，三次产业将共同拉动经济实现6.8%的增长。

（四）价格上涨压力减弱，结构呈分化走势

2015年，受国际大宗商品价格持续下跌、国内有效需求不足、有效流动性减弱等影响，北京市物价上涨压力明显减弱，价格总水平处于2011年以来的低位。**价格领域结构性分化特征尤为明显。居民消费价格保持温和上涨。**受公交地铁票价上调、居住类价格涨幅回升等带动，北京市CPI保持温和上涨态势。1~9月，CPI同比上涨1.8%，在食品类价格上涨减弱的影响下，CPI涨幅同比回落0.1个百分点，创2011年以来的同期低位。预计4季度，在食品类价格小幅回升、居住类价格稳中有升的带动下，全年CPI涨幅有望保持在1.8%。**工业生产价格跌幅进一步扩大。**在大宗商品价格下行、国内宏观经济减速、工业产能过剩等影响下，北京市PPI跌幅不断扩大，1~9月MPI、PPI同比分别下跌6.4%、2.9%，跌幅同比分别扩大5.7个百分点和0.9个百分点。4季度，需求不足、产能过剩以及市场竞争加剧仍将抑制PPI上涨，预计全年工业生产价格将持续下跌态势，PPI、MPI跌幅约在3%和7%左右。**服务项目价格上涨加快。**劳动力成本不断上升、服务性市场需求不断扩大，带动北京市服务项目价格出现较快上涨。1~9月，服务项目价格指数同比上涨4.2%，较2014年同期提高1.2个百分点。伴随非首都功能疏解与人口调控相关政策的推进，北京市劳动力成本将持续上涨，预计全年服务项目价格将继续保持4%以上的涨幅。

（五）经济效益有所改善，质量不断提升

经济效益总体有所改善。**一是财政收入较快增长。**受服务业收入支撑增强，北京市一般公共预算收入2015年1~3季度同比增长14.7%，高于2014年同期近4个百分点。**二是居民收入平稳增长。**就业形势稳定、养老金并轨等为居民收入平稳增长提供了基本支撑，1~3季度，城镇、农村居民人均可支配收入分别实际增长6.6%和7.4%，基本实现与经济同步增长。**三是服务企业效益向好。**1~3季度，北京市规模以上服务业企业利润同比增长

37.8%，较2014年同期提高25.2个百分点。但工业企业利润受产品价格下降、用工成本上升挤压，增长明显放缓。1~3季度北京市规模以上工业企业利润同比增长1.9%，较2014年同期回落14.4个百分点。

经济质量不断提升。一是要素使用更加集约。随着“三高”企业关停退出力度加大，1~3季度，工业单耗同比下降10.1%，降幅同比扩大0.5个百分点。万元GDP能耗下降6%左右，降幅与2014年同期持平。二是工业实现减员增效。伴随疏解推进，以服装制造等为代表的行业用工减少，1~3季度，工业企业从业人员下降4.3%，全员劳产率较2014年同期提高0.8%。三是服务业就业结构进一步优化。居民服务业、住宿餐饮业、批发零售业等吸纳外来就业人口较多的传统行业从业人员有所下降，分别下降3.7%、2.2%和1.1%，而符合首都功能定位的金融业，租赁和商务服务业，信息传输、软件和信息技术服务业从业人员增加较多，分别增长16.8%、14%和7.3%。

（六）经济布局不断优化，高端化、集聚化趋势明显

产业在更大的空间范围内优化调整。伴随京津冀协同发展的推进，以产业一体化为引领的跨区域合作机制加快建立，不仅有力地推动了北京市产业的对外转移，更加大了北京市产业结构优化调整的空间范围。2015年，北京市分别与天津、河北两地签署了产业有序转移合作协议，并与天津、河北展开了共建产业园区、开放创新资源、设立企业分支机构等多项合作。北京市产业开始在更大的范围内优化调整。**重点产业承载区高端化、集聚化发展趋势更加明显。**北京经济技术开发区在巩固汽车、电子信息、生物医药为主导特色的产业发展基础上，近年来通过行政资源整合、产业结构调整，又逐步形成了电子商务集聚发展的新特色。目前，区域内已集聚了京东商城总部、惠买在线、酒仙网以及凡客诚品、汤团宝贝等上千家电子商务服务企业，电商网络零售额占到北京市的四成。中关村自主创新示范区的辐射带动作用持续增强。中关村在率先建立创新创业生态系统的基础上，积极辐射津冀地区。目前天津滨海新区、宝坻、河北曹妃甸、保定、石家庄、张北等地都和中关村合作建立了创业社区，超千家中关村企业已在天津、河北设立分支机构，粗略统计，已孵化当地创业企业近万家。

延伸阅读：京津冀产业转移提速51个重大项目集中签约

2015年11月20日，由工业和信息化部、北京市政府、天津市政府、河北省政府共同举办的2015年京津冀产业转移系列对接活动在石家装启幕。在开幕式上，51个重点项目现场集中签约，总投资约2900多亿元。此次集中签约的项目既有工业园区项目，也有云计算、新能源等新兴产业项目，还有传统产业转型升级项目。其中包括：廊坊市政府与北京市平谷区政府合作建设京冀通航产业园项目等10个工业园区类项目、廊坊市政府与浪潮集团合作建设云计算中心项目等10个以大数据为重点的电子信息产业类项目，承德市政府与北汽福田汽车股份公司合作建设福田汽车新能源智能化产业基地项目等10个高端装备制造类项目，廊坊市政府与北京市大兴区政府合作建设中关村（大兴）生物医药产业基地固安合作园项目等10个生物医药、新能源、新材料类项目，承德市政府与汇源果汁集团合作建设食品饮料生产项目等11个传统产业转型升级类项目。

二、经济运行中需关注的问题

（一）非首都功能疏解对短期经济增长存在一定影响

新版产业禁限目录的实施，将倒逼加大存量转移、增量限制的力度，经济增长面临较大下行压力。与此同时，各主体对疏解中实施细则的理解不到位，也影响了市场预期。部分企业将既定大项目上马的计划延期，部分企业将业务调出，一些区域在产业疏解“腾笼”后，对于后续“换鸟”的产业发展方向模糊，新旧产业置换断档、对企业在京发展前景不看好等等，也在加大经济的下行压力。

（二）服务业扩大开放水平亟待提高

目前，北京市服务业已成为经济主导产业，经济总量中超过80%是依靠服务业来创造的，服务业发展的质量和水平将关乎未来首都经济的影响力和竞争力。而服务业质量和水平的提升则依赖于扩大开放。但当前北京市不少服务行业对外开放的水平相对较低。这些行业受进入和并购的多重因素限制，外资企业竞争力和竞争意愿不高，集中表现于外资企业发展缓慢。2015年1~8月，北京市规模以上服务业中外商投资企业实现收入同比增长1.0%，占规模以上全部企业收入的比重为15.8%。其中，金融业、科学研究和技术服务业、教育、卫生和社会工作、文化体育和娱乐业等行业外商投资企业收入占规模以上全部企业的比重较低，比重分别为5.2%、3.4%、2.8%、2.3%和0.9%，低于北京市规模以上企业整体水平。同时，部分行业外资企业收入增长缓慢或增速明显低于行业整体水平。例如，科学研究和技术服务业外资企业收入同比下降4.2%，占规模以上企业收入的比重同比下降0.4个百分点；金融服务企业收入同比增速低于行业全部企业11.7个百分点，比重下降0.4个百分点。

（三）金融风险需防范

一是股市经历大幅波动后，不仅券商、银行等金融机构资产质量可能下降，而且相关企业的投资收益也可能大幅下挫。二是随着金融改革的持续深化，民营银行开设、存款保险制度施行、存款利率上限放开，将加剧银行业的内部竞争和成本压力，银行业持续面临着盈利空间收窄的问题。三是P2P网贷、众筹融资等新兴业态在加速发展的同时，却缺乏与之发展相关的行业准入、操作规则等有效监管措施，互联网金融行业风险在不断累积。

（四）小微企业经营状况尚未出现明显改善

尽管近两年来国家出台了一系列的小微企业扶持政策，但受困于经济需求不足、市场竞争力低和抗风险能力差等多重因素影响，小微型企业整体仍未摆脱经营困境。2015年前三季度，北京市小型、微型企业分别实现收入6545.0亿元和1303.6亿元，同比分别下降7.2%和20.8%；小型企业和微型企业利润总额分别为579.5亿元和603.8亿元，分别下降7.0%和6.0%。从小微企业的抽样调查来看，认为面临市场需求不足、用工成本上涨快、资金紧张等问题的小微企业分别占被调查企业总数的50.3%、45.7%和23.3%。

三、2016年北京市经济面临的环境

2016年，北京市经济运行的环境较为复杂，不确定性较多，经济增长的下行压力仍旧偏大，但宏观政策将着力于稳定经济增长，供给侧改革也将为“十三五”开局增添动力。特别是京津冀协同发展、非首都功能疏解将继续推动北京市经济加速转型升级。

（一）世界经济增长前景较弱且具有不确定性

2016年，美国经济虽有望保持稳健复苏，但不足以提振全球其他经济体的增长前景。发达经济体中期潜在增长减弱，欧、日经济复苏力度偏弱概率较大，新兴经济体持续面临货币贬值、资本外流、经济趋势性下行等多重压力。而且新兴市场和发展中国家的增长放缓溢出效应正通过大宗商品市场、金融市场等渠道波及全球，全球金融市场动荡、通胀水平偏低等风险，将给世界经济增长带来不确定性。OECD、IMF等机构纷纷下调2016年全球经济增长预期（见表1~1）。

延伸阅读：相关机构预测2015~2016年世界经济增长

国际货币基金组织于2015年10月6日发布最新预测，2015年和2016年世界经济将分别增长3.1%和3.6%，较7月的预测各下调了0.2个百分点。

世界经合组织（OECD）于2015年11月9日在半年度《经济展望》报告中，将2015年全球经济增长预测调低至大大低于平均增速的2.9%，并将对2016年的预测由此前预估的3.6%下调至3.3%。

表1~1　IMF对2015年、2016年世界经济增长的预测（%）

国家和地区	2013年	2014年	2015年预测	2016年预测
世界产出	2.9	3.4	3.1	3.6
先进经济体	-	-	2.0	2.2
美　国	1.5	2.4	2.6	2.8
欧元区	-0.3	0.9	1.5	1.7
日　本	1.6	0.2	0.6	1.0
新兴和发展中经济体	-	-	4.0	4.5

（续表）

国家和地区	2013年	2014年	2015年预测	2016年预测
中　国	7.7	7.3	6.8	6.3
印　度	5.0	7.2	7.3	7.5
俄罗斯	1.3	0.6	-3.8	-0.6
巴　西	2.7	0.2	-3.0	-1.0

（二）国内供给侧改革的推进将为经济发展注入活力

随着经济转型、结构调整的深入推进，传统增长引擎的拉动作用将持续减弱，新生动能虽不断蓄积，但短期内尚不具备规模，难以对冲传统引擎衰弱给经济带来的下行压力。加之，人口红利消退、制造业向发达国家回流、全球贸易增长放缓等影响，机构普遍预测，2016年国内经济增长将步入“6时代”。面对经济下行压力的加大，为实现“十三五”良好开局，宏观政策仍将着力于稳增长，但稳增长的政策将会更多地寓于改革之中。特别是着眼于中长期经济质量和效率的提升，改革重心将更加侧重供给侧，2016年供给侧改革重点可能将围绕化解过剩产能、推动国企改革、推进要素合理流动、加速产业转型升级、加强金融市场改革等方面展开，预计相关的改革措施将有利于激发市场主体活力、提高要素使用效率、促进经济转型升级。同时，需求侧改革也将持续推进，经济有望实现“以创新供给带动需求扩展，以扩大有效需求倒逼供给升级”的良好局面。此外，“一带一路”等重大战略的实施，也将带动基础设施投资增长和过剩产能消化。

延伸阅读：机构对2015~2016年中国经济增长的预测

亚洲开发银行：2015年9月22日，将中国2015年经济增速下调至6.8%，低于之前预测的7.2%，也低于2014年的7.3%，同时，其预测中国2016年经济增速将降至6.7%。

世界银行：在2015年10月5日发布的《东亚和太平洋地区经济半年报》中预计，2015年中国经济将增长6.9%，2016年为6.7%，2017年为6.5%，分别较4月的预测下调0.2个百分点、0.3个百分点和0.4个百分点。

国际货币基金组织：2015年10月6日，维持中国2015年和2016年经济增长6.8%和6.3的预测不变。

经济合作与发展组织（OECD）：2015年11月9日在半年度《经济展望》报告中预测，2015年中国经济将增长6.8%，2016年将增长6.5%。

延伸阅读：关于“供给侧结构性改革”

何为供给侧结构性改革？“供给侧”与“需求侧”相对应，需求侧有投资、消费、出口三驾马车，三驾马车决定短期经济增长率，而供给侧则有劳动力、土地、资本、创新四大要素，四大要素在充分配置条件下所实现的增长率即中长期潜在经济增长率。而结构性改革旨在调整经济结构，使要素实现最优配置，提升经济增长的质量和数量。

为何要进行供给侧改革？表象是需求不足。2007年以来，中国经济增速逐年下滑。从需求侧看，外需中，全球出口增速10 年见顶回落，过去三年持续零增长，中国较难独善其身，而低成本优势不再，令低端制造业向东南亚转移不可避免。内需中，2011年人口结构出现拐点，2012年人口抚养比见底回升，2013年地产销量增速持续下行，工业化步入后期，投资增速持续下行。实质是供需错配。但需求刺激效果甚微，2015年以来央行5次降息降准、发改委新批基建项目规模超过2万亿元，但投资依然萎靡。而在消费领域中，则呈现出较为明显的供需错配：国内消费增速拾级而下，但中国居民在海外疯狂扫货，国内航空客运增速缓慢下行，但跨境出游却持续高增长。这意味着，当前中国经济面临的问题，并不在短期需求，而在中长期供给。

（三）京津冀协同发展与非首都功能疏解将加快北京市经济转型升级的步伐

伴随京津冀协同发展规划纲要的落实和非首都功能疏解的推进，北京市将加大产业疏解力度。2016年，《北京市新增产业的禁止和限制目录（2015年版）》的实施将提升禁限新增产业的比重，“官批”、“天意”等有形市场全面启动疏解将加速流通、商贸等行业的转型调整。与此同时，企业也将适应市场变化不断调整自身发展战略，在逐步外迁生产制造环节的同时，对新项目上马决策更加慎重。短期来看，北京市经济增长仍将承受下行压力。但从长远来看，推动非首都功能疏解、京津冀协同发展、人口规模调控，有利于北京市立足资源环境承载力，强化约束，守住底线，加强生态环境保护、推动产业升级、增强区域人口均衡分布、促进区域均衡发展。此外，"双创"实施意见发布、服务业扩大开放试点实施等系列政策利好，也有助于激发市场主体活力，提升产业竞争优势，为经济发展蓄积新动能。

四、2016年北京市经济增长展望

（一）多方案情景分析

考虑到2016年北京市经济发展所面临的内、外部环境较为复杂，且具有不确定性，按照不同的外部环境设定和内部调整疏解、协同发展节奏、力度的强弱不同，初步对2016年北京市经济形成以下三种情景展望。

乐观情景：（1）世界经济稳步复苏：新兴经济体增长放缓的外溢效应不大，大宗商品价格稳步回升、全球金融市场趋于平稳，主要经济体增长均好于2015年。（2）国内经济保持稳定增长：经济增长新动力增强并能大幅对冲旧动力衰退的影响，政策宽松加码，改革按既定方案推进顺利、收效明显，市场活力明显增强，经济增长约6.9%。（3）非首都功能疏解按现有既定方案稳步推进，不再新增关停有形市场和企业，企业预期明朗，上马前期既定的新项目，部分区域腾笼换鸟后新产业、新业态发展迅速，主导支撑地位已确立。京津冀协同发展中，交通、生态、产业等领域一体化进展顺利，基础设施投资加速推进，创新辐射带动作用明显。**在这种情景下，北京市经济运行的环境较2015年有明显改善，经济增长有望实现平稳运行，增速与2015年持平，即高增速方案。**

悲观情景：（1）世界经济复苏受阻：新兴经济体出现"断崖式"下跌，且外溢效应明显加大，全球金融市场动荡加剧、大宗商品价格继续下跌，主要发达经济体增长均不及2015年。（2）国内经济增长加速放缓：经济增长新动力成长较慢、旧动力衰退加剧，政策效应难以发挥，改革受各方阻力推进缓慢、成效不足，市场主体缺乏活力，经济增长有失速风险。（3）非首都功能疏解推进中，既定疏解项目进度全面提速，部分疏解任务要求提前完成。需求萎缩、叠加预期转差，龙头企业取消上马既定新项目，主动减产，加速外迁核心业务环节。协同发展缓慢，交通等基础设施建设进度滞后、创新辐射带动作用不强。**在这种情景下，北京经济运行所面临的内外部环境较2015年恶化，经济增长下调幅度可能较大，即低增速方案。**

中观情景：（1）世界经济延续缓慢复苏：新兴经济体增速放缓的外溢效应有限，全球金融市场时有动荡，大宗商品价格持续低位徘徊，美国保持稳健复苏，欧元区、日本经济分别受困于政府债高企、政策效应减弱和通缩阴云的干扰，复苏步伐较缓。（2）国内经济稳中趋缓：经济增长新动力保持较快增长，体量不断壮大，对冲旧动力衰弱的程度有所提高。政策效应有所显现，关键领域改革有进展，市场活力有所释放，经济增长保持在6.5%以上。（3）非首都功能疏解按既定路线分步骤开展，部分项目按节点任务要求适度加快。企业战略调整在外迁生产制造环节的同时，也逐步将核心业务和高端研发、营销等环节集聚于京，项目上马严格执行新增产业禁限目录。协同发展中轨道交通、公路等基础设施建设稳步推进，创新创业持续保持活力。**在这种情景下，北京市经济运行所面临的内、外部环境改善不大，经济增速稳中略缓，即中增速方案。这也是本书认为最有可能出现的情景及增长方案。**

对应以上各种情景下的经济增长方案，2016年北京市主要经济指标预期如下（表1~2）。

表1~2　　2016年北京市主要经济指标预测

指　标	2015年				2016年预测					
	三季度情况		全年预测		高方案		中方案		低方案	
单位	亿元	%	亿元	%	亿元	%	亿元	%	亿元	%
地区生产总值	16002.4	6.7	22869	6.8	24841	6.8	24753	6.4	24438	6.0
第一产业	98.8	-8.2	140	-10.0	153	1.0	151	0	149	-1.0
第二产业	2985.4	2.4	4794	3.3	5004	4.4	4954	3.5	4907	2.6

（续表）

指标	2015年				2016年预测					
	三季度情况		全年预测		高方案		中方案		低方案	
单位	亿元	%	亿元	%	亿元	%	亿元	%	亿元	%
#工　业	2479.2	0.2	3788	1.1	3877	2.5	3837	1.5	3798	0.5
#建筑业	575.4	12.9	1006	12.0	1127	11.5	1117	11.0	1109	10.5
第三产业	12918.2	8.1	17935	8.0	19684	7.6	19648	7.3	19383	7.0
全社会固定资产投资总额	5465.7	4.7	7940	5.0	8416	6.0	8337	5.0	8218	3.5
社会消费品零售额	7399.7	6.7	9735	7.0	10514	8.0	10416	7.0	10221	5.0
地区进出口总额（亿美元）	2411	-23.5	3325.6	-20.0	3392	2.0	3159	-5.0	2993	-10
居民消费价格总指数	101.8	1.8	101.8	1.8	102.6	2.6	102.2	2.2	101.9	1.9
城镇居民人均可支配收入	39142	8.5	52859	8.9	57828	9.4	57299	8.4	56982	7.8
农村居民人均纯收入	16450	9.3	20569	9.0	22585	9.8	22420	9.0	22297	8.4

（二）经济运行将保持在合理区间

2016年，内外部环境依然较为复杂，经济增长仍存在不确定性。在落实首都城市战略定位、推进京津冀协同发展过程中，北京市将进一步加大调整疏解的力度，预计经济将在产业转型升级步伐加快、需求结构调整优化成效日显、新生动能不断累积的带动下，保持合理增长，预计2016年经济增长在6.5%左右。

1. 产业持续转型升级，增速小幅放缓

2016年，伴随产业调整疏解力度加大，产业增长速度可能小幅放缓，但转型升级成效将更加凸显。考虑存量转移、增量受限对工业的影响更加突出，预计2016年工业增加值增长1.5%。服务业伴随扩大开放综合试点方案落实，服务业市场活力将进一步释放，结构日趋优化升级。预计服务业将实现7.3%的平稳增长。

优势产业将以较快增长引领结构优化升级。信息服务业增长平稳、水平提升。北京市“互联网+”实施方案的出台、促信息消费政策的持续释放以及智慧终端应用的不断拓展，将持续激发信息消费需求。龙头企业加快构建跨界融合的产业生态圈，将促进信息服务能力提升。**金融业内部结构**

优化，增速略有放缓。2015年下半年金融市场动荡的滞后影响将进一步显现，北京市金融业增长可能有所放缓，但考虑三板、四板等主板外的多层次资本交易市场将保持活跃，保险、证券等行业有望保持较快增长，传统银行业在利率市场化改革中，面临盈利空间不断收窄的挑战。**科技服务业有望稳步增长，辐射带动作用不断加强。**受"双创"、"加快首都科技服务业发展实施意见"以及"三权改革"试点推进等利好带动，科技服务类企业新设数量将保持较快增长，科技服务和创新活力将不断提升。房地产业增长稳中有降。公积金异地提取、二套房贷首付调整等政策利好有望进一步释放需求，纯商品住房高端化也将带动价格上升，但受制于纯商品住宅供应面积减少，房地产市场或将出现"量降价升"局面，从而带动房地产业增长稳中有降。**战略性新兴产业有望保持较快增长，对工业增长的贡献增强。**新能源汽车在免税、补贴、单独摇号以及不限行等政策利好带动下，产销有望持续保持较快增长。数字电视、集成电路等行业有望在产销两旺以及新产能释放的带动下，保持较快增长。工业结构调整中，战略性新兴行业的引领增长作用不断增强。

传统产业延续分化调整、加速转型升级。批发零售业和交通运输仓储业叠加实体经济增长放缓、非首都功能疏解中区域性批发市场、物流基地的加速退出等影响，预计2016年增长仍将延续调整下行的态势。但市场倒逼将加速部分商贸流通企业就地转型升级，预计在批发市场的退出中，**服装设计、展览展示等新的商贸业态将持续涌现。**此外，在破解城市病、提升生活品质的过程中，生活性服务业也将逐步涌现出更多的**一站式服务、临家便利等新业态。**

以"互联网+"为核心的产业生态圈建设将不断孕育新的产业和业态，为产业发展注入新动能。随着物联网、云计算、大数据、移动互联网等新一代信息技术的升级发展，互联网加速向各行业渗透。京东、百度等企业跨界涉足金融、教育、医疗等多领域，预计"互联网+"行动计划的实施，将持续带动平台型互联网企业加速构建产业生态圈，不断孕育**互联网+金融、文化、医疗、教育等新产业、新业态**，为产业发展蓄积新增点。

2. 需求增长趋于平稳，结构持续优化

投资增长趋稳，结构日益向提升城市运行效率和承载能力、促进产业升级、放大社会效应转变。2016年，新机场、通州行政副中心等建设推进，将带动基础设施投资平稳增长，房地产市场回暖、新开工面积增长恢复将缓解房地产投资增长回落对投资增长的下压。尽管工业投资受产能疏解将继续保持下行，但投资增长总体将趋于平稳，预计全年增长5%左右，**投向和领域有望进一步优化。一是**京津冀协同发展下，交通、生态、城市管网等基础设施投资将保持较快增长，带动城市承载能力和城市运行效率的提升。**二是**"高精尖"经济结构构筑中，信息服务、商务服务等符合首都城市功能定位的高端产业投资将保持快速增长，带动产业持续升级。**三是**简政放权力度不断增强，PPP模式大力推广，将助推民间资本更多的投向公共服务领域，预计民间投资占比有所提升。此外，棚户区改造、自住房、保障房等民生投资也将保持一定规模，投资的社会效益持续放大。

消费结构日趋合理，需求多元化发展带动消费平稳增长。2016年，消费增长有望在政策利好和新兴消费潜能持续释放的带动下，实现平稳增长。**一是**加快发展农村电商、实施离境退税等政策，有助于稳定消费增长。**二是**文化教育、健康医疗等服务业重点领域改革开放扩大，将促进服务性消费市场环境改善、带动有效供给和服务质量提升，诱发需求增加。加之，居民服务消费意愿强烈，服务消费支出近两年持续保持10%以上的增长，预计服务性消费需求的持续释放，将主导消费稳定增长。**三是**信息消费热点不断，将为消费增长注入活力。智慧生活方式的到来，将不断带动智能电视、智能手机、可穿戴设备等消费热点涌现。**预计2016年北京市场消费总量增长在9%左右。**与此同时，**消费主体、消费市场、消费方式、消费业态将不断优化。一是**随着中央作风整顿的持续深化，集团消费的占比将持续下降，居民消费主体的地位将更加突出。**二是**随着居民收入增长，生活品质提升，消费将逐步由吃、穿、住等满足生存需求的商品性消费，转向以教育、文娱、医疗等发展、享受型为主的服务性消费。**三是**线上线下融合互动的消费模式兴起，将不断提升消费方式的便捷度。**四是**消费业态布局逐步打破传统百货零售主导，逐步转向集餐饮、娱乐、休闲于一体的大型综合体业态。

3．经济质量提升，效益改善

2016年，北京市经济质量将继续提升，效益有望改善。**一是**伴随非首都功能疏解，工业企业的搬迁力度不断加大，特别是劳动型密集型生产制造企业的搬迁，将继续促进工业减员增效。**二是**随着清洁能源改造力度的加大和高耗能产业的退出，节能降耗有望持续实现。**三是**科技创新的持续活跃和京津冀协同创新中企业之间合作的加强，将推动要素合理流动、配置效率提升。**四是**经济有望保持合理增长将为就业稳定、居民收入增长提供基本保障。加之，社会保障体系不断完善、增收渠道拓展，北京市居民收入有望实现与经济基本同步增长。**五是**产业高端化发展将带动产品和服务附加值的提高，同时，信息技术与服务的提升将不断提升企业管理水平，企业效益有望逐步改善。

4．物价上涨压力不大，价格运行分化

2016年，劳动力成本长期上涨、资源品和公共服务的改革持续推进，将给物价上涨带来一定压力，但考虑有效需求不足、去产能等对物价的抑制作用，预计2016年物价上涨压力并不大。综合考虑消费、生产、服务等领域影响要素及力度各有不同，预计价格运行将呈分化态势。**居民消费价格保持温和上涨。**受种植成本趋势性上升、猪周期上行等影响，食品类价格将小幅上涨。住房市场成交结构高端化发展，将带动住房价格小幅上升，预计居住类价格将稳中有升。2016年，预计CPI将在权重占比过半的食品和居住类价格小幅上涨推动下，保持温和上涨，初步预测CPI同比上涨约2.2%。**工业品出厂价格维持跌势。**需求不足、产能过剩、大宗商品价格持续低位将抑制PPI上涨，叠加上下游传导机制不畅、市场竞争加剧下竞相压价，预计生产者价格将持续下跌态势。**服务项目价格保持较快上涨。**非首都功能疏解与人口调控政策的实施，将加大北京市劳动力成本的上涨。叠加供热价格改革、医疗服务价格调整等综合影响，北京市服务项目价格将继续上行。

五、政策建议

（一）认真落实已出台的系列产业政策

一是在推进非首都功能疏解的过程中，要坚持严格执行新增产业禁限目录，巩固产业转型升级的成效。二是2015年以来，国家先后出台了促进服务外包产业、云计算创新发展培育信息产业新业态、健康服务业发展意见等系列产业政策。这些产业正是北京市未来产业发展的潜力增长点，相关部门应尽快结合本地实际情况和特点，抓紧研究制定出台相关实施细则。三是要加强“高精尖”产业的培育，出台相关促进“高精尖”产业发展的目录和实施意见。同时，对即将要腾退的产业和市场用地，提前做好后续发展的规划和相关建设的前瞻性部署，切实加快“高精尖”经济结构的构筑。

（二）积极推动服务业扩大开放试点方案的实施和落地

北京市服务业扩大开放综合试点共涉及金融、科技、互联网和信息服务、文化教育、医疗和旅游等六大领域，这些领域中不少是外资发展较为缓慢的领域，建议尽快推动有关工作的先行先试，重点从审批和营造环境入手，一是要规范和优化审批工作和流程，提高审批的透明度和规范性。二是要对相关领域的外资限制政策进行清理、修订，使外资规制更加清晰、合理，同时及时加强对企业的宣传解读。三是加强相关领域的监管力度，维护好市场秩序，优化投资环境，使用内外资统一的标准开展反垄断和反不正当竞争。

（三）金融领域多措并举化解风险

一是要调整资本结构，激活股权市场，推动“债务经济”向“股权经济”转化。二是银行业要大力拓展资产管理、托管等轻资产业务，增加中间业务收入。同时，积极发展中小企业金融业务和消费金融业务，拓展利差收入。此外，也要积极推进多元化经营，通过交叉销售，提高综合性收益。三是要将互联网金融纳入金融监管范围，根据不同业务类型、交易额度以及风险特点实施分类监管。增强消费者安全意识和风险识别能力，强化金融消费者权益保护。

（四）鼓励小微企业积极创新赢得市场

针对小微企业当前的困境，需从以下几方面着手加强改善：一是建议设立小微企业创新发展基金，抓住“互联网+小微企业行动计划”发展机遇，鼓励小微企业运用移动互联网等信息技术创新经营模式，引导小微企业走专业化、精细化、特色化、新颖化发展道路。二是为小微企业发展提供公平的竞争环境，在政府采购、产业扶持基金等方面向小微企业放开，使小微企业有更多的机会参与市场竞争。三是继续落实中央对小微企业的结构性减税以及降息等措施，缓解小微企业经营压力。

※ 专题研究

——未来北京市劳动效率将稳步提升

目前北京市经济已经步入新常态，一方面，满足广大市民日益增长的物质文化需要，解决城市发展中的突出问题，必须要有一定的经济增长速度作为支撑；另一方面，又不能单纯沿袭老路、一成不变，需要让经济发展服从和服务于城市功能定位，严格人口规模的过快增长，逐步缓解北京市的“大城市病”。在此背景下，提升劳动生产效率，降低产业对人口的吸附作用，最大限度地发挥“以业控人”的调控作用，对于北京市经济社会发展意义重大。

一、北京市劳动生产率的衍变历程分析

改革开放以来，北京市劳动效率不断提升，全社会劳动生产率实现了持续较快增长，全社会劳动生产率由1980年的2914元大幅上升至2014年的185671元，扣除价格因素，1980~2014年实际年均增长7.4%（见图1~4）。其中，第一产业、第二产业、第三产业可比价增速年均增速分别为5.5%、8.7%、6.7%。

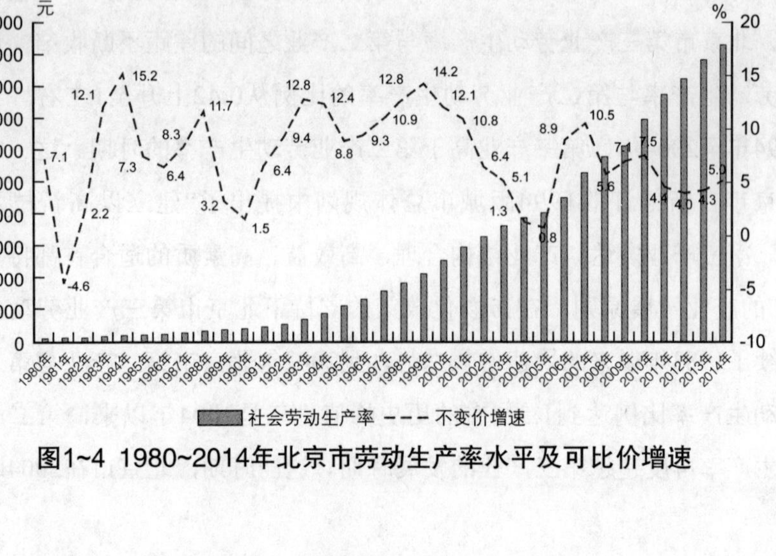

图1~4 1980~2014年北京市劳动生产率水平及可比价增速

从三次产业劳动生产率的比较来看，第二产业、第三产业的劳动生产率水平始终高于第一产业，第三产业劳动生产率在1994~2004年间高于第二产业，其他年度第二产业的劳动生产率高于第三产业（见图1~5）。

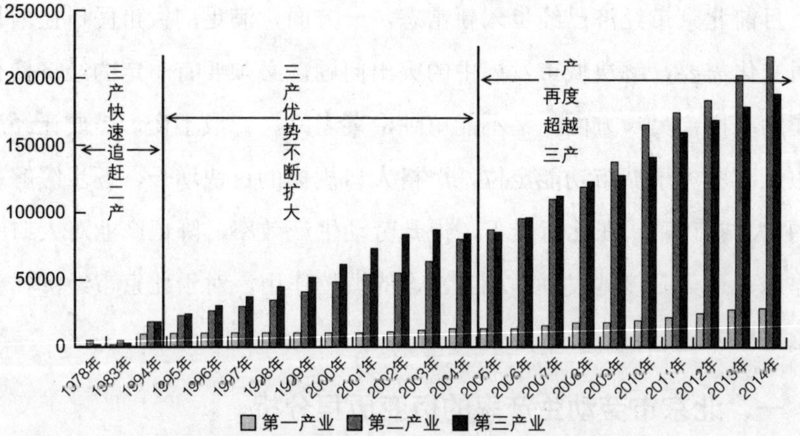

图1~5 北京市三次产业劳动生产率比较

一是在改革开放后至1994年第三产业快速追赶第二产业劳动生产率的时期。这一时期，面对20世纪80年代，北京市区工业引起的能源、水源、用地、交通等全面紧张，影响政治文化中心功能正常发挥的问题，北京市提出了《北京城市建设总体规划方案》，开始限制工业特别是重工业发展；与此同时，改革开放步伐不断加快，服务业发展的活力不断被激发出来，北京市第三产业劳动生产率与第二产业之间的差距不断收窄，第三产业劳动生产率与第二产业劳动生产率的比例从0.42上升至1左右。二是在1994年至2004年，第三产业高于第二产业劳动生产率的时期。这一时期，北京市在新修订的1994版城市总体规划中提出了“建立以高新技术为先导，第三产业发达，产业结构合理，高效益、高素质的适合首都特点的经济”的产业发展原则，在市场化政策的支持下北京市第三产业劳动生产率延续了1983年以来的快速增长态势，到2002年北京市第三产业与第二产业劳动生产率比例达到1.5左右的历史峰值。三是2004年以来，第二产业劳动生产率再度超越第三产业的发展时期。这一时期，北京市在2004版城市总体规划中提出，“进一步发展以现代服务业、高新技术产业和现代制造业为核心的首都经济”，也就是后来提出的“优化一产、做强二产、做大三产”的产业发展思路，北京市严格控制工业项目准入，鼓励发展汽车、电子、信息、医药等现代制造业，北京市第二产业劳动生产率快速提升，到2014年北京市第二产业劳动生产率为同期第三产业劳动生产率的1.15倍左右。

二、北京市劳动生产率的国内外比较

（一）北京市劳动生产率已达到国际高收入国家水平

从国际来看，目前北京市劳动生产率水平已达到高收入国家水平，但与香港、美国等经济体尚存在较大差距。2012年北京市全社会劳动生产率为37314国际元，为世界平均水平的2倍左右，介于非OECD高收入国家和OECD高收入国家之间（见图1~6）。

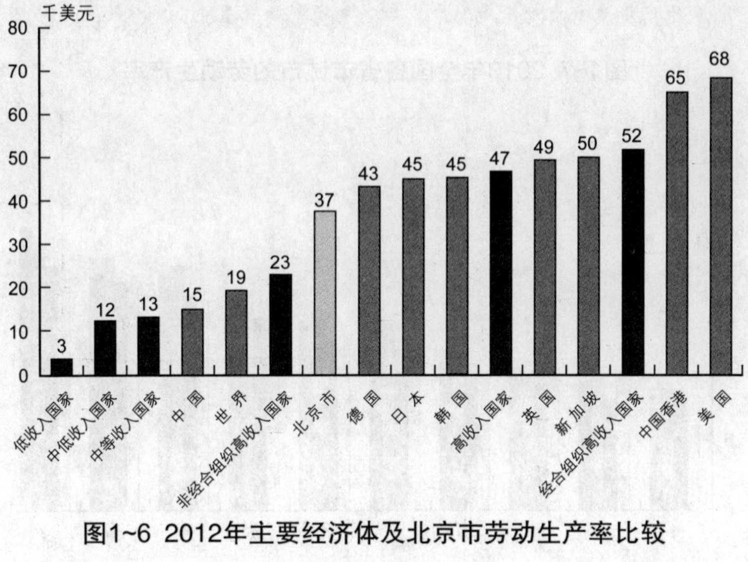

图1~6 2012年主要经济体及北京市劳动生产率比较

（二）北京市劳动生产率略低于广州上海等国内特大城市

从国内来看，2013年北京市的劳动生产率位于全国第二位，仅次于上海市（见图1~7）。从超大城市的比较来看，北京、上海、广州、深圳的劳动生产率分别为17.4万元、17.6万元、19.2万元、20.4万元，分别为全国平均水平（6.8万元）的2.6倍、2.6倍、2.8倍、3倍，均为全国平均水平的2.5倍以上。在四大城市中，广州和上海的劳动生产率相对较高，但没有与北京、深圳拉开差距（见图1~8），领先大约2~3年左右（按照2011~2013年年均增长4%~5%左右估算）。

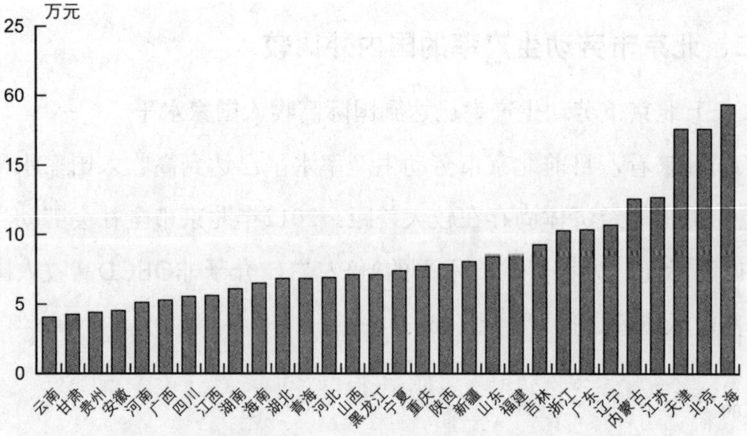

图1~7 2013年全国各省市城市的劳动生产率

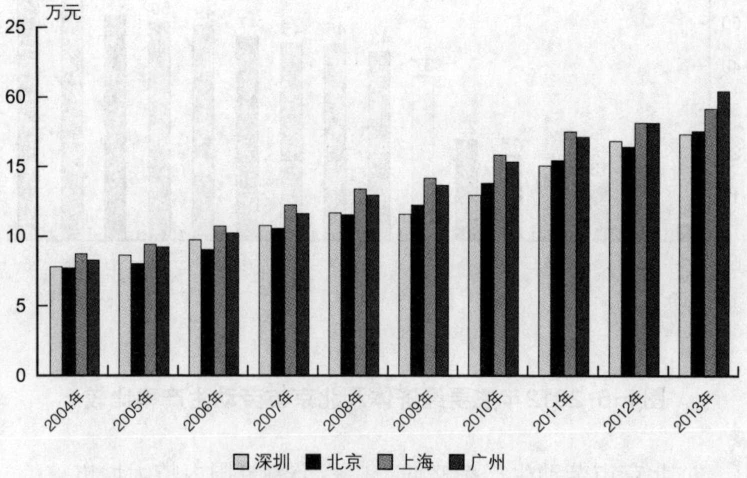

图1~8 近十年来国内特大城市的劳动生产率比较

分产业来看，近年来北京与上海的劳动生产率的差距主要集中在第三产业，且差距呈现不断拉大的趋势（见图1~9），表明服务业升级步伐较慢，低端服务业从业人口规模过大，需要进行有力的人口调控。2013年，北京第一、第二、第三产业劳动生产率与上海的比率分别为1.02、1.12和0.85。

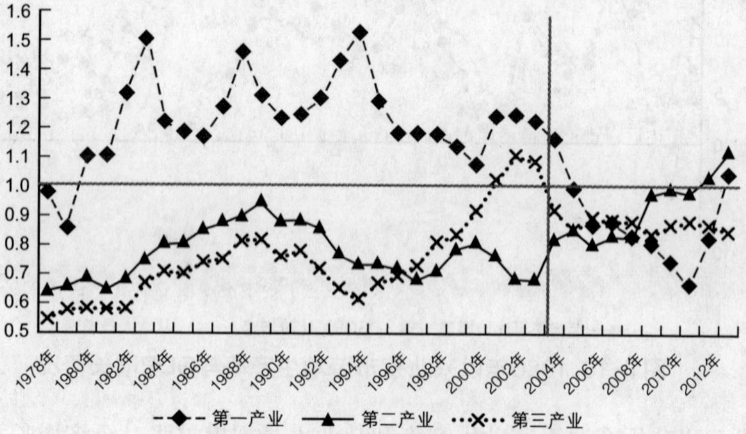

图1~9 京沪三次产业劳动生产率比较

三、北京市劳动生产率与经济增长的关系分析

从核算的角度来看，经济产出主要取决于劳动效率的提升和劳动数量的扩张。经济产出、劳动效率、劳动力数量之间存在着“GDP=从业人员规模×全要素生产率”的数量关系；经济增速、劳产率增速与从业人员规模增速三者之间存在着“经济增速=全要素生产率增速+从业人员规模增速+全要素生产率增速×从业人员规模增速（交互效应）”的数量关系。由于交互效应比劳产率增速和从业人员增速小一个数量级，因此，可以粗略的认为“经济增速=全要素生产率增速+从业人员规模增速”。

因此，从数据上来看，在从业人员增速保持稳定的时期，劳动生产率与GDP保持高度同步；在从业人员增速变化相对较大的时期，劳产率增速将与GDP增速的变动趋势将出现一定程度的背离。改革开放以来，除

1996~2005年十年外[①]，北京市从业人员增长基本平稳，劳动生产率与GDP增长呈现出高度一致的运行态势（见图1~10）。2006年以来，北京市劳动生产率与GDP增幅的差距保持在3±1个百分点区间内。

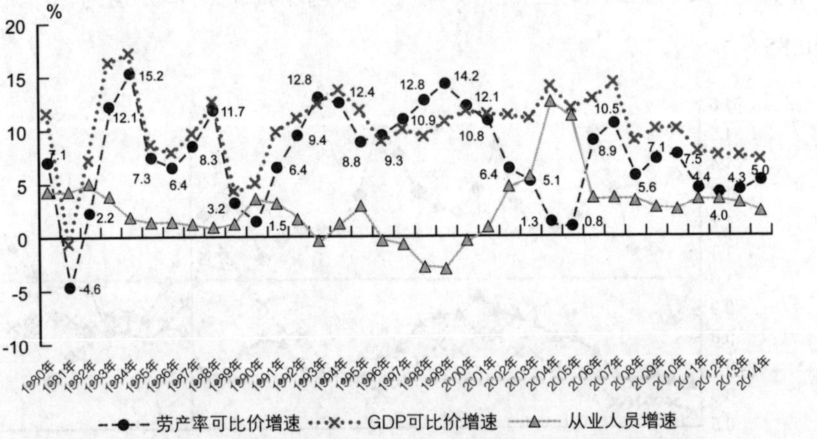

图1~10 1980年以来北京市劳动生产率与GDP增长情况

进一步分析全要素劳动生产率和从业人员规模扩张对经济增长贡献，可以看出，劳动生产率是拉动经济增长的主要力量，1983~2014年其增长的贡献高达74%，劳动力规模扩张的贡献为24%，交互效应的贡献为2%（见图1~11）。

四、“十三五”时期劳动生产率将提升至23万元左右

（一）结构调整与技术进步是拉升劳动生产率的主要途径

根据现代经济理论，提升劳动效率的途径主要有两类，一是通过引进新技术、新设备或者通过教育、培训、研发等提升劳动者的生产能力等各种提高生产科技水平的方式促进劳动效率的提升；二是通过推动产业结构调整，优化劳动力资源的行业配置，让劳动力从劳动效率较低的行业转移到劳动效率较高的部门。

① 1996~2005年，从业人员规模大幅波动的主要原因：一是受1997年国家及北京市的国企改革“减员增效”相关政策影响，第二产业从业规模持续减少；二是在我国加入WTO的带动下，北京市生产性服务业蓬勃发展，经济规模的扩张带来了从业人员的扩张；三是这一时期，国家及北京市对第三产业的统计制度进行了调整。

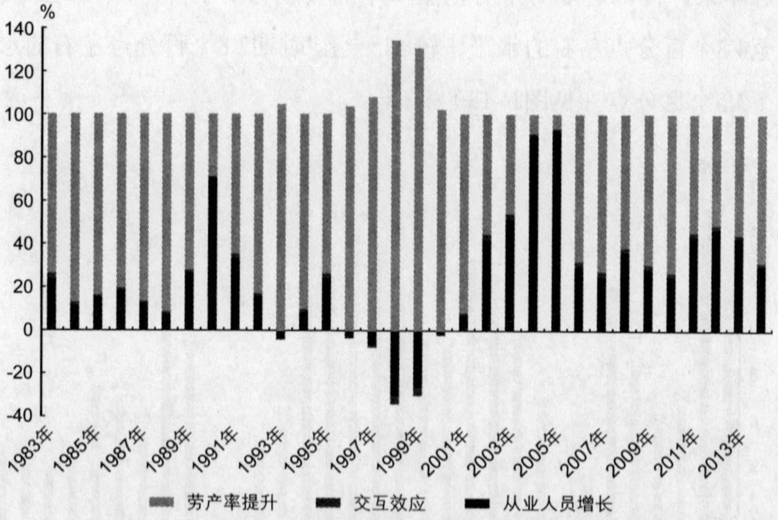

图1~11 1983年以来劳动生产率对于经济增长的贡献

从北京市的发展情况来看，在绝大多数年度内，三次产业的技术进步是拉升劳动效率提升的主要力量，1983~2014年，技术进步对于劳产率提升的贡献率高达95%左右（见图1~12）；在产业结构快速调整的时期，劳动力资源的优化配置也起到了显著的拉升作用，如1983~1986年、2002~2005年，北京市产业结构调整对劳动生产效率的贡献率高达8%和22%，大幅高于1983~2014年平均5%的水平。

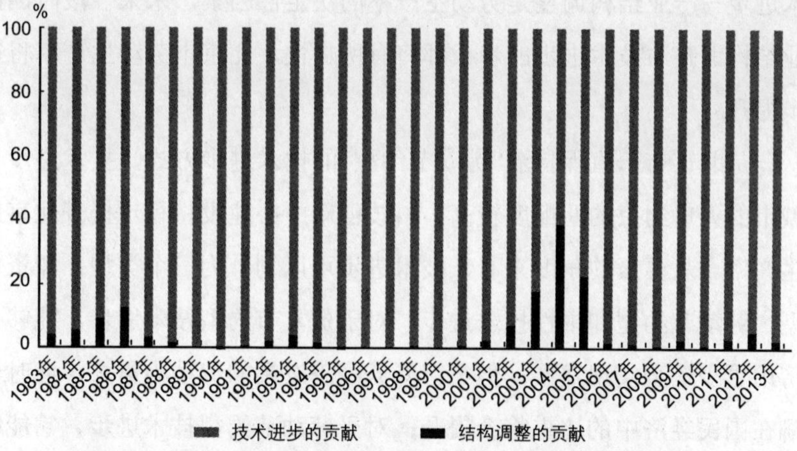

图1~12 1983年以年北京市劳动生产率增长的来源分析

近年来，技术进步对于劳动生产率的贡献有所下降，“十二五”时期已下降至4.3个百分点左右的水平，较“十一五”时期7.8个百分点左右的水平，下降了3.5个百分点（见图1~13）。

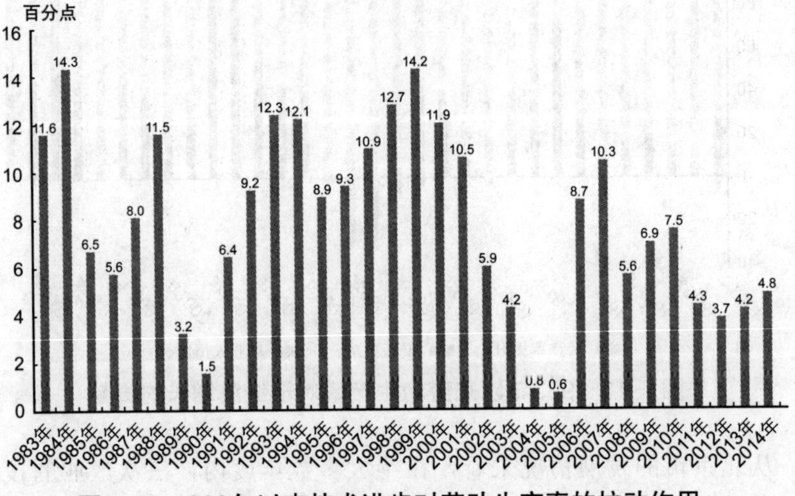

图1~13 1983年以来技术进步对劳动生产率的拉动作用

（二）未来北京市劳动生产率将稳步提升

从北京市与国际发达经济体以及国内特大城市的横向比较情况来看，北京市劳动生产率发展仍然具有较大潜力，按照经济发展的一般规律，未来北京市劳动生产率将持续提升。从北京市劳动生产率的演进历程来看，技术进步与产业结构调整是劳动生产率的决定性因素，未来一段时期内，产业结构调整与技术进步的步伐都将有所加快，北京市劳动生产率将得到稳步提升。

一是北京市一直保持着“劳动节约型”的技术进步方式，技术进步与特大城市的人口约束的匹配度较高，科技创新中心建设将稳步提升北京市劳动生产率。从要素的角度来看，技术进步可以划分为三个类型，即资本节约型、劳动节约型和中性技术进步。对于资本节约型技术进步，能够推动经济用更少资金实现发展，但不会降低经济发展的劳动力需求，此时资本报酬在国民经济中的比重将会提升；对于劳动节约型技术进步，它能够推动经济用更少的劳动力实现发展，但不会降低经济发展的资金需求，此时劳动者报酬在国民经济中的比重将会提升；对于中性技术进步，能够起到同时节约资本和劳动力的作用，是一种资本节约和劳动节约相复合的技术进步类型，此时劳动者报酬与资本报酬的比例不变，二者在国民经济中的比重将保持稳定。对于北京市而言，改革开放以来，北京市劳动者报酬占GDP的比重由1978年的35%提升至2014年的52%（见图1~14），呈现出典型的“劳动节约型”的技术进步特征，有利于更大程度地发挥技术进步对劳动生产率的提升作用。“十三五”时期，在全面建设国家科技创新中心的背景下，北京市科技资源优势将得到进一步释放，科技创新能力将得到大幅增强，预计技术进步对于劳动生产率的贡献仍将保持4.5个百分点左右的水平。

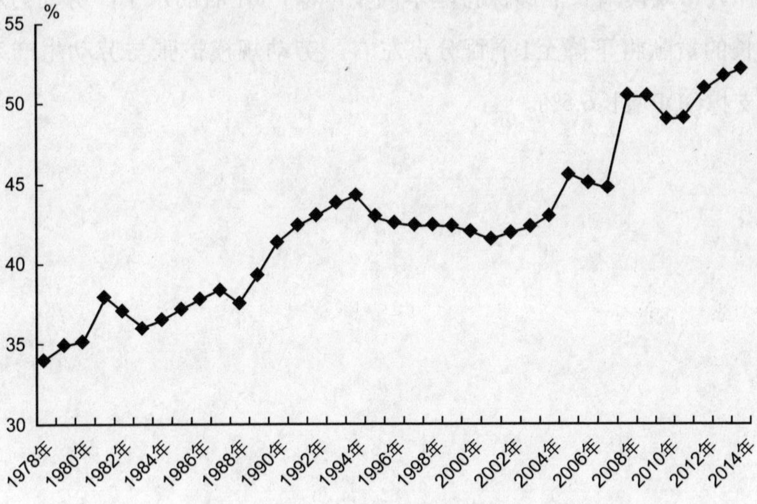

图1~14 1978年以年北京市劳动生产率增长的来源分析

二是北京市将通过优化、调整、转型经济结构，打造“高精尖”经济结构，稳步提升北京市劳动生产率。在经济功能服从和服务于城市功能定位的引导原则下，北京市将对部分产业进行有力的调控，特别是耗水较多的种植业、聚人较多的批发零售业，预计其增加值增速将保持0增长或负增长，从业人员规模将得到有效控制；将着力推动一般性的制造业外迁或就地淘汰，特别是具有两高一多性质的行业；并大力发展金融、信息、科技、商务等优势产业，产业结构调整对经济增长的贡献将大幅提升。预计产业结构调整对劳动生产率的贡献率将接近2002~2005年时期的水平，按照22%计算，可以拉动劳动生产率提高1个百分点左右。

综合考虑，技术进步与产业结构调整对于劳动生产率的贡献，“十三五”时期，北京市的劳动生产率有望年均提升5.5%，以2010年不变价格计算，劳动生产率规模为22.8万元。

从劳动生产率对经济增长的支撑来看，“十三五”时期，北京市将全面落实《京津冀协同发展规划》和本市《贯彻意见》的相关要求，采用经济、行政、法律等各种手段，进行严格的人口调控政策，将常住人口规模控制在2300万以内，即年均增长速度控制在1.1%以内，如果从业人员规模与常住人口规模增长能够保持基本同步，即1%左右的水平，劳动力对于经济增长的贡献将下降至1个百分点左右。劳动规模扩张与劳动生产率提升共同支撑GDP增长6.5%。

第二章 投 资

低位平稳运行 成为落实战略规划的重要抓手

2015年，在宏观经济下行压力加大的背景下，受部分重大项目推进缓慢以及重大赛事活动等因素影响，北京市全社会固定资产投资增长呈现稳中趋降态势，预计全年增速小幅回落至5%以内。2016年是“十三五”规划的开局之年，也是落实京津冀协同发展和首都城市战略定位的关键时期，投资建设需求较为旺盛。经济下行压力较大，投资依然是“稳增长”的重要抓手，政策环境持续友好。但考虑到综合改革深入推进、非首都功能疏解和人口规模调控等政策影响，以及要素供给改善有限、先行指标普遍下行、占比五成以上的房地产开发投资增长预期回落等因素，全社会固定资产投资仍将低位运行，预计全年增长5%左右（见图2~1），资本形成额将持续

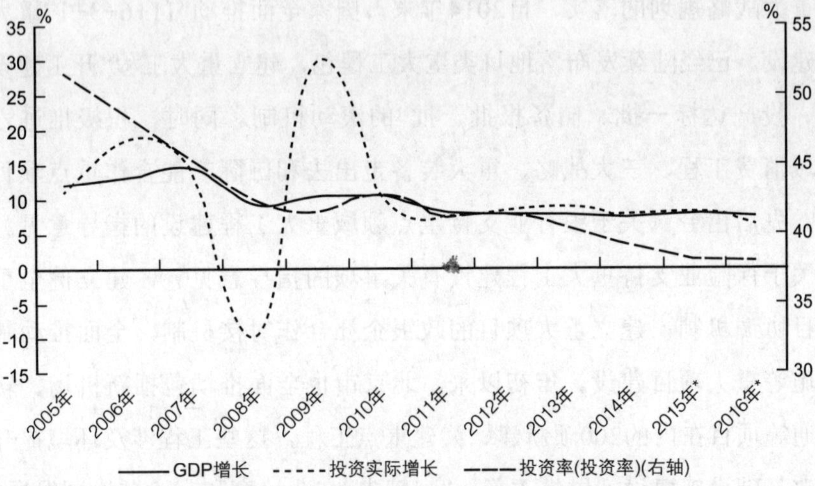

图2~1 2005~2016年北京市GDP增长、投资实际增长和投资率

注：2015年、2016年数据为预测值

下降，投资率也将持续走低。

一、投资运行的政策环境持续友好

2015年以来，为充分发挥投资对经济增长的关键作用，中央及北京市在积极推动落实综合改革的同时，出台了一系列促进投资增长的政策措施，政策环境持续友好。

（一）发挥货币和财政政策的综合引导作用

一是稳健、灵活的货币政策有助于改善资金环境。为维持市场适度流动性，2015年央行已4次降准、5次降息，开展信贷资产质押再贷款试点，解除商业银行存贷比，并多次使用政策宽松工具，流动性已经出现小幅改善。二是积极财政政策不断发力。国家推出调整财政性资金投资方式；增加地方政府存量债务置换额度，增发地方政府债券；通过发行债券筹集资金设立专项建设基金，直接注入项目资本金等措施支持重点领域建设；中央财政通过整合资金出资150亿元，建立总规模为600亿元的国家中小企业发展基金等措施，充分发挥财政政策的引导作用。

（二）充分发挥重大项目的带动作用

配合“一带一路”战略、国家新型城镇化规划、京津冀协同发展规划等重大战略规划的落实，自2014年末，国家全面推动“11+6+3+1”重大工程建设。已经陆续发布落地11类重大工程包，建立重大工程“开工建设一批、投产达标一批、储备报批一批”的滚动机制。同时，积极推进六大领域消费工程、三大战略、重大装备走出去和国际产能合作重点项目建设。先后出台《关于银行业支持重点领域重大工程建设的指导意见》，《关于保险业支持重大工程建设有关事项的指导意见》，建立健全重大项目协调机制，建立重大项目的政银企社合作对接机制，全面推动基础设施等重大项目建设。年初以来，北京市也全面推动包括新机场、轨道交通等项目在内的200项新建、续建重点工程，这些工程涉及环境提升、市政基础设施建设、民生改善、“高精尖”产业培育和京津冀协同发展等5大领域。

（三）深化改革创新投资管理

一是进一步深化投资改革，加强监管。2015年国家大幅减少前置审批事项，大幅缩减政府核准投资项目范围，加快建立健全投资项目纵横联动协同监管机制。通过调低投资项目最低资本金等方式，完善固定资产项目资本金制度。出台《关于创新投资管理方式建立协同监管机制的若干意见》，以加强投资项目事中、事后监管，规范投资管理。**二是调低投资项目最低资本金比例。**有区别地下调固定资产投资项目最低资本金比例，除产能严重过剩行业外，其他行业最低资本金比例调低5个百分点，有助于降低投资门槛、提高投资能力、促进相应投资项目落地施工。**三是创新投资管理模式及融资模式。**出台《关于妥善解决地方政府融资平台公司在建项目后续融资问题的意见》，以确保依法合规的融资平台公司在建项目有序推进，有效防范和化解财政金融风险。简化发债审核审批程序，扩大企业债券融资规模，支持企业以各种形式参与基础设施投资建设。公布《外商投资产业指导目录（2015年修订）》，为外商投资松绑，以构建更加开放透明的外商投资环境。

延伸阅读：《外商投资产业指导目录（2015年修订）》相关内容

2015年4月10日起，我国将施行《外商投资产业指导目录（2015年修订）》（以下简称《目录》）。此次修订是我国1995年颁布《目录》以来历次修订中开放幅度最大的一次，限制类条目从2011年版《目录》79条减少到38条。此次目录修订将推动我国新一轮对外开放，构建更加开放透明的外商投资环境，同时促使我国适应角色转变，以积极主动的开放推进国际投资合作。

一是一般制造业基本放开，用竞争倒逼企业改革。2015年版《目录》基本放开了一般制造业，其中，鼓励类修改了76个条目，主要是调整指标和优化结构，促进外商投资使用新技术、新工艺、新材料、新设备，进一步提高外资质量。扩大外资准入的过程是优胜劣汰的过程，可以通过倒逼机制提升企业竞争力。

二是不再保留外资股比限制，加大负面清单管理改革。2015年版《目录》按照负面清单管理模式要求，允许类项目原则上不再保留外资股比限制，所有外资股比规定在《目录》中列明。“合资、合作”条目从2011年版《目录》43条减少到15条，“中方控股”条目减少到35条。

三是引外资变成以服务业为主，用全球视野进行资源配置。在吸引外资上，我国吸引外资已经由以往以制造业为主的格局转变成以服务业为主，服务业吸收外资的规模在不断扩大。2015年版《目录》在服务业领域，主要是取消或放宽电子商务、连锁经营、支线铁路、地铁、轻轨、海上运输、演出场所等股比要求，直销、邮购、进出口商品检验认证、铁路货物运输、保险经纪公司、财务公司、信托公司、货币经纪公司等不再列入限制类，并将建筑设计、养老机构列入鼓励类。

（四）全面激发民间资本活力

多部委先后出台《关于鼓励民间资本参与养老服务业发展的实施意见》、《关于鼓励和引导社会资本参与重大水利工程建设运营的实施意见》、《关于在公共服务领域推广政府和社会资本合作模式的指导意见》，鼓励地方运用PPP模式推进公共租赁住房投资建设和运营管理，设立总规模达1800亿元的中国政府和社会资本合作融资支持基金。北京市出台《北京市人民政府关于创新重点领域投融资机制鼓励社会投资的实施意见》，推出了7个重点领域的136个鼓励社会投资的示范项目，以推动重点领域投资建设，增加公共产品和服务的有效供给。

延伸阅读：《北京市人民政府关于创新重点领域投融资机制鼓励社会投资的实施意见》

2015年3月20日，北京市政府发布《北京市人民政府关于创新重点领域投融资机制鼓励社会投资的实施意见》（以下简称《实施意见》）。《实施意见》共包括66条措施，涉及生态环保、交通设施、能源设施、棚户区改造、新型城镇化、社会事业、“高精尖”产业等7个领域136个示范项目。

政策亮点主要包括：一是健全PPP（政府和社会资本合作模式）机制。《实施意见》进一步强调了实现政府投资、购买服务和协议价格相互协同，明确了新增PPP项目要将现行的财政运营补助政策转变为政府购买服务，按企业主营业务计入收入。二是将完善轨道交通运营竞争机制。市政府将在保证运行安全和效率的基础上，考虑在已有的两家运营商的基础上，引入新的有实力的运营商。这些运营商可以独立进入，也可以和具备实力的社会投资人组成联合体，参与到轨道交通PPP项目中来。三是将完善盈利性资源综合利用机制。将实行“主体运营+经营性配套资源+特许经营权”的一体化投资运营模式，具体就是对于能够通过配给一定盈利性资源，实现公益性项目和商业开发一体化实施的项目，明确由一个主体来运营，通过给予经营性配套资源并授予公益性部分的特许经营权，完善项目的投资回报机制。四是细化了土地供应政策。《实施意见》对不同类型项目适用划拨、协议出让、竞争出让、租赁等供地方式进行了细化说明。其中，属于可按划拨政策供地的项目，经社会投资人申请，可按协议出让方式供地。对新增的盈利性医院和养老设施，供地之前要先行公示，只有一个申办主体的，按市场地价水平供地；有多个申办主体的，由市国土部门商市行业主管部门，以招标、拍卖或者挂牌方式供地。

二、2015年北京市投资运行特点

（一）投资运行出现小幅波动，建安投资持续负增长

2015年，北京市投资整体持续在低位运行。前三季度，全社会固定资产投资完成5465.7亿元，同比增长4.7%；扣除价格因素实际增长7.1%，实际增速与2014年同期基本持平。2015年年内来看（见图2~2），主要受年初投资有效工期不足、三季度举办重大赛事活动等因素影响，年内呈

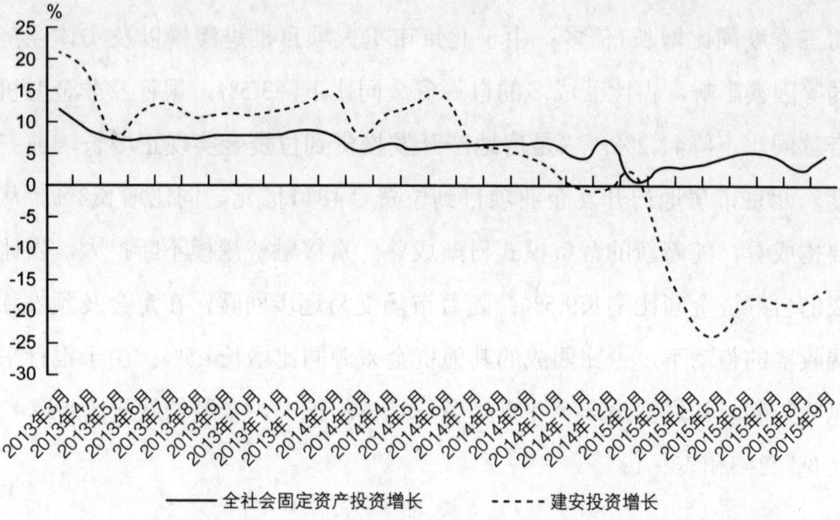

图2~2 2013年以来北京市全社会固定资产投资增长、建安投资增长

现出零增长开局，先扬、后抑、再扬的波动走势。综合考虑四季度新增项目和在施规模等因素，预计全年投资增长5%以内。从主要构成来看：**一方面**，受新开项目偏少、重大项目推进缓慢等因素影响，年内建安投资增速持续负增长。1~9月，北京市完成建安投资2018.7亿元，同比下降16.5%，占全社会投资比重为36.9%，同比下降9.4个百分点。**另一方面**，受近年来土地交易价格持续攀升影响，随着高价土地陆续开工建设，投资中土地购置费用大幅增长。1~9月，北京市房地产开发投资中土地购置费用为1582亿元，同比增长41.4%；占房地产开发投资比重为51.5%，同比增长11个百分点。

（二）资金来源恶化程度正逐步缓解

2015年年初以来，主要受宏观经济走弱、流动性整体结构性偏紧等因素影响，北京市投资资金到位情况整体较差，但随着年初以来中央实施的灵活、稳健货币政策逐步发力，资金来源恶化程度逐步缓解。**一是城镇投资资金来源持续负增长，但降幅逐月收窄**。前三季度，北京市城镇投资资金来源小计为1798亿元，同比下降2.7%，降幅较年初收窄12个百分点。打开结构看，在国家启动重大工程包带动下，中央财政资金实现大幅增长，前三季度同比增长1倍多；由于北京市重大项目推进缓慢以及实体经济偏弱等因素影响，占比五成多的自筹资金同比下降3.5%，银行及非金融机构贷款同比下降41.2%。**二是房地产开发投资到位资金实现正增长**。前三季度，北京市房地产开发企业项目到位资金4811亿元，同比增长3%。从主要构成看，随着新的融资模式日渐成熟，直接融资规模不断扩大，占比三成的自筹资金同比增长9.5%；随着市场交易逐步回暖，在定金及预收款降幅收窄的带动下，占比四成的其他资金来源同比增长4.5%；由于银行采取风险控制，加之房地产企业直接融资规模的扩大，金融贷款同比下降4.3%（见图2~3和表2~1）。

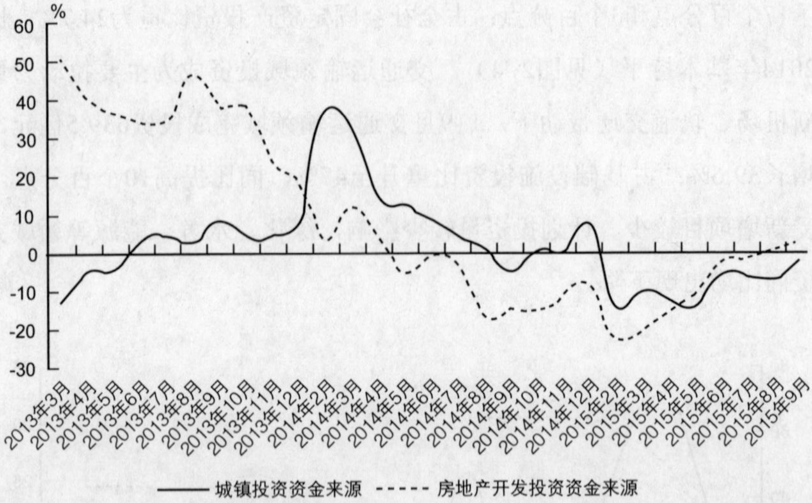

图2~3 2013年以来北京市城镇投资和房地产开发投资本年资金来源增长

表2~1　　2015年三季度末北京市城镇投资和房地产开发投资本年资金来源构成（%）

城镇投资资金结构	同比增长	占比	房地产开发投资资金结构	同比增长	占比
中央财政资金	100.6	5.9	金融贷款	-4.3	30.2
市级财政资金	0.6	10.2	利用外资	-37.7	0.1
区县级财政资金	13.1	10.4	自筹资金	9.5	30.2
银行及非金融机构贷款（国内）	-41.2	12.4	自有资金	27.5	7.7
债券（不含国债）	-100	0.6	其他资金来源	4.5	40
利用外资	-68.2	0.2	定金及预收款	-5.6	23
自筹资金	-3.5	50.6			
其他资金来源	53	9.7			

（三）基础设施投资增长逐步提速

在国家及北京市重大项目加快推进，以及融资方式不断创新的带动下，2015年下半年以来北京市基础设施投资增长由负转正，增速逐步提升。1~9月，北京市基础设施投资累计完成1347.8亿元，同比增长4%；增速较2014年同期回落了近5个百分点，但比2015年一季度和上半年分别提高了17个百分点和3个百分点；占全社会固定资产投资比重为24.7%，比重与2014年基本持平（见图2~4）。交通运输领域投资成为主要拉动力量。在新机场、轨道交通带动下，1~9月交通运输领域完成投资639.5亿元，同比增长39.6%；占基础设施投资比重升至47%，同比提高10个百分点。主要受新增项目较少、计划投资量较少影响，绿化、水务、能源等领域完成投资同比均出现下降。

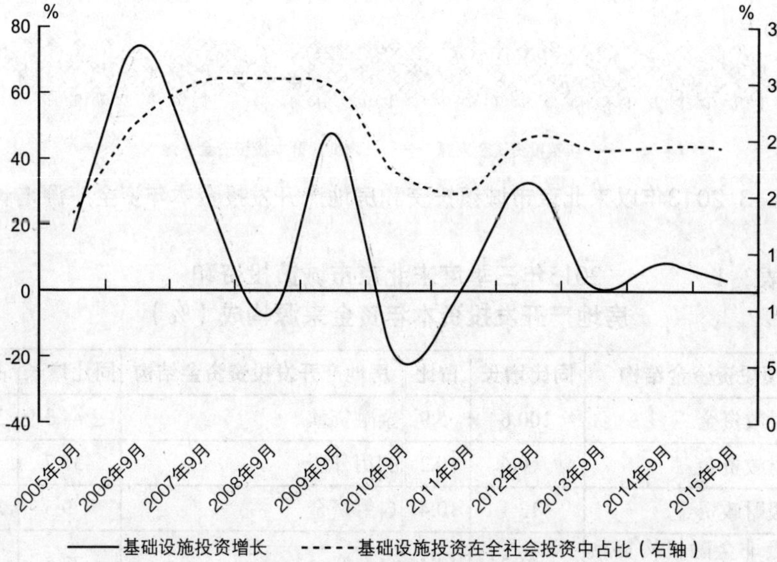

图2~4 2005年以来北京市基础设施投资累计增长及基础设施投资占投资比重

（四）房地产开发投资保持两位数增长

在市场销售逐步回暖、新开工面积大幅增长的带动以及费用投资大幅增长的支撑下，2015年年初以来，北京市房地产开发投资实现持续两位数增长。前三季度，房地产开发完成投资3070.1亿元，同比增长10.4%；主要受施工面积持续负增长和2014年基数因素影响，年内投资增速呈现逐步回落趋势。房地产开发投资占全社会固定资产投资比重达到56.2%，较2014年同期提高3个百分点，为近十年来的同期最高值（见图2~5和表2~2）。其中，土地购置费同比增长41.4%，占比达到五成以上，比重同比提高了

11.3个百分点，成为拉动房地产开发投资增长的主要动力。从投资用途来看，走势明显分化。一是在政策性住房支撑下住宅投资勉强实现正增长。1~9月，北京市住宅投资完成1384.5亿元，同比增长1%，增速较2014年同期下降13.1个百分点，占房地产开发投资的比重下降4个百分点。其中，保障性住房和自住型商品房完成投资同比分别增长21.1%和68.2%，占住宅投资比重合计已高达63.4%。二是商服地产投资实现较快增长。在大量新增需求带动下，北京市写字楼和商业用房完成投资同比分别增长9.7%和26.2%，两者占房地产开发投资的比重合计已经高达55%。

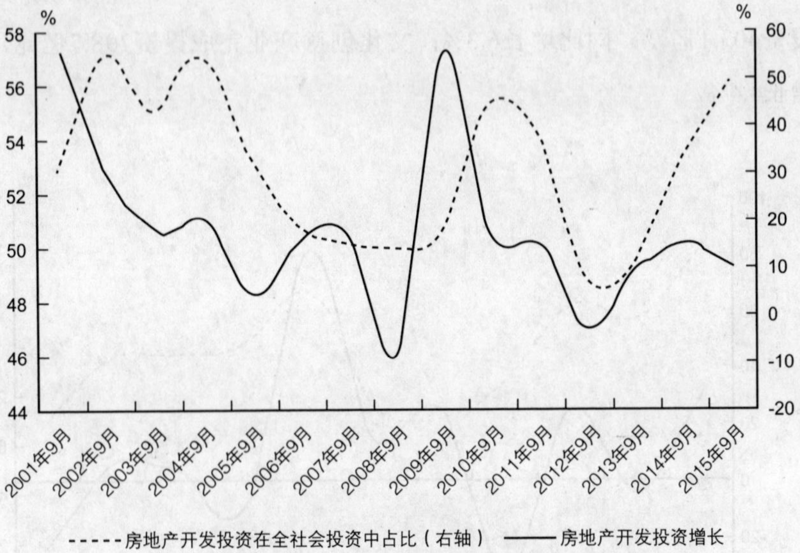

图2~5 2001年以来北京市房地产开发投资累计增长及房地产开发投资占投资比重

表2~2　2015年三季度末北京市房地产开发投资及其构成（%）

投资按构成分	同比增速	占比	投资按用途分	同比增速	占比
建安工程	-18.9	30.3	住　宅	1	45.1
设备、工器具购置	-52	0.5	公寓别墅	68.6	4.7
其他费用	32.7	69.2	写字楼	9.7	19.9
土地购置费	41.4	51.5	商业、非公益用房及其他	26.2	35

（五）工业投资持续下滑，重点产业投资增长较好

受宏观经济下行和非首都功能疏解影响，2015年年初以来，北京市工业投资持续下滑。前三季度，工业投资完成386.9亿元，同比下降23%，占全社会固定资产投资比重由以前的10%左右降至7%（见图2~6）。工业投资结构优化提升，一方面，《禁限目录》涉及的工业投资247.5亿元，同比下降27.9%；另一方面，高技术制造业完成投资同比增长7.3%。在政策引领和重大项目带动下，北京市重点产业投资稳健增长。前三季度，生产性服务业完成投资364.2亿元，同比增长12%，其中，信息服务业、金融业和商务服务业完成投资同比分别增长30.4%、104.9%和56.5%；旅游产业完成投资403.1亿元，同比增长6.3%；文化创意产业完成投资208.7亿元，同比增长4.4%。

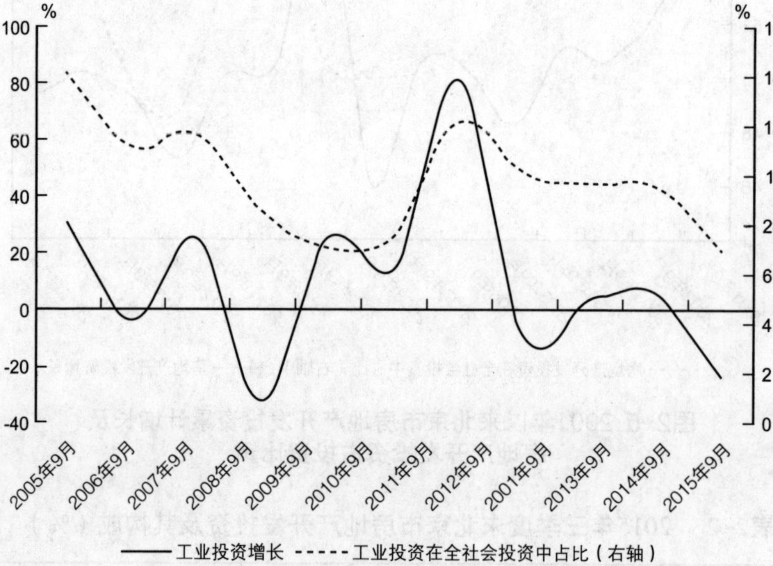

图2~6 2005年以来北京市工业投资累计增长及工业投资占全社会投资比重

三、投资领域需要关注的问题

（一）民间投资持续高增长的动力不足

2015年前三季度，北京市民间投资实现20%的增长，占全社会投资的比重升至43%，为近年来的高位。但从结构和主要拉动力量来看，未来民间投资持续高增长的动力明显不足。一方面，2015年前三季度，交通运输、水利环境和文化体育投资分别增长1.1倍、2.6倍和76.5%，但这三类投资占民间投资的比重之和仅为3.7%，影响作用十分有限。另一方面，房地产业投资占民间投资比重高达82.3%，较2012年和2014年同期分别提高了10.6个百分点和1.7个百分点，房地产投资对民间投资的影响进一步加大。随着新增建设用地逐步减量，开发建设规模将减少，房地产开发投资总量势必将逐步缩减，其对北京市民间投资增长的推动作用将减弱。

（二）融资难、融资贵依然是抑制投资增长的瓶颈

2015年年初以来，虽然银行体系流动性总体上较为充裕，但由于货币政策传导不畅，大量资金在金融体系里空转，并没有进入实体经济，导致融资难、融资贵的现象依然存在。从企业资金成本和盈利情况来看，融资难、融资贵，直接影响企业盈利能力，影响企业持续投资的能力和意愿。从北京市上市的200多家一般企业来看，财务费用占营业总收入比重较前几年出现上升的企业多达六成以上；上市企业净利润占营业总收入比重较前几年均出现上升的企业不及四成。预期国家及北京市会继续出台稳增长刺激政策，但将主要集中在完善基础设施和改善民生等领域，考虑到综合改革深入推进、货币政策面临“流动性陷阱”、刺激政策边际效应递减、政策时滞等因素影响，刺激政策效果有限，融资难、融资贵的现象难有实质性改善，投资进度和效率都将受到影响。

（三）先行指标普遍下降，投资下行压力依然存在

2015年三季度末，北京市多项投资先行指标出现负增长，意味着后续投资下行压力将不断积累；但各项指标降幅均已逐步收窄，预示了下行压力有望逐步改善。1~9月，城镇和房地产投资本年资金来源小计同比增长1.3%，已经由年初大幅下降20%转为正增长；北京市土地市场成交土地面积412公顷，同比下降50.4%，降幅较年初收窄7个百分点；1~9月，城镇新开工项目计划总投资992.8亿元，同比下降33.9%；北京市新开工面积和施工面积同比分别下降6.9%和8.6%，其中施工面积降幅较年初收窄3个百分点。根据6~9个月的先行规律判断，2016年投资增长依然乏力，但下行压力有望逐步改善。

四、2016年投资运行面临环境及形势判断

（一）投资政策环境将不断优化

1. 世界经济将持续调整

2016年，世界经济仍处于深度调整期，主要受新兴经济体和金融市场影响，国际货币基金组织（IMF）和联合国均在最新一期预测报告中下调了对世界经济增长的预期。从整体流动性来看，联合国贸易和发展组织发布的最新报告预测，2016年全球FDI流动前景谨慎乐观，流量预计小幅上升7%，涨幅低于近年来的平均水平。虽然市场对美联储加息的预期延后至2016年下半年，但加息预期将提高全球利率水平，资本回流美元资产的趋势将持续存在，我国流动性"结构性偏紧"的态势仍将延续。

延伸阅读：《2015年世界投资报告》相关内容

2015年6月24日，联合国贸易和发展组织发布《2015年世界投资报告》。报告指出，由于全球经济脆弱，投资者对政策不确定，地缘政治风险提高等原因，2014年全球外国直接投资（FDI）下降16%，至1.23万亿美元。展望今后几年，全球FDI流动前景谨慎乐观；预计2015年全球FDI流量上升11%，达1.4万亿美元；2016及2017年，全球FDI有望达到1.5万亿美元和1.7万亿美元。

报告称，中国首次超过美国成为全球最大的FDI流入国。在全球10大外资流入地中，发展中经济体占据5席，包括：中国、中国香港、新加坡、巴西和印度。亚洲发展中经济体首次超过北美和欧洲，成为全球最大的对外投资方。在全球20大对外投资来源地中，9个为发展中及转型经济体，包括：中国香港、中国、俄罗斯、新加坡、韩国、马来西亚、科威特、智利以及中国台湾。2014年，中国内地对外投资大幅增长15%，达1160亿美元，仅次于美国和中国香港，居全球第三位。

报告称，全球外资政策总体上走向开放和便利化，但对国家安全、产业安全的关注上升。从国别层面看，各国出台的外资政策继续朝着投资开放、投资促进及便利化方向发展。2014年，超过80%的外资政策涉及放宽外资准入条件或减少对外资的限制。新出台的对外资的限制及监管措施主要涉及国家安全考虑或一些战略性产业（如交通、能源等）。从国际层面看，国际社会制订新一代国际投资规则的努力持续进行。2014年，至少有50个国家或地区在重审或修订其国际投资协定范本。目前，约有228个国际投资协定对外资"并购"及"设立"给予国民待遇。其中，多数涉及美国、加拿大、荷兰、日本以及欧盟，同时一些发展中国家也采取了这一做法，如智利、哥斯达黎加、韩国、秘鲁及新加坡等。

2. 投资意愿和能力难有明显改善

（1）宏观经济持续低迷，景气信心下降，将严重影响未来投资意愿和信心

2016年，我国宏观经济仍处于三期叠加阶段，通货紧缩的压力依然存在。各类景气指数走低，预示宏观经济运行将持续低迷。2015年三季度末，宏观经济预警指数、证券投资者信心指数中经济基本面分项指数、经济学家信心指数较2014年同期分别下降20.2%、32.1%和13.2%。国际货币基金组织10月报告预测，2016年我国经济增速为6.3%，低于2015年0.5个百分点。经济运行低迷时期，投资意愿持续受到影响，投资要素供给和需求都难以显著改善。工信部发布的《2015年企业负担调查评价报告》显示，66%的企业反映"融资成本高"，比例较2014年提高了6个百分点。9月份，北京市制造业和服务业企业调查显示，在企业面临的主要问题中资金紧张和需求不足均位列前三名。

延伸阅读：《2015年企业负担调查评价报告》相关内容

2015年10月20日，中国中小企业发展促进中心发布《2015年全国企业负担调查评价报告》。报告指出，企业缴费负担总体下降。不过受经济下行压力的影响，企业对各种负担和经营困难的主观感受增强，人工成本攀升、融资难和融资贵、税费负担偏重等是企业反映较为突出的问题。

调查显示，要素成本上升、融资难和融资贵是企业面临的主要困难，特别在当前经济面临下行压力的形势下，企业对各种负担和困难的主观感受有所增强。其中，人工成本快速攀升是企业反映最突出的问题，79%的企业反映了这个问题，比例比上年提高了10个百分点。融资问题也是企业反映的焦点问题，66%的企业反映“融资成本高”，比例比上年提高了6个百分点；66%的企业反映“资金压力紧张”，比例与上年基本持平。此外，反映“生产要素价格上涨”、“税费负担重”、“市场增长乏力”、“招工难”的企业比例分别达到54%、52%、49%和43%。

报告称，企业呼吁加大税费减免力度，建立减负长效机制。对“希望国家出台政策”的调查显示，出台“税收减免”政策的呼声最高，反映此诉求的企业比例达到80%；还有68%的企业希望取消不必要的行政审批，63%的企业希望进一步降低融资成本，51%的企业希望进一步取消不合规的收费和摊派。对如何做好减轻企业负担工作，企业普遍希望通过制度建设形成企业减负长效机制，70%以上的企业认为“加强法制建设、将保护企业权益纳入法制轨道”和“建立权力清单制度、明确政府的职权边界”是减轻企业负担工作最核心的举措。此外，还有67%的企业认为要加大对侵害企业权益行为的查处和惩罚力度；50%以上的企业认为要“完善企业举报和反馈机制”、“加强新闻舆论和社会监督”。

（2）政府和企业增收能力下降，投资能力有限

一是从财政收入来看：主要受土地出让金大幅下降带动基金收入回落影响，2015年1~9月，全国和北京市财政收入总计同比分别下降2.6%和13.2%，加大了2016年政府投资和财政收支出压力。**二是从企业盈利状况来看：**2015年1~9月，全国和北京工业企业主营业务收入和利润总额增速较2014年同期均出现回落；北京市规模以上第三产业企业实现利润同比增长32.8%，但主要为资本市场活跃带来的投资收益，高增长不可持续；同期统计局抽样调查结果显示，仅有18.2%的服务业小微企业盈利出现增加。总体来看，企业盈利状况整体改善有限，将对2016年投资能力形成制约。

3．政策环境有望进一步优化

国家“十三五”规划建议明确指出，要发挥投资对增长的关键作用，深

化投融资体制改革，优化投资结构，增加有效投资。2015年10月份，习总书记在中央财经领导小组会议上强调，在适度扩大总需求的同时，着力加强供给侧结构性改革。2016年，投资及相关政策重点将着力于促进投融资改革，释放活力，增加有效投资，提高投资效率，政策环境有望进一步优化。

一是货币政策将更加“宽松”。考虑到目前货币乘数已接近历史高位，而“稳增长”压力不减，预计央行仍将通过降准、降息、公开市场逆回购等其他政策，以增加信贷扩张空间，有效改善资金环境。二是财政政策将更有力度。财政部将提前下达重大项目建设投资计划，继续实施地方政府存量债务置换、增加地方债规模、发挥各类投资引导基金作用，大力推进财政资金统筹使用等政策推进重点领域建设。三是促投资政策将更加丰富。将着力加强重点领域和薄弱环节建设，全力推进重大工程包、“十三五”规划重点项目、棚户区改造等项目建设；将进一步深化投资体制改革，减少体制机制束缚，创新重点领域投融资机制，释放投资活力；将更加注重注重对实体经济的支持，注重以增加公共产品和公共服务促进传统引擎升级。

延伸阅读：2016年财政政策将更加有力

2015年8月27日，财政部部长称将实施更有力度的财政政策，具体包括以下五个方面：

一是加大力度推进重大项目建设。推动重大水利工程、铁路建设、棚户区改造等重点项目加快实施。提前下达2016年重大项目建设投资计划，争取在2015年有进度。

二是进一步加大降税清费力度。落实完善企业研发费用加计扣除等普惠性政策，适时将企业转增股本和股权奖励分期缴纳个人所得税试点政策推广至全国。

三是着力推广运用PPP模式。制定PPP项目物有所值评价指引、PPP项目标准化合同范本和分行业合同。加快设立PPP融资支持基金。继续推进PPP项目示范工作，引导和鼓励地方政府融资平台公司存量项目转型为PPP项目。

四是发挥好各类投资引导基金作用。进一步完善已设基金的管理运行机制，研究设立国家中小企业发展基金，加快设立新兴产业创业投资引导基金，引导民间资本投入经济社会发展的关键领域和薄弱环节。

五是大力推进财政资金统筹使用。从项目、部门、跨年度预算等方面，有序推进财政资金统筹使用，狠抓重大项目、重点科目和重要部门预算执行，充分发挥财政资金效用。

（二）投资成为落实京津冀协同发展的重要抓手

2016年是“十三五”规划的开局之年，北京市将在2015年已集中推动200项重点工程的基础上继续布局新的重大项目，新老项目共同发力，支撑投资实现平稳增长。一是落实《京津冀协同发展规划纲要》，北京市将在交通、生态、产业三个率先一体化的领域推动跨区域重大项目建设。二是随着非首都功能疏解的推进，在建设用地调减总量、盘活存量的思路引导下，北京市将注重中心城区腾退用地盘活更新，着力推动产业用地二次开发利用、中心城区综合环境整治和老旧小区改造。三是为承接核心区部分政治和公共服务功能，北京市将加快推进通州行政副中心及新城建设，进一步推进通州环球影城、通州水厂等重大产业和基础设施项目建设。四是着力提升城市综合承载能力，北京市将加快信息基础设施、轨道交通和城市道路微循环系统、地下管廊建设等基础设施和市政工程建设，以提升公共服务能力；稳步推进自住型商品房建设、加快棚户区改造，以改善群众居住条件和质量；推动产业园区腾笼换鸟、改造升级，支持高精尖产业项目发展，提升产业承载能力。

（三）土地市场供应规模将继续调减

2016年，北京市新增建设用地供应整体将继续减量，需要通过盘活存量用地，开拓发展空间。

1. 2016年，北京市新增建设用地供应整体将继续减量

一方面，为落实国家关于城市建设用地供应从严从紧、存量中求发展的要求，北京市将严格控制新增建设用地；另一方面，要积极配合北京市提出的“两线三区”全域空间管制，严格控制土地资源扩张性发展，更加关注生态、环境，除特殊用途外，各类用地指标均将持续调减。**为落实城市**

功能定位和重大项目建设，供地布局配合调整，新机场和通州副中心建设用地将增加，城乡结合部、中心城区建设用地将减量供应。

表2~3　2015年三季度末北京市房地产开发投资及其构成（%）

项目		2015年土地供应		2014年土地供应	
		面积	占比	面积	占比
商服用地		400	8.7	550	10.7
工矿仓储用地		350	7.6	450	8.7
住宅用地	商品住宅	750	16.3	1000	19.4
	定向安置房	244	5.3	321	6.2
	限价房	103	2.2	171	3.3
	经济适用房	70	1.5	100	1.9
	公租房、廉租房	33	0.7	58	1.1
	小 计	1200	26.1	1650	32.0
公共管理与公共服务用地		800	17.4	1200	23.3
其中：养老设施用地		60	1.3	100	1.9
水域及水利设施用地		50	1.1	50	1.0
交通运输用地		1750	38.0	1200	23.3
特殊用地		50	1.1	50	1.0
合 计		4600	100.0	5150	100.0

2．积极开展试点探索，盘活存量用地势在必行

近年来，北京、上海、深圳等特大城市纷纷提出建设用地减量发展的理念，盘活存量用地将成为提升城市承载能力、实现持续发展的新途径。为此，2015年国土部推出了"以税节地"，以经济手段作为杠杆，用市场化的配置方式来调整土地利用，以推动存量用地二次开发，提升土地利用效率。伴随非首都功能疏解，北京市将加快推进中心城区腾退用地的再次开发利用；国家下发"关于农村土地征收、集体经营性建设用地入市、宅基地制度改革试点工作的意见"，在全国选取33个县进行试点，北京市大兴区成为集体经营性建设用地入市的试点区域，将通过探索尝试，盘活农村低效集体土地；通州区也入选“国家新型城镇化综合试点”，将对70%以上的工业大院实现集中集约利用，初步建立适应新型城镇化的集体建设用地管理制度。这些探索都将有利于存量用地的盘活利用。长期来看，北京市房地产开发新增用地多数将来自盘活的存量用地。

（四）资金来源难有显著改善

虽然资金环境有望出现小幅改善，但受制于货币政策传导不畅、企业自身盈利能力和直接融资压力，北京市投资资金来源难有显著改善，结构走势将出现分化。

1．预算内资金小幅改善

虽然2015年中央和地方两级财政收入均不景气，但在中央将继续实施地方政府存量债务置换和地方政府发债计划等积极财政政策的支持下，地方政府财政收支压力有望适度缓解，中央财政也会加大对部分区域性建设项目和北京市重点工程的投资力度。

2．金融机构贷款规模稳步增长

在铁路、公路、轨道交通等基础设施以及棚户区改造等民生项目的带动下，北京市金融机构贷款需求依然较大。2015年三季度末，全国和北京市新增人民币贷款均出现回升，根据新增人民币贷款变动先行于银行及非金融机构贷款6~9月的历史规律判断，2016年北京市金融机构贷款规模有望稳步增长。

3．占比六成多的自筹和其他资金来源将走弱

随着金融改革的深入，国家出台的《关于充分发挥企业债券融资功能支持重点项目建设促进经济平稳较快发展的通知》以及采取通过发行债券设立专项建设基金将有利于支持企业和重点项目融资；但由于企业自身盈利能力没有明显改善，再考虑到《商业银行委托贷款管理办法》的相关规定以及房地产市场不景气、股市持续动荡等因素影响，信托、私募规模恐将收缩。2015年9月份，国家及北京市非银行业金融机构人民币存款余额均出现大幅下降，回流居民存款，反映出部分央行救市资金已经逃离，企

业股权融资难度加大。

（五）基础设施投资有望提速

1．占比近四成的交通运输投资有望实现较快增长

一是为加快推进京津冀交通一体化建设，京津冀三地共同组建京津冀城际铁路投资公司，京滨城际铁路、京唐城际铁路、首都机场到北京新机场城际铁路联络线等轨道交通项目将相继实施；新机场核心工程将进入全面建设阶段，航站楼和配套设施将加快建设；京张铁路、京霸铁路、京沈客专等铁路项目将陆续启动。二是为缓解首都交通拥堵，北京市将加快地铁3号线一期、12号线、17号线、19号线一期、7号线东延等轨道交通建设，实施京台、京秦、京密等高速公路项目建设，开展综合交通枢纽一体化建设，推动中心城区路网建设等。

延伸阅读：京津冀城际铁路投资公司成立

2014年12月30日，为通过投资主体一体化带动区域交通一体化，促进京津冀协同发展，京津冀三省市政府、铁路总公司签署协议，成立京津冀城际铁路投资有限公司。投资公司初期注册资本100亿元，由京津冀三省市政府及铁路总公司按照3:3:3:1的比例共同出资成立。

报道称，交通一体化是京津冀协同发展率先突破的重点领域。城际铁路具有快速、便捷、高效、安全、大容量、低成本的特点，有利于优化改善区域交通出行结构、调整疏解非首都核心功能、促进产业合作和大气环境改善，对打造“轨道上的京津冀”、构建京津冀世界级城市群具有重要的支撑作用，是未来一个时期京津冀交通一体化的重点领域。组建京津冀城际铁路投资公司，以三地为一个整体对象，可以突破现有以行政区划为界限的建设模式，有利于形成统一的线网和市场，将为京津冀协同发展体制机制创新积累经验。

2．占比三成多的能源投资和公共服务投资将稳步增长

一是加强清洁能源建设，北京市将推动东南热电中心新建燃气机组、陕京四线、通州核心区能源中心等项目。二是加强信息基础设施建设。配合宽带中国和智慧城市建设，北京市将加快光纤网络建设，全面推进城市

新建小区光纤入户、老旧小区光纤改造以及农村光纤网络建设；加快移动通信基站建设；全面推动公共区域WLAN建设。三是借鉴国际先进经验，推动用于集中敷设电力、通信、广电、给排水、热力、燃气等市政管线的地下“管廊”建设。四是统筹实施清洁水行动，推进永定河、潮白河等跨界河流污染治理与生态修复。加快推进水资源基础设施建设，加快推进污水处理厂升级改造、实施再生水厂建设等项目。

延伸阅读：地下综合管廊

综合管廊又称“共同沟”，它是实施统一规划、设计、施工和维护，建于城市地下用于敷设市政公用管线的市政公用设施。是指在城市地下用于集中敷设电力、通信、广播电视、给水、排水、热力、燃气等市政管线的公共隧道。在发达国家，共同沟已经存在了一个多世纪，在系统日趋完善的同时其规模也有越来越大的趋势。早在1833年，巴黎为了解决地下管线的敷设问题和提高环境质量，开始兴建地下管线共同沟。如今巴黎已经建成总长度约100公里、系统较为完善的共同沟网络。1926年，日本开始建设地下共同沟，到1992年，日本已经拥有共同沟长度约310公里，而且在不断增长过程中。

对于我国来说，在“地上”建设飞速发展的同时，“地下”工程的建设却一直停留在传统模式上，与西欧国家存在较大差距。近几年，中国对城市地下综合管廊的建设已愈发重视。2013年11月19日，总投资近22亿元人民币，国内规模最大的横琴综合管廊建成。2015年4月10日，财政部与住建部，确定包头、沈阳、哈尔滨、苏州、厦门、十堰、长沙、海口、六盘水、白银等十城市进入2015年地下综合管廊试点范围。

2015年7月28日，李克强总理在国务院常务会议上，对推进城市地下综合管廊建设进行部署。至此，改善“地下工程”被官方提上改革日程。针对长期存在的城市地下基础设施落后的突出问题，李克强指出，要从中国国情出发，借鉴国际先进经验，在城市建造用于集中敷设电力、通信、广电、给排水、热力、燃气等市政管线的地下综合管廊，作为国家重点支持的民生工程。并提出以下几点要求：各城市政府按照先规划、后建设的原则，编制地下综合管廊建设专项规划，预留和控制地下空间；老城区要结合旧城更新、道路改造、河道治理等统筹安排管廊建设。已建管廊区域，所有管线必须入廊；管廊以外区域不得新建管线。

（六）产业投资走势明显分化

1．制造业投资继续下行

一是制造业行业整体收缩，投资能力和意愿受到抑制。1~8月，北京市制造业PMI为49.5%，位于荣枯线以下，反映出制造业呈现出收缩态势。在此背景下，制造业需求不足的情况难以改善，投资意愿相对较弱。**二是产业疏解和供地收紧将影响制造业投资供需。**一方面，2015年8月24日北京市出台了《北京市新增产业的禁止和限制目录（2015年版）》，涉及目录的企业较上版目录增加了64%，意味着2016年起这些存量企业将陆续退出，整体投资规模将持续下降。另一方面，在2014年国土部下发《关于推进土地节约集约利用的指导意见》的要求下，北京市将继续减少新增工矿用地供应，但目前北京市盘活存量工业用地的具体办法还未出台，导致新增需求无法落地。

2．高精尖产业大都处于培育阶段，投资规模有限

培育高精尖产业，是落实首都城市功能定位的重要举措。2016年，北京市将加大对新一代信息技术、新能源汽车、物联网、生物医药等产业的投资，加快引入高端产业项目，加大技改投资推动传统产业技术升级，实现产业高端化发展。但目前北京市高端产业项目储备不足，大部分高端企业仍处于初级培育阶段，整体规模相对较小，对全社会投资的拉动作用有限。

3．扩大开放试点，有助于服务业吸引外资

2015年北京市开展服务业扩大开放综合试点方案获批，北京市将构建“6+1”扩大开放格局，逐步扩大向各类资本开放，降低或取消外资股权比例限制、部分或全部放宽经营资质和经营范围限制，实现投资主体多元化。随着试点方案落地，科学技术服务、互联网和信息服务、文化教育服务、金融服务、商务和旅游服务以及健康医疗服务等6大试点领域外资进入门槛将大幅降低，行业利用外资水平将显著提升，有助于服务业投资稳步增长。

延伸阅读：北京市服务业扩大开放综合试点总体方案

2015年5月，国务院批复了《北京市服务业扩大开放综合试点总体方案》，北京由此成为中国第一个"服务业扩大开放综合试点城市"。按照方案设计，北京将重点推动科学技术服务、互联网和信息服务、文化教育服务、金融服务、商务和旅游服务以及健康医疗服务等六大领域的对外开放力度。

北京市服务业开放综合试点是首次在市域经济范围内开展的试点工作，其覆盖区域范围更广、试点行业集中度更高、配套支撑体系更完善。一是构建"6+1"扩大开放格局。"6"，主要是聚焦科学技术、互联网和信息、文化教育、金融、商务和旅游、健康医疗六大重点服务领域，逐步扩大向各类资本开放，降低或取消外资股权比例限制、部分或全部放宽经营资质和经营范围限制，实现投资主体多元化，以开放促改革、促发展，加快北京服务业的升级和换代。"1"，即深化对外投资管理体制改革，主要是通过实行"备案制"等管理创新，帮助本土企业积极开拓国际市场，加快企业"走出去"步伐，其目的在于更好发挥两个市场、两种资源优势，拓宽本土企业发展空间，提升国际竞争力。"6"着眼于"引进来"，"1"立足于"走出去"，体现双向开放的特征。

通过扩大开放试点，主动破解北京市服务业发展深层次矛盾，大力发展服务经济、知识经济、绿色经济，加快构建高精尖经济结构，有利于实现首都产业替代升级，构建与首都核心功能相适应的产业体系。对北京来讲意义在于优化首都核心功能，对全国来说意义在于服务京津冀协同发展这一国家战略。《京津冀协同发展规划纲要》明确了北京市全国政治中心、文化中心、国际交往中心、科技创新中心的功能定位，北京的产业发展将突出高端化、服务化、集聚化、融合化、低碳化。扩大服务业开放试点，将充分发挥北京市服务业发展的比较优势，进一步优化首都核心功能，促进区域一体化格局基本形成，区域经济结构更加合理，使京津冀地区在引领和支撑全国经济社会发展中发挥更大作用。

（七）房地产开发投资增速回落

1. 新增建设项目相对较少

2014年以来，北京市土地交易面积已连续两年大幅下降，在其他资金来源、自筹资金和土地要素供给均出现趋紧走势的影响下，新增需求难以回升。2014年和2015年前三季度，北京市土地交易面积同比分别下降29%

和50.5%。

2. 续建投资需求增速将逐步回落

虽然2015年1~9月新开工面积同比增长14.5%，但主要由建设周期较长的商业用房和销售周期较长的高端住宅增长带动，加之宏观经济走弱以及对未来预期的不确定性，房地产开发企业已经开始拉长建设周期延后销售，这都将导致续建投资逐步回落。

3. 北京市将加速推进棚户区改造项目

2015年10月，李克强总理再次强调棚改是推进以人为核心的新型城镇化的重要内容和抓手，要将棚改放在民生工作突出位置。对北京市来说，棚改意味着城市功能的再造和城市资源的重组，既是重大的民生工程，也是重要的“稳增长”工程。2016年北京市将加大对棚户区改造和环境整治的投资力度，重点实施天坛周边65栋简易楼改造，西忠实里、宝华里、白塔寺及什刹海旧城保护等建设项目，以确保到2017年底前完成15万户棚户区改造任务。

（八）全社会固定资产投资有望实现低速平稳增长

2016年，落实京津冀协同发展和首都城市战略定位带来的重大项目建设将成为投资增长的重要支撑。结合先行指标、投资结构、建筑规模等因素，预计2016年北京市全社会固定资产投资增长5%左右，与2015年基本持平。一是从先行指标看，新增项目较少，多数指标均出现下降，预示了投资增长依然乏力，但自下半年起，下行压力有望逐步改善。二是从投资结构分析，占比超过55%的房地产开发投资增速将回落，占比25%左右的基础设施投资增速有望加快，占比7%左右的制造业投资将持续低迷。综合考虑上述各项比例和增速，预计2016年投资增速与2015年基本持平。三是根据建设规模下降，但单位投资上升等因素判断，投资增长将保持平稳。近年来北京市全社会房屋和房地产开发施工面积单位投资额均持续上升。商品房施工面积占全社会房屋施工面积持续在65%左右，2015年前三季度北京市房屋累计施工面积和商品房在施工面积同比分别下降6.7%和3.1%，

2016年建设规模难有显著增长。**四是**有效投资需求不足，投资对经济增长的贡献将持续回落。近两年来土地价格出现快速上涨，推动土地购置费用实现较快增长。受此影响，2016年新开和续建项目投资中土地购置费用占比仍将较大。与此同时，受新开工项目和计划投资均出现下降等因素影响，建安投资难有改善，有效投资需求依然不足，再考虑到投资增速难以提升，投资对经济增长的贡献将持续回落。

五、政策建议

（一）增加融资渠道，丰富资金来源

一是统筹利用中央政府转移支付、财政收入、地方债和其他赞助捐赠等资源，以丰富投资资金来源。例如，发行市政债券，已经成为美国州和地方政府基础设施融资的主要方式。**二是**探索通过设置基金化的产品架构和投资模式，设立基础设施投资基金，实现信托项目基金化。例如，美国州际和国防高速公路的建设资金的来源，主要是由汽车燃料特别税加重要汽车配件消费税等组成的州际公路信托基金。**三是**抓住中央提供的地方债置换契机，着力解决到期债务问题，降低融资压力；积极争取国家专项建设债券资金支持北京市重大项目建设。**四是**充分利用亚洲基础设施投资银行将总部设在北京的优势，积极为重大优质项目申请资助。

（二）积极探索新型投融资方式

一是在大型交通基础设施建设领域加快推广PPP模式。一方面，要运用新的政策工具，让基础设施领域项目对民间资本更有吸引力。例如，美国联邦政府为鼓励各州推行PPP模式，运用新的联邦政策工具，包括：交通设施融资创新法案、私人活动债券、特殊实验项目-15和收费授权等，以增强交通基础设施领域对私人部门的吸引力。另一方面，政府要明晰职能，不能缺位也不越位。在整个PPP模式运作过程中，政府需要和社会资本建立起长期的合作机制、建立合理的利益共享机制、建立平等的风险共担机制、政府还要建立严格的监管和绩效评价机制。**二是**在能够提升区

域综合价值的项目上探索尝试税收增额融资（TIF）模式，更适合于区县基础设施项目。该模式不但创新了地方政府的财政制度，还推进了企业型发展政策的实施。由于TIF规划项目以政府—私人之间进行密切交易为特征，这就要求在TIF规划的批准程序中有更高的透明度和公众参与度，并且要加强对TIF运作的监督。三是在收益性较高的基础设施建设和社会公益项目中探索尝试私人主动融资（PFI）模式。

延伸阅读：TIF融资模式

税收增额融资（TIF）是借款融资的一种方式，是地方政府利用信用原则筹集资金，用于扩大在衰败地区的公共投资，改善基础设施，并由此引导私人投资进入指定区域的一种财政机制。

该融资模式兴起于美国加利福尼亚州。20世纪70年代，由于联邦政府削减了为城市社区发展提供的拨款，导致地方政府陷入了严重的财政困难。在这种背景之下，税收增额融资被地方政府当作推行社区再发展政策的富有创新性和弹性的途径广为采用。至今，美国已有49个州通过了有关税收增额融资制度的立法。税收增额融资已成为美国地方政府广泛的财政制度安排和促进经济发展的重要工具。

延伸阅读：PFI融资模式

PFI 原义为“利用私人资金提供公共设施的事业”，由于该模式最早源于私人主动融资，所以简称为PFI，即通过调动私人部门完成项目的建设并将产出的产品或服务由政府购买的形式实现公共产品配置。

从国外已有的实践来看，PFI项目已经成功地应用于许多行业和领域,例如芬兰的收费公路、瑞典的轻轨和英国到苏格兰的格拉斯哥道路建设等成功案例。PFI模式可以拓宽融资渠道、缓解资金压力、实现融资多元化，加快基础设施建设的步伐。通过PFI融资模式引入私人资本，能够有效地解决公共项目建设低效率的问题，因为私人部门为实现利润最大化，将管理、技术和知识优势引入项目中，有效地节约建设成本，提高效率。

该融资模式在我国也有成功案例。天津市华明镇的“宅基地换房项目”，是利用PFI融资模式推动小城镇基础设施建设融资的成功案例，不但解决了土地占用和资金短缺的矛盾，也实现了耕地占补，人民利益和城镇建设等多方面的平衡。

（三）深化投融资体制改革

一是进一步简政放权，深化行政审批制度，最大限度减少地方政府对微观事物的管理，这将有利于提升基层政府的积极性，有利于改善基层投资环境。在依法治国的背景下，不能让依法办事成为简政放权的“软肋”，要在依法的前提下，继续简化行政审批手续等行政工作，以减少企业投资运作的时间成本。二是进一步明确职能定位。首先政府相关部门应将行业规划、行业准则等专业性较强的指导性文件的研究和制定工作，委托给行业协会等与大众企业联系紧密的专业性机构进行，政府机关仅负责监督、验收和发布等行政性工作。

（四）丰富产业投资政策，支持符合首都功能产业发展

一是建立财政+金融的引导支持机制。强化地方政府与金融部门间的沟通，协调各部门掌握的金融资源，以此搭建一个金融合作平台，为符合首都功能的战略性新兴产业、高精尖产业提供金融服务。可以通过财政资金设立引导基金、贷款贴息、风险投资；通过财政资金直接进行财政补贴、贷款担保；制定政府采购政策；制定特殊的产业税收优惠政策等。二是健全多层次资本市场。进一步发展完善新三板和四板市场。大力发展债券市场，尤其是中小企业债券市场，要完善中小企业信息显示机制，强化政府在中小企业债券市场上的服务职能，推动债券品种创新。三是改善投融资环境。首先要建立完善法律保障体系，要加强专项立法、产业政策立法、知识产权立法和管理机构立法。其次要完善人才培养体系。一方面要实行教育创新，通过人才培育理念的改变以及高校学科专业设置的优化等方式增强战略性新兴产业人才的“造血”功能；另一方面，还应实行开放的人才政策，从而不断增强获得外部新鲜“血液”的能力。

（五）推动城市更新，盘活存量用地

截至2013年底，北京市城乡建设用地规模已达2886平方公里，已超过原有规划2800平方公里的目标。为此，要确定建设用地规模减量发展的思路，全面推进城市更新，对不同区域分类设置项目及改造路径，盘活存量，实现土地二次开发利用，促进城乡建设用地集约高效利用。一是通过制度创新推动老旧小区改造。通过引入商业开发平衡资金，可以给予企业部分可以向市场销售的增量物业产权；或是实行PPP模式，给予企业部分增量物业的经营权，进行市场运作以获取投资回报。在项目推进中，充分利用新媒体进行沟通宣传，并积极进行制度创新，例如提供安置基地、全货币安置方式等。二是通过土地转性实现工业用地在符合规划、功能定位和相关法律制度的前提下，针对不同类型工业用地、更新用地性质及所处区位，分类细化设置补缴地价规则，通过在较低的工业基准地价基础上分类设置标准补缴地价的方式，实现用地性质的兼容与转换，鼓励公共性设施混合集约利用。

第三章 消 费

消费需求持续释放 亟待改革丰富供给

回顾2015年，北京市经济转型阵痛仍在持续，经济探底仍未完成，稳增长压力较往年更大。在这样的宏观背景下，与固定资产投资放缓、进出口下滑形成鲜明对比，北京市消费需求在阶段性回落过程中表现稳定，成为2015年北京市经济增长的主要驱动力。1~9月，北京市实现市场消费总额1.3万亿元，同比增长8.3%，明显高于同期6.7%的地区生产总值增速，预计全年有望达到1.8万亿元，服务消费是拉动的主导力量。同时，消费市场产生了一定新变化新趋势，传统消费提质升级，餐饮消费触底回暖，住房消费持续向好，新兴消费蓬勃发展，增长动力转换加快，显示北京消费市场的巨大潜能。展望2016年，随着国家供给侧结构性改革的深入推进，多层次消费供给结构有望得到改善，居民潜在消费需求将获得进一步释放，网购消费、信息消费、健康娱乐消费等热点将持续扩张，享受型和发展型消费比重进一步提升，消费对北京市经济增长的拉动贡献进一步增强，预计全年市场消费总规模有望接近2万亿元。

一、2015年北京市消费领域运行特点

2015年，北京消费市场总体呈现稳中向好的发展态势，消费驱动型发展格局更加稳固。1~9月，实现商品消费7399.7亿元，同比增长6.3%，延续2012年以来的小幅下滑走势；实现服务消费5987亿元，同比增长10.8%，表现明显强于商品消费，成为拉动总消费增长的主导力量。总体上看，北

京市居民消费结构正从商品消费为主逐步向商品与服务并重转变，消费特征正从模仿型、排浪式向个性化、多样化转变，消费观念正从当期实惠型向超前时尚型转变，消费领域呈现出“传统商品消费日趋饱和、服务消费需求旺盛但有效供给不足、消费处于转型升级关键时期、亟待供给侧改革有力助推”的新常态特征。

（一）消费贡献持续增长，驱动格局更加稳固

2015年，从拉动北京市经济增长的“三驾马车”看：投资正面临房地产市场调整、工业投资增长乏力、民间投资积极性不高的境况，投资整体处于调整态势；受外需不足影响，手机、芯片、机电等产品下滑明显，净出口连续出现两位数降幅；只有消费保持稳健增长，尤其是需求旺盛的服务消费对首都经济的拉动力进一步提升（见表3~1）。数据显示，“十二五”时期，消费率已由2010的56.9%提高到2014年的62.5%（见图3~1），2015年预计将达到65%左右，消费需求对北京市经济增长的平均贡献率达到74.4%，远远高于投资需求45.4个百分点。无论在经济存量还是在增量中，消费均居第一位，北京市消费驱动型发展格局更加稳固。

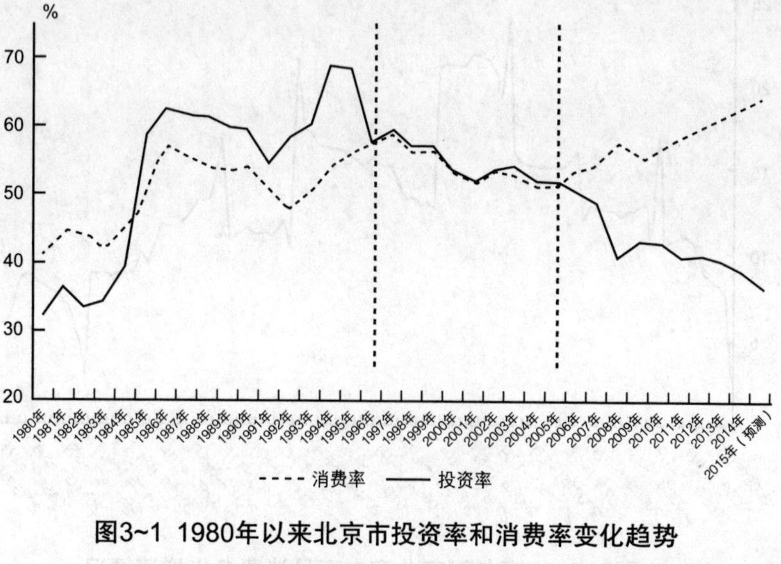

图3~1 1980年以来北京市投资率和消费率变化趋势

表3~1　　“十二五”时期北京消费市场发展情况

年 份	消费总额（亿元）	商品消费		服务消费	
		总额（亿元）	占比（%）	总额（亿元）	占比（%）
2010年	11037.1	6229.3	56.4	4807.8	43.6
2011年	12383.2	6900.3	55.7	5482.9	44.3
2012年	13931.3	7702.8	55.3	6228.4	44.7
2013年	15139.2	8375.1	55.3	6764.1	44.7
2014年	16503.3	9098.1	55.1	7405.2	44.9
2015年1~9月	13386.7	7399.7	55.3	5987	44.7

（二）商品消费平稳增长，升级换代特征突出

2015年，受宏观低迷、供需错位等因素影响，北京市商品消费延续了近几年小幅放缓的走势，但居民商品消费结构中非耐用品消费已占约3/4，消费结构接近富裕国家水平，符合城市化中后期消费结构优化升级的规律特征。1~9月，北京市社会消费品零售额达到7399.7亿元，同比增长为6.3%，降至历史最低点（见图3~2），主要原因在于占零售额六成的用类

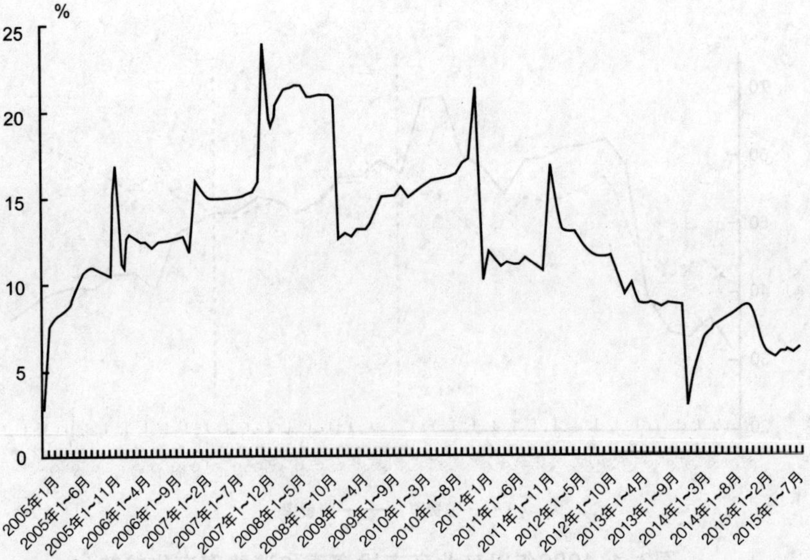

图3~2 2005年以来北京市商品消费名义增速情况

商品较为低迷，而油价连续10次下调，使烧类商品近年来首次出现了两位数的负增长。不过若剔除烧类商品，2015年以来北京社会消费品零售额增长是保持在14%以上的，显示了北京商品消费市场依然具有较大的潜能空间。

传统商品消费稳中提质。传统商品消费更多地具有生活必需品的性质，只要居民收入增速没有出现明显下降，这部分消费基本保持稳定增长。1~9月，以粮油、食品饮料、烟酒等代表的吃类商品零售额同比增长6.9%，呈现平稳增长态势；衣着类消费支出明显下滑，零售额同比仅增长0.6%；用类商品零售额出现小幅下降，同比增长8.8%，低于2014年同期2.4个百分点，但也呈现一些新亮点，百姓对环境污染的关注激发了绿色健康消费的快速增长，网购绿色食品和防护产品呈现快速增长态势。居民购车档次进一步提升，居民人均购买家用汽车支出同比增长20.4%，新能源汽车销量保持两倍以上的高速增长。

餐饮消费从集团向大众转移。2015年，在亲民、实惠、贴近百姓需求的大众餐饮的带动下，北京市餐饮消费市场进一步回暖，内生动力持续增强。1~9月，北京市餐饮消费同比增长3%，实现自2012年以来首次正增长，其中便民消费和限额以上快餐类大众餐饮企业实现零售额同比分别增长8.3%和4.1%，增速分别高出限额以上商业企业集团消费7个百分点和2.8个百分点，发展更加理性健康。

信息类商品延续快速增长势头。2015年，从消费增长的拉动项目看，智能手机、智能家电以及与信息硬件相关的商品消费延续高增长，以明显高于汽车、家电、金银珠宝等传统商品消费的增长速度继续领跑消费市场，成为2015年北京市消费的最大亮点和商品消费增长的主要引擎。1~9月，北京市手机、电脑等信息相关商品实现零售额1079亿元，同比增长56.9%，增速远高于北京市商品消费平均水平，占北京市零售额比重为15%，比2014年同期提高了1.5个百分点左右。

商品消费规模保持全国前列。1~9月，北京市商品消费达到7399.7亿元，与上海、天津、广州、深圳、天津、重庆等6个全国主要城市对比看，消费规模连续八年居同期全国各大城市之首（见表3~2），预计2015全年商品消费规模有望首次超过1万亿元，自2009年商品消费规模达到5000亿元后，仅用6年就实现了翻一番，具有里程碑意义（见图3~3）。

表3~2　2015年1~9月全国主要城市商品消费情况

城 市	规模（亿元）	增速（%）
北 京	7399.72	6.3
上 海	7365.44	10.9
广 州	5803.90	11.5
重 庆	4661.86	8.0
天 津	3832.73	12.3
深 圳	3672.79	2.0

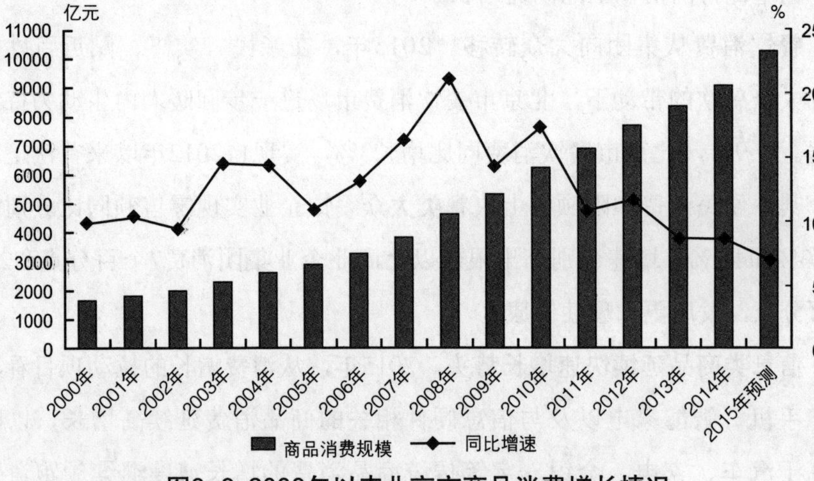

图3~3 2000年以来北京市商品消费增长情况

（三）服务消费带动明显，消费结构不断优化

2015年，在商品消费需求日益饱和、增速有所放缓的情况下，北京市服务消费保持较快增长态势，规模和占比不断提升，有力地推动了首都经济的稳定增长和居民消费结构的转型升级。数据显示，1~9月，北京市

实现服务性消费5987亿元，同比增长10.8%，明显快于6.3%的商品消费同期增速，占总消费比重也由2010年的不足43%提升至45%，消费规模达到2010年时的1.5倍，已与商品消费体量基本相当。同时，中高端收入群体不再满足于一般性服务消费，重视追求高质量、高品质的服务性消费，在信息服务、教育服务、医疗文化体育娱乐等方面的消费需求呈现快速增长势头（见表3~3）。可以预见随着居民生活水平不断提高，未来“以人为核心”的享受型和发展型服务不仅是消费增长新引擎，更有望成为北京经济增长的主要动力。

表3~3　2010年和2014年北京市服务消费额内部结构变化

类 别	2010年比重（%）	2014年比重（%）
北京市服务性消费额	100.0	100.0
交通邮政服务消费	24.1	24.1 →
居住服务消费	14.2	10.7 ↓
教育服务消费	18.5	19.8 ↑
医疗和社会服务消费	6.0	7.40 ↑
居民服务消费	4.6	4.30 ↓
信息服务消费	14.0	15.2 ↑
文化体育娱乐服务消费	18.6	18.9 ↑

信息服务消费呈现爆炸式增长。随着手机等智能终端进一步普及、网络提速降费和信息内容不断丰富，极大地激发了居民对以信息服务为主的“软消费”市场的需求。2015年，以手游、网络文学为代表的信息内容消费，以微信、微博为代表的社交信息消费，以淘宝、京东为代表的在线购物消费，以滴滴出行、饿了吗为代表的线上线下结合消费（O2O）均呈现爆炸式发展态势。数据显示，北京居民信息消费系数[①]和人均网络流量居全国之首，2014年互联网信息服务消费比2010年增长1.8倍，2015年1~9

[①] 信息消费支出占总消费支出的比重。

月，北京市城镇居民和农村居民的通信服务消费支出增速分别为27%和24.8%，远高于同期总消费支出水平。

教育服务消费支出持续增加。进入城市化中后期最显著的特征就是人们对子女教育和自身素质的日益关注。虽然教改后择校费用基本取消，减轻了不少家庭的教育支出负担，但在当前优质教育资源总量不足、分布不均和家长强烈望子成龙心理的作用下，动辄数百元/小时费用的各种兴趣特长培训班和应试辅导班课时费用已成为当前北京家长教育消费支出最多的项目。初步调查，北京大部分中小学生都参加有课外辅导和兴趣培训，还有为数不少的家庭有送孩子出国留学的计划，且呈低龄化发展趋势。此外，随着终身教育理念普及，依托首都丰富优质教育服务资源，越来越多职场人士选择参加各类培训班或者到网络教育平台进行学习充电和再深造，也带动了相关教育培训消费的快速增长。

"康乐"服务消费需求旺盛。随着人民生活水平提高、家庭财富增长和老龄化时代来临，越来越多的北京居民意识到获取健康不仅是去医院看医生，还可以通过健康保险、保健预防、锻炼身体等多种方式实现。目前北京市经常参加体育锻炼人数比例约达到总人口的一半，与国际先进城市水平相当，居民们在医疗保险、保健器械、保健品、定期体检等方面的支出呈现直线上升趋势。同时，人民群众对精神文化生活需求日益提高，文化娱乐、外出旅游成为北京市消费市场的两大亮点，2015年北京市营业性演出场所的演出场次、观众人次和演出收入创下历史新高。出京游、出国游成为越来越多家庭的旅游选择。2015年1~9月，北京市居民人均团队旅游支出同比增长24%，与出游相关的交通费、住宿、餐饮费也呈现较快增长势头。

（四）消费业态融合创新，消费环境得到改善

2015年，"互联网+"战略深度推进，商品零售的O2O、批发贸易的互联网化和互联网场景下的服务消费三大趋势进一步提高了消费流通效率和居民消费便捷程度，推动了实体消费向互联网服务消费转移，催生了新的

消费热点，成为北京市消费需求较快增长的主要助推器，北京网络商业明显领先于其他地区，处于全国网络消费的制高点。

"互联网+传统零售"释放消费需求。伴随无线互联普及，越来越多的传统零售企业积极布局移动端。2015年1~9月，北京市限额以上批发零售企业实现网上零售额1188亿元，同比增长38.9%，占社会消费品零售额的比重达16.5%，对北京市零售额增长的拉动力超过80%，成为北京市消费市场增长最重要的带动力。老字号企业也积极融入"互联网+"浪潮，仅2015年上半年就有90余家传统企业加入互联网销售行列，触网的传统企业累计达251家，老字号餐饮企业通过互联网餐费收入增长1.9倍。

"互联网+生活服务"提升消费品质和效率。互联网还快速进入养老、医疗、交通等民生消费领域，广泛渗透到衣食住行各个领域，催生了诸多新的消费模式：（1）线下线上融合服务。荣昌e袋洗、爱依家政等由线下到线上的实体店平台化模式，以及58到家、阿姨帮等线上到线下的模式，更加注重消费者体验，消费者通过网络客户端即可下单享受服务。（2）快捷送达生活服务。京东商城上线"京东到家"O2O业务，整合线下实体店资源，为消费者提供超市到家、外卖到家、医药到家等"2小时快速送达"服务。（3）智能服务提升效率。嘉和一品与金百万、吉野家、永和大王等企业合作推广智能餐饮配送柜自提服务。北京天龙天天洁再生资源回收利用有限公司建立"绿猫网"，开展再生资源回收服务，可通过网上下单实现就近上门回收，并通过手持终端自动生成当次结算清单。

"互联网+公共服务"增强消费自主性和公平性。互联网与社会公共服务的连接，进一步降低了信息传递成本和信息不对称程度，极大改善了居民消费环境。利用实时路况可以选择最优出行路线躲避拥堵；移动医疗实现了网络挂号、缴费、查询等自助功能，缩短了就医流程；政务微信、政务手机APP的推广进一步提高了公共服务效率。

延伸阅读：北京开展"互联网+生活服务"调查

2015年，北京市统计局、国家统计局北京调查总队开展了"互联网+生活服务"应用情况调查。结果显示：市民对互联网提供生活服务方式的接受程度达到70%-90%，超7成被调查者表示满意。

购物方面。被调查者利用网络或手机（平板电脑）APP进行购物，最常去的是淘宝、亚马逊等综合性百货网站，占62.6%；其次是京东、苏宁等电器类网站和各种服装类网站，分别占48.9%和45.7%。

教育娱乐方面。互联网教育文化服务中，被调查者使用频率最高的前三位是浏览新闻、娱乐游戏和阅读，分别占59.7%、57.9%和48.2%。

金融服务方面。被调查者使用最多的是互联网金融支付功能，例如支付宝、微信支付等，占71.9%；其次是网上银行，占58.6%。有20.8%的被调查者体验过P2P网络借贷金融服务。

交通服务方面。被调查者最常使用的是各类导航软件、电子地图，占58.6%；其次是网络订票，占47.5%。有37.5%的被调查者使用过打车APP进行打车、拼车和搭顺风车。

综合生活服务方面。被调查者使用频率最高的前三位是团购、生活缴费和网上找工作，分别占58.8%、40.4%和30.5%。近期兴起的厨师、按摩、家政等到家服务和上门洗车服务，也分别有21.5%和13.5%的被调查者尝试过。

（五）郊区消费比重提升，消费布局更加均衡

2015年，随着北京中心城区功能和人口向郊区的进一步疏解转移、京津冀协同发展带动，以及郊区县轨道交通和商业设施逐步完善、郊区居民网购比例持续猛增等有利因素，北京市远郊区县的消费能力持续释放，成为当前北京市消费的新增长极。1~9月，城市发展新区和生态涵养区社会消费品零售额分别增长8%、8.3%，高于核心区的6.9%和拓展区的5.6%水平，发展新区和生态涵养区零售额比重也分别由2009年的14.8%、3.8%提高到2014年9月20.5%、4.4%（见图3~4），体现出伴随首都城市空间优化调整，北京市消费重心也逐步从核心城和拓展区向发展新区和涵养区调整转移，城市消费布局更加合理均衡。

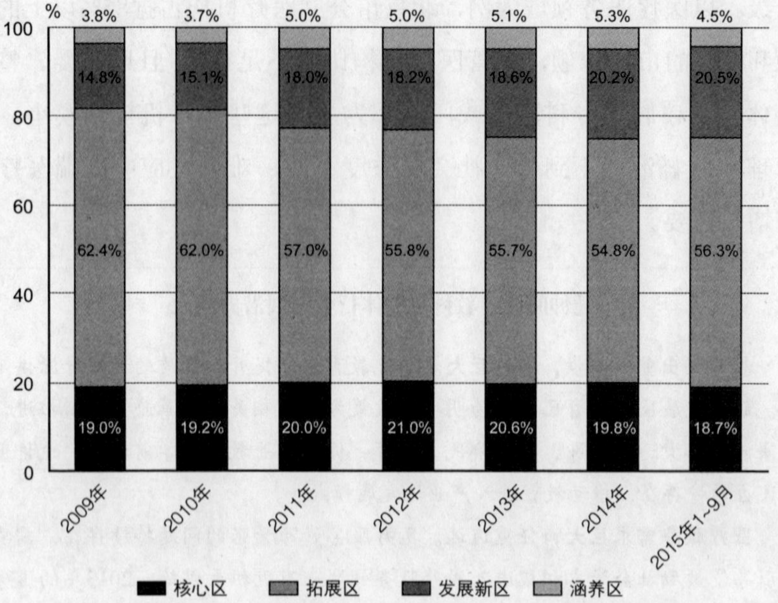

图3~4 2009年以来北京市四类功能区商品消费布局情况

二、当前北京市消费发展面临的主要问题

（一）教科文卫体优质服务供给严重不足

当前，对于已进入工业化后期、消费转型升级关键期的北京而言，消费市场最突出的矛盾在于旧供给产能过剩，而优质产品和服务却供给乏力，消费供需出现严重错位，不同群体不断升级的多样化消费需求难以满足。尤其对于中高收入人群，随着其收入水平提高，在衣食住等方面需求趋于饱和后，对教育、医疗、文化休闲等服务需求日益高涨。但基本公共服务趋于饱和，更高层次的需求市场仍未出现，这部分中高收入消费者逐渐失去购买欲望、持币待购或者直接转战国外市场消费。究其原因，主要在于公共服务长期由政府通过政府事业单位举办，这些领域客观上仍存在政府与市场、事业与产业、基本公共服务与非基本公共服务理论上界定不清晰的问题，受行政体制牵制，资源优势未最大限度发挥出来，导致消费市场供需失衡，很大程度上抑制了消费需求释放和结

构升级。以医疗服务领域为例，北京市公立医疗机构占据85%以上的卫生资源和90%的市场份额，民营医疗机构比重不足1成，且以妇婴、整形美容、体检、口腔等专科医院或门诊部为主，这些医疗机构规模小，规范化管理和监督治理不到位，社会信誉度不高，难以适应中高端医疗服务快速增长需要。

延伸阅读：教科文卫体行业发展潜力巨大

教育迈出重要一步，潜力巨大。居民教育需求提升，优质的教育资源供不应求。鼓励发展民办教育已经成为明确的政策方向，相关的改革政策不断推进，教育法修正草案通过在即，将松绑民办教育，促进职业教育和学前教育，允许营利性民办学校存在，推动教育进入产业化发展模式。

医疗服务需求巨大，任重道远。医疗服务资源紧张的问题持续存在，需要通过引导、鼓励社会资本积极进入医疗服务领域来有效扩大供给。2013年的国务院40号文提出到2020年健康服务业总规模要达到8万亿元以上，大力支持社会资本举办医疗机构、提供基本医疗卫生服务。政策推动下，大量医疗领域的创新型企业出现，互联网医疗、医药电商、医疗信息化等医疗服务细分行业高速发展。

先行一步的传媒娱乐，生产力已经在释放。文化传媒产业政策2012年开始就不断推进，效果开始逐渐显现。近几年影视传媒行业持续高增长，影视传媒行业的产业链日益完善，从“上游IP版权—内容制片—渠道发行”，各细分环节快速发展，行业景气度向上游娱乐IP与下游VR概念传导。

体育改革效果初显，需求开始释放。2014年10月国务院46号文成为体育行业加速发展的拐点，改革解除了体育产业发展限制，产业发展进入快车道。2015年中超版权售出5年80亿元反映体育版权收入迎来爆发式增长，企业争相布局上游赛事和俱乐部资源，体育服务如场馆运营、博彩、旅游等领域投资加快，体育产业高速增长。

（二）收入结构不合理抑制消费需求释放

目前，北京市城镇居民中低收入群体规模依然较大，六成以上城镇居民家庭的人均可支配收入在北京市平均水平以下（见表3~4），十分不利于居民消费的增长和结构升级。主要表现为：一是企业职工收入与效益协调增长机制虽已建立，但企业工资指导线的落实程度总体偏低，劳方在工资议价中仍处于弱势，近年来企业职工工资集体协商工作的总体进展较为缓慢。二是北京市机关事业单位职工的工资标准已经多年没有进行调整，数据显示，2014年北京市城镇在岗职工平均工资为10.34万元，较2014年增长10%，而公共管理、社会保障和社会组织行业的在岗职工平均工资仅为8.13万元，同比增长3.8%，总额与增速均明显低于社会平均水平，很不利于消费市场的可持续增长。

表3~4　　2014年北京市城镇居民家庭人均收入情况

单位：元

	全市平均	低收入户20%	中低收入户20%	中等收入户20%	中高收入户20%	高收入户20%
家庭总收入	49730	24553	35144	43058	54117	89539
工资性收入	33044	15397	19792	22767	34425	67696
经营性收入	1670	776	1062	1397	589	5364
财产性收入	653	242	415	298	441	1822
转移性收入	14363	8138	13875	18596	18662	14657

（三）居住成本高企透支居民未来消费能力

2015年，在市场需求减弱、国家宏观调控政策作用等因素下，全国房价过快上涨态势得到有效遏制，但一线城市房价和房租仍连续攀升，造成居民住房支出高居不下。截至2015年9月，北京市二手房平均成交价格达到3.5万元，整体涨幅较2014年在10%，是2008年时房价的3倍，二手住宅租金价格也呈逐年上升态势，2015年租金价格约为2008年时的1.5倍（见图3~5），房价房租涨幅远远超过北京市城镇居民人均可支配收入的涨幅。从国际通用的房价（房租）收入比[②]指标考察，当前北京房价实际上已大大超出了普通百姓的承受力，成为制约未来北京消费增长的最大阻力。一是高房价（房租）让许多人沦为房奴，在沉重的房贷（房租）压力下，对未来消费产生巨大的挤出效应。大部分收入将用于房贷（房租），这不仅

② 住房价格与城市居民家庭年收入之比。

会导致一般住房消费者的日常消费全面萎缩，而且还会影响到人力资本提升。二是高房价改变了人们的预期，增加了预防性储蓄需求，使多数人不敢消费、谨慎消费。

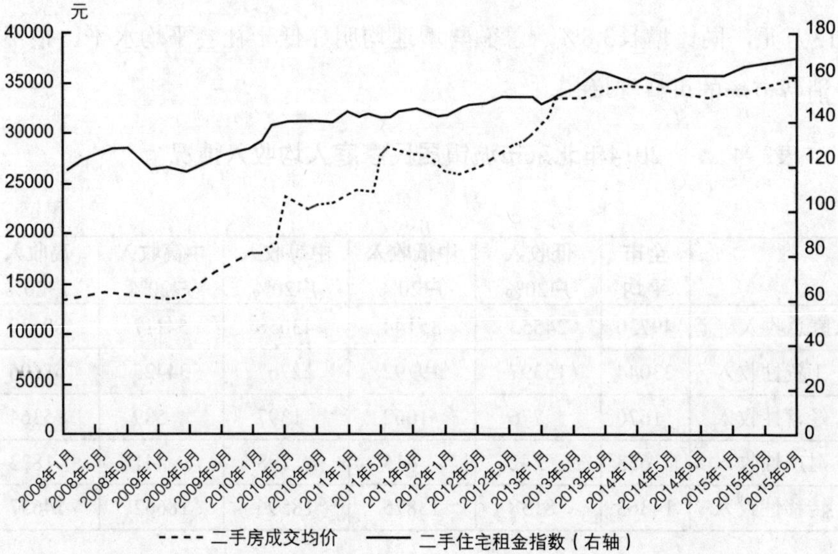

图3-5 2008年以来北京市二手房价格及二手住宅租金走势

数据来源：中原地产

延伸阅读：北京房价收入比偏离度居全国首位

2015年，易居研究院发布《全国30省房价收入比排行偏离度排行榜》（见表3-5），该报告根据各省份的房价收入比历年走势，计算出的房价收入比偏离程度，合理的偏离幅度是3%。对全国30个省、市、自治区的2014年房价收入比偏离度进行了排名：北京房价收入比偏离度高达45%，位居全国30省份首位。

该报告采用的数据皆来自于国家统计系统，其中：

（1）房价收入比计算公式：房价收入比=(新建商品住宅成交均价×城镇家庭户均面积(/(城镇居民人均可支配收入×城镇家庭户均人口)。

（2）商品住宅特指一手房，不包括二手房，但包括销售型保障房与安置房。

（3）2014 年城镇家庭户均面积设为100平方米。

（4）城镇家庭户均人口数设为2.9人。

表3~5 全国30个省市房价收入比偏离度排名

排名	城 市	偏离度	排名	城 市	偏离度
1	北 京	45%	16	贵 州	13%
2	福 建	42%	17	广 西	13%
3	江 西	41%	18	青 海	11%
4	山 西	28%	19	河 南	11%
5	甘 肃	28%	20	吉 林	10%
6	重 庆	27%	21	湖 南	10%
7	浙 江	20%	22	新 疆	10%
8	天 津	20%	23	广 东	8%
9	河 北	19%	24	黑龙江	6%
10	山 东	19%	25	陕 西	5%
11	上 海	19%	26	江 苏	5%
12	海 南	19%	27	内蒙古	5%
13	湖 北	18%	28	四 川	3%
14	安 徽	16%	29	宁 夏	1%
15	云 南	15%	30	辽 宁	-13%

（四）生态“短板”成为影响消费需求释放新约束

近年来，北京市政府顺应人民群众对优美环境的期待，下大力气补齐生态环境建设“短板”，2012~2015年四年间北京市细颗粒物（PM2.5）浓度累计下降达20%左右，城市生态环境整体得到改善，但雾霾极端天气频发严重影响人民健康和首都城市形象，对消费带来的影响也是始料未及的。雾霾虽然带动了口罩、空气净化器等防护商品热销，但对贸易、会展、旅游等行业冲击很大，以入境游为例，在2011年达到384万人次顶峰后连续多年下滑，2015年1~9月北京市接待入境游客312万人次，日、韩、美等主要客源国游客数量全面减少，旅游外汇收入、星级酒店收入也受到连带影响。污染问题对消费扩张产生一系列负面影响，机动车限购和使用进一步收紧，普通小客车摇号指标降至9万个；重度污染天红色预警启动后机动车实行单双号限行、中小学幼儿园停课、施工工地停止室外作业等，从长期看，空气污染问题可能成为制约消费发展的重要因素，对居民消费理念、消费行为和政府消费政策均将产生深远影响，值得高度关注。

三、2016年影响北京市消费需求的因素分析

（一）宏观政策环境鼓励消费需求进一步释放

2015年政府出台的一系列稳增长政策中包含了多项促消费政策，内容涵盖之广近年罕见。从加强与消费相关的基础设施建设到调整消费相关的税收政策，从促进新能源汽车普及到提振住房消费增长，从促进旅游业发展到鼓励电子商务发展，这些促进消费的政策将逐步发挥效力，真正在未来实现扩大国内市场需求、促进境外消费需求回流、助推消费结构升级的目标。首先，从中长期规划入手对消费发展进行了长远谋划。在十八届五中全会通过的“十三五”规划建议中，明确提出了未来五年消费领域的发展目标和实现路径：“发挥消费对增长的基础作用，着力扩大居民消费，引导消费朝着智能、绿色、健康、安全方向转变，以扩大服务消费为重点带动消费结构升级，消费对经济增长贡献明显加大”，并相应提出了实现居民收入翻番、推进健康中国建设、全面实施城乡居民大病保险制度、划转部分国有资本充实社保基金、全面放开二孩等多项有助于消费需求释放的重大举措。其次，制定出台了一批有针对性的促消费政策。从国家出台的政策内容看，一方面是加快改善消费环境、丰富消费供给，包括加强消费相关基础设施建设（如提高光纤到户比例、推广智慧城市试点、加快高速宽带网络建设等）、规范养老机构服务收费、推动新能源汽车普及、鼓励民间资本参与养老服务业发展、促进旅游业和体育产业改革等；另一方面是降低消费成本，包括降低部分消费品消费税率、调整免税购物政策、调整个人住房转让营业税、放宽提取住房公积金支付房租条件、稳定股市波动等。重点提出扩大信息消费、绿色消费、住房消费、旅游休闲消费、教育文体消费、养老健康家政消费等六大领域消费。北京市也相继出台了《服务业扩大开放综合试点实施方案》、《关于促进文化消费的意见》、《提高生活性服务业品质行动计划》等多项有利于扩大服务性消费的政策措施。

延伸阅读：国务院连续发文提振“新消费”

2015年末，国务院连续就促消费发文，11月19日发布《关于加快发展生活性服务业促进消费结构升级的指导意见》，11月23日发布《关于积极发挥新消费引领作用加快培育形成新供给新动力的指导意见》。两份意见中提出了消费升级的六大方向，主要包括，服务消费、信息消费、绿色消费、时尚消费、品质消费和农村消费，通过发挥新消费的引领作用，培育形成新供给的力量。两份意见的出台，标志着供给侧改革已引起高度重视，释放了未来中国经济发展的新信号。

（二）消费平稳持续增长具备良好发展基础

首先，80后、90后为代表的年轻人正在成为北京市消费主体，他们天生具有比父辈更高的消费倾向，更加追求个性化、多样化，同时得到长辈们的关照，不排斥借助信用卡、银行信贷等金融工具消费，无疑给未来消费提升提供基本保证。其次，近年来北京市就业形势基本稳定，城乡居民收入增速基本实现与经济增长同步，进一步夯实了消费平稳增长的基础。再次，近年来北京市大力度推进中心城棚户区和城乡结合部改造、加快各类保障性住房建设和入市步伐、提高“一刻钟社区服务圈”和公共文化设施覆盖率、加大离境退税定点商店动员推广力度，这些举措都将对2016年北京市消费增长起到积极促进作用。此外，非首都功能疏解有序推进，实施严格人口调控、发布产业禁止和限制目录、搬迁服装和小商品批发市场、疏解一般制造业等举措虽然会造成短期内相关消费减少，但为未来消费品质提升打下良好基础。

延伸阅读：90后消费群体的主要特征

中信证券研究报告显示：显著异于其他年龄层的成长环境，决定了90后是一个极为特殊的消费群体。移动互联（大部分的消费以互联网为媒介）、差异化（具有展现个性的消费需求）、宅生活（追求高度便捷的消费方式）、有内涵（有故事的产品才能抓住90后的心）；超前消费（对喜爱的事物借贷也要拥有）、娱乐至上（娱乐消遣必不可少）成为90后的六大标签。90后在“衣食住行游购娱”七个领域消费特点鲜明，衣：高度互联网化，穿衣搭配注重个性化；食：注重特色和体验，经济实力有限偏好中低端消费；住：尽管经济压力较大，但依旧关注住房品质超过价格；行：购车注重外观更甚于质量，品牌意识强；游：向往自由，消费能力有限但热爱旅游；购：不喜盲目攀比，偏爱简单方便网络购物；娱：超强娱乐能力，乐于接受新型消费方式。

（三）新型城镇化和京津冀协同发展拓展消费空间

首先，电商的普及以及快递下乡推动农村居民消费信心不断提升，农村居民消费力的进一步释放。2016年，随着北京市城乡结合部、重点镇和美丽乡村建设有序推进，新增城镇人口以及数十平方公里区域的基础设施、公共服务和产业发展的城镇化改造，势必将释放相当量级的消费需求。其次，随着部分产业、新建住宅和常住人口的不断外移，以及轨道交通、商业设施的逐步完善，新城和远郊区县的消费能力持续释放，郊区发展空间广阔，发展潜力巨大，若未来能达到与中心城区相当的消费水平，消费潜力值得期待。最后，随着京津冀协同发展国家战略加快落实，区域一体化进程必将加快，“一小时交通圈”形成将促进区域消费市场和消费群体的进一步扩大，有利于推动北京市消费需求扩大和消费结构转型升级。

四、2016年北京市消费需求展望

依托近2200万常住人口的庞大消费市场，加之商品消费进入升级换代期、服务消费供给持续改善，2016年北京消费市场将保持平稳增长态势，对经济增长的支撑和带动作用将进一步增强。

（一）商品消费市场潜力有望得到进一步释放

随着居民收入水平提高、消费观念改变以及消费市场进一步细分，消费者对产品选择将由“经济适用”向“品质舒适”转变。以交通工具为例，机动车限购后，北京市居民购车档次明显提升，购车单价由10.4万元大幅提高至当前的14.2万元，预计新能源车取消摇号后2016年北京市新能源车销售将超过6万辆，随着新能源车优惠政策的出台、电池续航能力提高、充电配套设施的完善，新能源汽车有望取代住房、汽车成为北京下一个“千亿级”消费市场。再如家用电器消费，居民在电视、冰箱、洗衣机等传统家电更新换代时更加注重其美观、智能，以空气净化器、净水机、健身器材为代表的新一代家电迅速在普通居民家庭普及，从增长潜力看，欧、美国家户均拥有三四十种小家电，日本则户均多达100多种，而北京市家庭平均拥有小家电数量不足10件，可见商品消费领域升级换代潜力巨大，值得进一步挖掘。

（二）服务消费比重有望首次超过商品消费

从近十年北京市居民人均消费规律看，服务性消费呈现出两个发展阶段：第一阶段是2005~2009年，城镇居民人均服务消费支出年均增长6.7%，而同期人均商品消费支出年均增速为10%，服务消费处于起步阶段；第二阶段是2010~2014年，城镇居民人均服务消费支出年均增长13.1%，而同期人均商品消费支出年均增长7.8%，这一阶段服务消费进入较为稳定的中高速增长阶段，成为引领居民消费增长的主力（见图3~6）。当前，以“衣食住行”为代表的传统消费向以“康乐”为代表的新兴

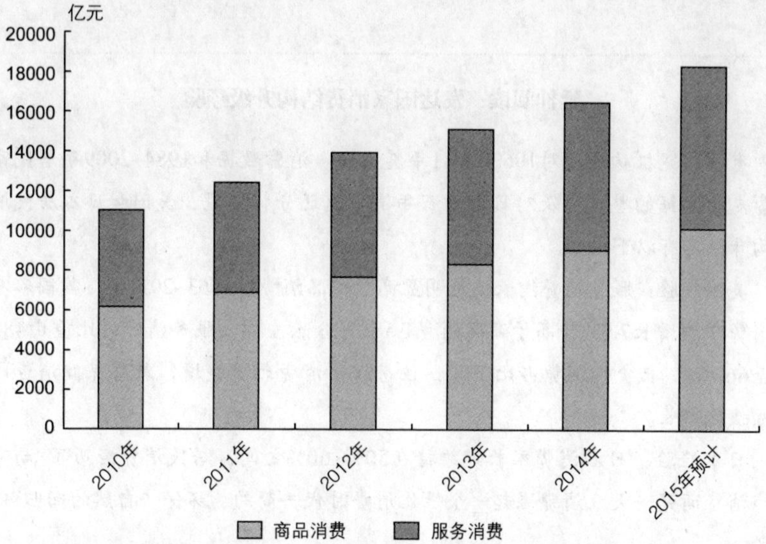

图3~6 2010年以来北京市商品消费和服务消费规模对比

消费转移趋势明显，可以预见2016年服务消费依然是北京市消费的主导力量，将继续在下一阶段引领消费需求的持续扩张，预计2016年北京市服务消费增速在10%以上，占总消费比重继续提升，有望首次超过商品消费，消费结构出现趋势性调整。

（三）消费对经济增长的拉动有望进一步增强

随着移动互联、云计算、大数据等新技术对传统产业的改造深入、服务业扩大开放综合试点深入推进，以及教科文卫等公共服务领域政策约束进一步放松和服务价格机制完善，消费供需有望得到一定有效对接，长期以来市场供给明显不足、服务结构单一的服务消费的活力将得到进一步焕发，尤其是文化教育、健康医疗、休闲娱乐等符合“四个中心”首都城市战略定位和广大市民现实需求的消费热点，消费供给将更加丰富多样，预计总消费全年增长在8%以上。与此同时，随着城市发展重点更多转向非首都功能疏解和和谐宜居城市建设，投资将更加着力于提升城市功能，保障城市运行，打造良好环境，对经济的即期拉动作用将有所放缓。可以预见消费对经济增长的支撑和带动作用将进一步增强，预计2016年北京市消费率有望达到67%左右，进一步缩小与发达国家大城市75%~80%的差距。

延伸阅读：发达国家消费结构升级经验

有关研究机构通过对1963~2011年美国私人消费数据和1984~2009年居民家庭消费支出数据的整理以及对日本的百年消费变迁分析发现，美国和日本居民消费结构升级具有以下特征。

美国经验：服务消费增长速度明显高于商品消费。1963~2011年，美国私人服务消费年均增长7.9%，高于商品消费1.5个百分点左右。服务消费的比重由48.4%升至66.0%。衣食行消费占比下降，住房娱乐消费比重缓增，教育保健消费比重大幅快速增长。

日本经验：日本消费率长期维持在50%~60%之间，居民消费经历了“局部大城市消费萌芽—大众消费崛起—个性化消费时代—简约、环保、自然的回归”四个阶段。

（四）三大消费热点值得关注

品质消费。随着首都居民收入水平不断提高，广大消费者特别是中等收入群体对消费质量提出了更高要求，更加安全实用、更为舒适美观、更有品味格调的品牌商品消费发展潜力巨大。这类消费涉及所有传统消费品和服务，将会带动传统产业改造提升和产品升级换代。

时尚消费。随着模仿型排浪式消费阶段的基本结束，个性化、多样化消费渐成主流，特别是年青一代更加偏好体现个性特征的时尚品牌商品和服务，将推动与消费者体验、个性化设计、柔性制造等相关的产业加速发展。同时，中高收入群体规模的壮大使得通用航空、邮轮等传统高端消费日益普及，消费潜力加速释放，并激发相关基础设施建设的投资需求。

绿色消费。随着生态文明理念和绿色消费观念日益深入人心，绿色消费从生态有机食品向空气净化器、净水器、节能节水器具、绿色家电、绿色建材等有利于节约资源、改善环境的商品和服务拓展，这也将有助于推动北京市循环经济、生态经济、低碳经济蓬勃发展。

五、政策建议

进入工业化后期，保障民生与扩大消费是走出中等收入陷阱的重要支撑，而民生与消费的持续动力则来自经济社会领域全方位的深化改革。从与北京类似的日本、韩国、中国台湾等消费滞后型经济体（即居民储蓄率较高但消费不足）的发展经验看，在经济基本完成转型升级进入成熟增长阶段后，必须通过适时的改革打造有利于消费需求释放的政策环境，较好解决抑制消费的深层次问题，实现经济社会的顺利转型升级。

（一）深化收入分配制度改革，提高居民消费能力

目前，北京市城镇居民中低收入群体规模依然较大，居民收入结构呈现“底座庞大，塔尖细小”的“金字塔”形状，与理想的“橄榄型”结构还有一定距离。**建议**：北京市应抓住国家全面深化改革的有利契机，加快推动市级层面可为的收入分配改革措施。**一是**加快推进市级公务员、事业单位工

资改革，尤其是基层公务员收入水平的合理增长，建立激励与约束相结合的机关事业单位工资制度等。**二是**完善北京市人力资源市场工资指导价位和行业人工成本信息指导制度，加快建立企业薪酬调查和信息发布制度，探索发布重点行业工资指导线。**三是**改革市属国有企业工资总额管理办法，规范市属国有企业负责人薪酬管理，扩大工资集体协商覆盖范围，推动建立市属国有企业职工工资正常增长机制；**四是**健全北京市城乡低收入居民增收帮扶机制。

（二）深化服务业体制改革，以创新供给带动消费升级

随着消费层次的演变和消费结构的升级，必然要求供给结构做出相应调整，尽快调整重商品性消费、轻服务消费的政策倾向，以事业单位改革为突破口加快服务业发展。**建议：一是**创新公共服务提供方式，能由政府购买服务提供的，政府不再直接承办；能由政府和社会资本合作提供的，广泛吸引社会资本参与。利用好首都信息、科教、文化、卫生、体育、金融等优势资源，加快研究北京市落实鼓励民间资本和外商资本进入教育培训、健康医疗、养老服务、体育休闲领域的实施意见和优惠政策，扩大行业准入范围、降低准入门槛，在土地使用、人才引进等方面予以支持，调动民间资本和外资进入的积极性，通过市场化手段，满足中高收入群体层次高、个性化强的消费需求，使消费结构调整更好地服务首都城市战略定位。**二是**服务性消费需要相对充足的闲暇时间，必须加大北京市的《职工带薪年休假条例》落实力度，采取措施适当增加服务消费时间，保证服务消费快速增长。

（三）改善网络消费环境，为新兴消费发展助力

从不接受到接受，从小众走向大众，从集中于年轻人到中老年人，互联网消费已经走进千家万户时，政府应当提供更好的发展环境，为互联网消费、网购等新兴消费业务提供支持和帮助。**建议：一是**在政策上给予最大力度的支持，如税收征收时机上，当前的经济形势尚不适合给互联网消费加重运行负担，应待经济稳定以后，再考虑向网店收税的问题。**二是**大力支持互联网公司、商家等积极探索寻找新的消费热点，创造诸如“双11”

等可以有效拉动消费的新方法、新手段、新平台，使消费的源动力越来越强，更好地发挥消费对经济的拉动作用。三是在维护消费市场秩序、规范互联网+消费行为等方面做好服务工作，对各种损害消费者利益、破坏市场秩序、影响公平竞争的行为采取强有力的措施。

延伸阅读："双11"网购消费再创记录

11月12日凌晨消息，2015天猫双11全球狂欢节落下帷幕。根据阿里巴巴集团的数据显示，截至2015年11月11日24时，阿里巴巴2015天猫双11交易额达到912亿元，同比增长59.7%，其中无线占比达到68%，参与交易国家和地区232个，成为全球性的名副其实的购物狂欢节。以"双11"购物狂欢为核心的互联网+消费，给了我们一个启示，那就是中国的消费潜力还是很大的，只是没有找到打开消费通道的钥匙，而互联网+消费，则极有可能是让中国人改变消费习惯、转变消费观念的一个极为有效的手段。

年 份	2009年	2010年	2011年	2012年	2013年	2014年	2015年
交易额（亿元）	1	9.36	52	191	350.19	571	912.17

（四）深化流通领域改革，提升"家门口"消费品质

生活服务业直接关乎人民群众的衣食住行，随着人们生活水平的提高，广大市民对生活服务业的需求越来越高，生活服务业在经济社会发展中的地位也逐步提升。但当前北京市生活服务业的供给水平和人民群众日益增长的消费需求之间并不平衡，主要表现为发展方式比较粗放、结构不尽合理，规范化、连锁化、品牌化程度低，影响居民消费质量的进一步提高，如上海6340平方公里就有便利店近7000家，且多是7—11、喜士多、全家等品牌店，而北京16411平方公里只有600多家便利店，相差甚远。**建议：一是**结合当前北京市非首都功能疏解，加快调整流通业发展指导目录，完善行业准入措施，积极引进京外骨干企业和服务品牌，有序疏解和调整升级低端业态，鼓励超市、便利店企业品牌化发展，由满足市民基本生活需求向提供高品质消费服务拓展，强化对城市基本功能的保障作用。

二是加强社区商业网点建设和管理，鼓励区县、街道改造老旧社区商业综合设施引入生活服务业便民服务连锁企业集聚发展，尝试由属地政府在每个社区确定1个登记注册的法人企业统一管理，完善商业配套，提升“家门口”实体消费品质。三是依托智慧城市、智慧社区建设，利用“互联网+”引领消费新业态，推动社区居民与商家形成线上消费、线下体验的零距离互动的新模式，实现社区基础性消费就近、服务直通，增强生活的便利性、舒适度和幸福感。

（五）出台促进体育消费政策，支持居民休闲健身消费

随着人民生活水平提高，体育健身相关消费需求日益增长，而从北京体育类消费看，占比微小（0.6%）且增长不佳（-3.5%），亟须出台相关政策扶持拉动体育相关消费，应抓住成功北京申办2022年冬奥会的契机，培养消费群体，提升体育消费。**建议：**相关部门借助各类媒体，全方位、多角度地广泛宣传，普及健身知识、宣传健身效果、传授健身技能，推广体育文化；通过自媒体、APP等交互平台推动消费者之间交流互动，引发乘数效应；通过体育题材文艺、影视作品和体育明星效应的示范引领，不断提升公众体育消费意识，树立体育消费观念，养成体育消费习惯，改善体育产业发展的社会环境。同时加快基本公共服务体系建设，推进基本公共服务均等化、标准化、多元化发展；完善配套公共体育设施，积极推动各级各类公共体育设施及场馆的开放。

（六）推进房地产领域重大改革，稳定住房消费市场

建议：一是加快落实党的十八届三中全会精神，北京应在全国率先探索实行官邸制，释放大量公共资源，用于民生保障和平抑房价。二是进一步完善符合首都实际，统一、规范、稳定的住房供应体系，根据房价市场实际情况逐步扩大各类保障性住房的覆盖范围，尤其是大力发展公租房和廉租房，同时增加自住型商品房、中小户型商品房供给，减轻购房者负担，满足自住和改善型等刚性住房需求，以活跃市场、持续扩大消费。

第四章 价 格

消费价格温和上涨 生产价格降幅收窄

2015年，受输入性通缩、需求不足等影响，北京市物价上涨压力明显减轻，价格总水平处于2011年以来的低位。2016年，在世界经济缓慢复苏、国内经济增长放缓的经济环境下，价格面临的上涨压力依旧不大。综合考虑输入性通缩压力、价格改革深化、劳动力成本上升、首都功能提升中政策举措对各领域价格影响效用的不同，北京市物价将延续各领域分化的走势。预计居民消费价格指数有望保持温和上涨，同比上涨2.2%；工业生产价格指数保持下跌，PPI和MPI跌幅或将收窄至-1%、-2%左右。此外，资金价格有望小幅下行，住宅价格有望稳中略升。

一、2015年北京市价格运行特点

2015年，受国际大宗商品价格持续下跌、国内有效需求不足、有效流动性减弱等影响，我市物价上涨压力明显减弱，价格总水平处于2011年以来的低位（见图4~1）。价格领域结构性分化特征尤为明显。

（一）居民消费价格保持温和上涨

2015年，受公交地铁票价上调、居住类价格涨幅回升等带动，北京市CPI保持温和上涨态势（见图4~2）。1~9月，北京市CPI同比上涨1.8%，但主要受食品类价格上涨减弱影响，涨幅同比回落0.1个百分点，创2011年以来的同期低位。预计四季度，在食品类价格小幅回升、居住类价格稳中有升的带动下，全年CPI涨幅有望保持在1.8%。

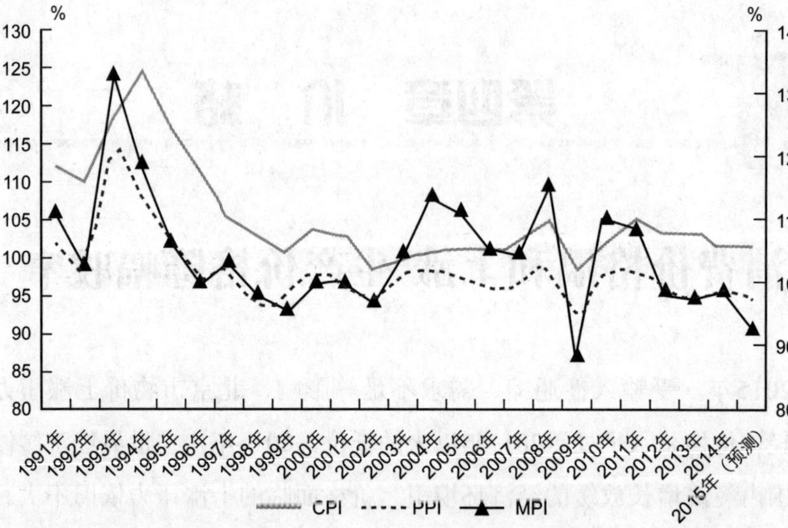

图4-1 1991~2015年CPI（左轴）、PPI（右轴）、MPI（右轴）走势变化

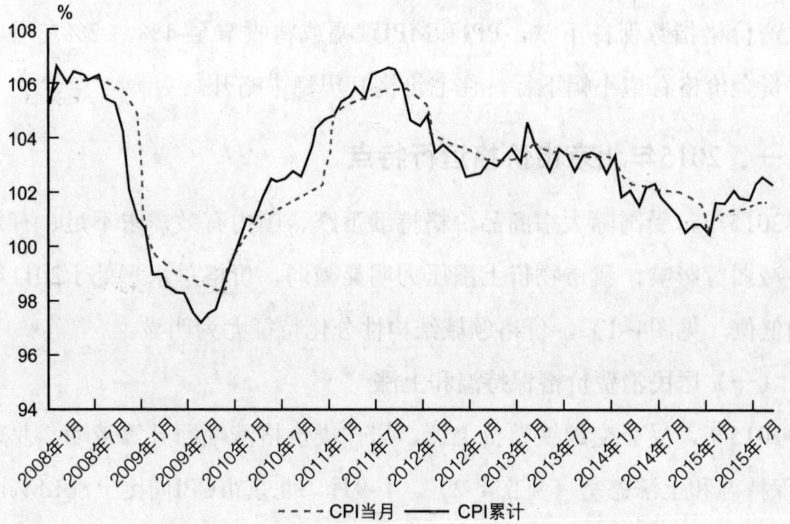

图4-2 2008年以来北京市CPI月度变化

1. 服务项目价格加快上涨带动居民消费价格涨幅高于全国

从构成CPI的商品消费价格和服务消费价格来看，服务项目价格加快上涨是带动北京市居民消费价格涨幅高于全国的重要原因。近年来，伴随劳动力成本上升、服务性市场需求不断扩大，北京市服务项目价格出现较快上涨，年均涨幅基本在3%以上。2015年，伴随非首都功能疏解与人口调控相关政策的推进，北京市劳动力成本进一步上涨，1~9月，服务项目价格指数同比上涨4.2%，较2014年同期提高1.2个百分点（见图4~3）。与此同时，北京市服务消费占居民消费支出的比重相对较高，也加大了服务项目价格变动对CPI的影响。2015年1~9月，北京市居民消费价格涨幅高于全国0.4个百分点。其中，消费品价格同比上涨0.2%，低于全国1个百分点；而服务项目价格涨幅则上涨4.2%，高于全国2.1个百分点。

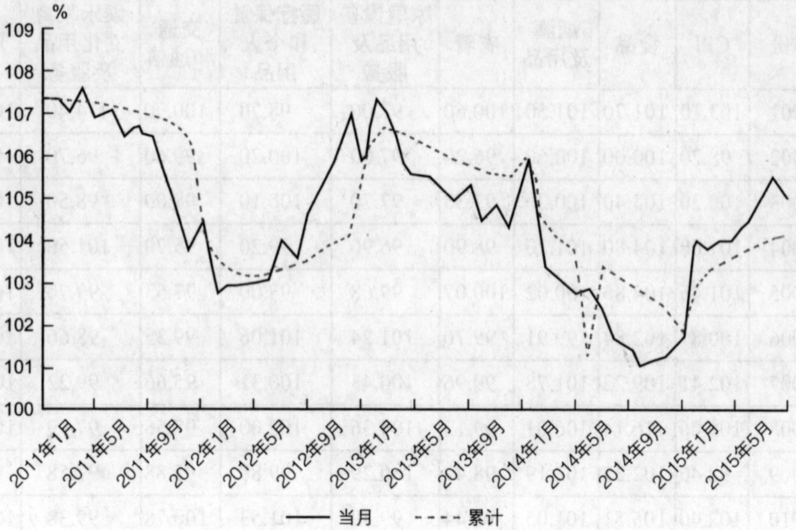

图4~3 2011年以来北京市服务项目价格指数月度走势

2. 住房租金价格与交通费上涨拉动居民消费价格上涨

从构成居民消费价格指数的八大类项目指数来看，无一例外同比均处上涨，但涨幅明显不同（见表4~1）。其中，衣着类、交通与通信类、居住类价格涨幅较大，对居民消费价格的上涨起到了主要的拉动作用。1~9月，三类项目价格同比分别上涨4.1%、2.8%和2.3%，涨幅分别较2014年同期提高3.9个百分点、3.1个百分点和0.65个百分点。2015年以来，服装和服装加工价格加快上涨、公交地铁票价上调、住房租金价格上涨是带动以上各类价格涨幅提升的主要原因。值得关注的是食品类价格涨幅大幅回落下拉了居民消费价格的涨幅。1~9月，食品类价格同比上涨1.4%，涨幅较2014年同期回落了2.3个百分点，为2003年以来的同期最低。此外，娱乐教育文化用品及服务价格受2014年基数较高影响，1~9月，同比仅上涨1.4%，涨幅较2014年回落2.7个百分点，对抑制居民消费价格涨幅也起到了较大的作用。

表4-1　2001年~2015年9月北京市八大类居民消费价格指数变化

年份	CPI	食品	烟酒及用品	衣着	家庭设备用品及服务	医疗保健和个人用品	交通和通信	娱乐教育文化用品及服务	居住
2001	103.10	101.70	101.50	100.60	97.00	98.70	100.90	114.40	104.20
2002	98.20	100.00	100.60	96.20	97.00	100.20	99.60	96.70	101.90
2003	100.20	103.40	100.20	97.30	97.70	100.10	98.00	98.50	101.60
2004	101.00	104.80	101.20	98.90	96.90	99.20	95.70	101.50	101.40
2005	101.45	104.86	100.02	100.07	99.68	98.00	97.53	99.70	105.87
2006	100.89	102.84	99.91	99.70	101.24	101.06	99.35	98.66	101.36
2007	102.41	109.22	101.78	99.96	100.43	100.31	95.66	99.22	103.52
2008	105.06	116.14	106.01	99.12	104.36	102.00	97.56	97.99	102.99
2009	98.46	102.35	102.19	98.44	100.29	99.88	95.88	97.58	89.84
2010	102.40	105.51	101.05	98.44	99.39	101.53	100.78	99.38	104.96
2011	105.64	110.56	102.50	102.68	104.16	103.73	101.50	99.72	108.50
2012	103.26	106.58	102.22	100.86	102.80	101.46	99.10	102.27	103.93
2013	103.30	104.73	100.14	101.54	101.70	100.17	99.05	103.86	105.64
2014	101.62	103.20	99.68	100.35	100.31	99.91	99.19	103.18	101.42
2015年1~9月	101.81	101.36	101.63	104.06	100.09	100.13	102.78	101.37	102.26

延伸阅读：2015年北京公交地铁最新价格标准

北京市公共交通票价调整方案于2014年11月27日出台，2014年12月28日起正式实行。其中，地面公交：10公里（含）内2元，10公里以上部分，每增加1元可乘坐5公里。市政一卡通刷卡，市域内普通卡打5折，学生卡2.5折；市域外按现行政策不变。轨道交通：6公里（含）内3元；6~12公里（含）4元；12～22公里（含）5元；22~32公里（含）6元；32公里以上部分，每增加1元可乘坐20公里。使用市政交通一卡通，每张卡支出累计满100元后，超出部分打8折；满150元后，超出部分打5折；支出累计达400元后，不再打折。此次调价后，北京轨道交通平均票价水平在4.3元左右，地面公交平均票价水平在1.3元左右。

3. 生活必需品价格涨跌互现

从与居民感受密切相关的生活必需品来看，价格涨跌互现（见表4~2）。其中，受养殖周期以及天气对供应变化等影响，肉禽及其制品、鲜菜价格上涨明显。1~9月，两类价格同比分别上涨2%和8%，涨幅较2014年同期分别提高1.9个百分点和13.2个百分点。2015年以来，生猪存栏下降、猪肉供给相对减少加大了猪肉价格的上涨压力。猪肉批发价格由年初约16元/公斤，波动上升至9月末约21元/公斤，每公斤较2014年同期提高了约3元，达到了2012年以来的同期高点，成为年内生活必需品领域内价格上涨的一大热点。鲜菜、水果类价格主要受2014年同期基数高低不同的影响，呈现出涨跌不同的分化走势。1~9月，鲜菜价格同比上涨8%，鲜果价格则同比下跌11%。鸡蛋价格在产量扩张的影响下，也呈现出价格涨幅明显回落的运行态势。9月末，北京市鸡蛋批发价格约为8.3元/千克，明显低于2014年同期的10.1元/千克。此外，粮油供应保障的提高，也加大了粮油价格的稳定。2015年以来，北京市粳米、花生油价格基本保持在4.8元/千克和26.5元/千克，大体与2014年的持平。

（二）工业生产价格跌幅进一步扩大

2015年，在大宗商品价格下行、国内宏观经济减速、工业产能过剩等影响下，北京市工业生产者价格跌幅不断扩大，1~9月MPI、PPI同比分别下跌6.4%、2.9%，跌幅同比分别扩大5.7个百分点和0.9个百分点（见图

4~4）。从反映工业生产的制造业PMI、用电量等先行指标持续走低来看，四季度，需求不足、产能过剩仍将抑制PPI上涨。同时市场竞争加剧下价格下行压力不减，预计2015年工业生产价格将持续下跌态势，PPI、MPI跌幅分别约在3%和7%左右。

表4~2　2014年9月以来新发地农副产品批发市场主要农产品价格变化

单位：元/千克

日 期	鸡蛋	猪肉	大蒜	生姜	大白菜
2014年9月26日	10.07	17.55	3.30	14.50	0.70
2014年10月10日	9.62	17.30	3.80	20.00	0.80
2014年11月28日	9.48	16.50	4.50	5.50	0.53
2014年12月26日	8.75	15.40	4.50	4.50	0.68
2015年2月27日	7.74	17.00	5.60	5.30	1.65
2015年3月27日	6.94	14.75	5.40	6.60	2.30
2015年4月24日	7.16	17.60	4.90	7.50	2.40
2015年5月29日	6.60	17.15	3.75	7.30	1.60
2015年6月26日	6.84	20.05	4.80	6.60	1.10
2015年7月31日	8.08	22.45	5.30	6.00	0.75
2015年8月28日	8.94	22.40	7.30	4.80	0.95
2015年9月25日	8.34	21.50	7.20	4.30	0.70

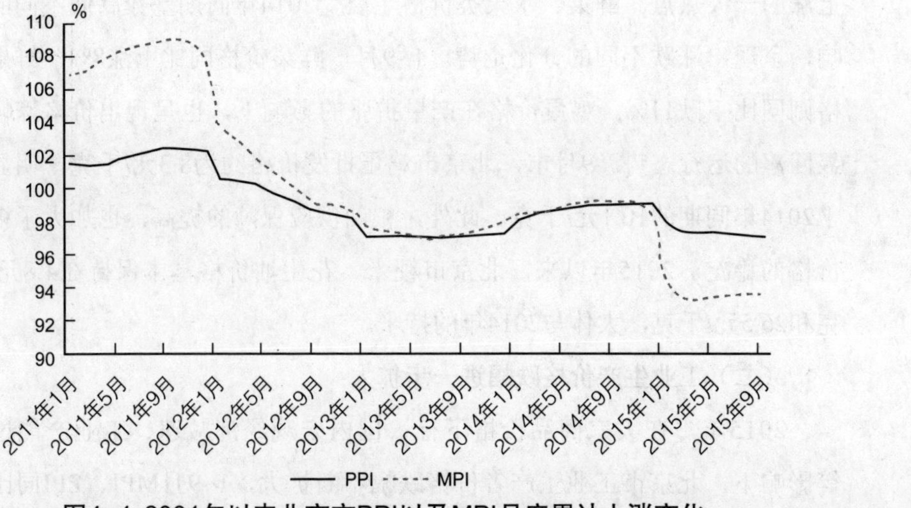

图4~4 2001年以来北京市PPI以及MPI月度累计上涨变化

1．生产资料价格大幅下跌主导PPI跌幅进一步扩大

2015年，受国际大宗商品价格下跌、经济增速放缓、工业产能过剩等诸多因素影响，北京市工业生产者出厂价格持续下滑，1~9月，同比下跌2.9%，创下了2011年以来的同期最大跌幅。其中，占PPI权重近八成的生产资料价格持续下跌，是主导PPI下滑的主要力量（见图4~5）。1~9月，生产资料出厂价格同比下降3.6%，降幅不仅大于工业生产者出厂价格0.7个百分点，也较2014年同期扩大2.3个百分点。主要生产资料中，受原油和成品油价格下降影响，原料类产品价格下降3.9%，降幅较2014年同期扩大8.8个百分点；受钢材和有色金属需求乏力影响，加工类产品价格下降2.9%，降幅较2014年同期扩大0.3个百分点；受铁矿石和煤炭价格下降影响，采掘类产品价格下降12.2%，降幅较2014年同期扩大2.7个百分点。与上述生产资料出厂价格走势相反，1~9月，生活资料出厂价格同比上涨0.1%。

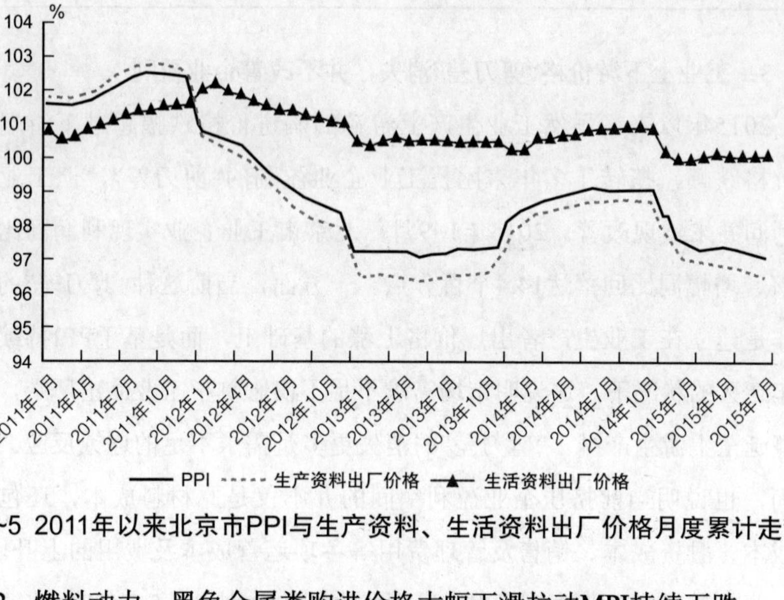

图4~5 2011年以来北京市PPI与生产资料、生活资料出厂价格月度累计走势

2．燃料动力、黑色金属类购进价格大幅下滑拉动MPI持续下跌

受原油、铁矿石等国际大宗商品价格大幅下滑与国内需求不足、下游产能过剩影响，北京市工业生产者购进价格大幅下滑。1~9月，MPI同比下

降6.4%，降幅较2014年同期扩大5.6个百分点，是2010年以来的同期最大降幅。九大类产品购进价格走势呈现“八降一升”态势（见表4~3）。其中，燃料、动力类，黑色金属材料类价格分别下降14.9%、11.7%，降幅较2014年同期扩大15.6个百分点和7.3个百分点，是下拉工业生产者购进价格指数的主要力量。仅农副产品类购进价格同比上涨1.7%，缓解了工业生产者购进价格指数的下滑。

表4~3　2015年1~9月北京市工业生产者购进价格指数分类指数

	全部原材料	一、燃料、动力类	二、黑色金属材料类	三、有色金属材料和电线类	四、化工原料类
当 月	93.1	84.2	84.5	91.6	92.2
累 计	93.6	85.1	88.3	94.6	94.6
	五、木材及纸浆类	六、建筑材料及非金属类	七、其他工业原材料及半成品类	八、农副产品类	九、纺织原料类
当 月	98.7	94.9	98.3	107.7	99.8
累 计	99.1	95.5	98.4	101.7	99.9

3. 工业上下游价格“剪刀差”消失，并不改善企业盈利

2015年以来，虽然工业生产上游端的购进价格跌幅超过下游端的出厂价格跌幅，扭转了多年来困扰工业企业盈利的“剪刀差”，但工业企业的利润并未实现改善。2015年1~9月，北京市工业企业实现利润同比增长1.9%，增幅同比回落达14.4个百分点。一方面，当前这种“剪刀差”的消失并非是建立在工业生产者出厂价格上涨的基础上，而是基于PPI持续下滑两年之久的状况下，这说明市场需求不足不仅影响了工业品出厂端，而且已蔓延至上游生产端。“剪刀差”的消失更多是需求不足的连锁反应。另一方面，也说明当前挤压企业盈利空间的并不仅是原材料成本，还包括用工成本、融资成本、销售及管理费用等各项运营成本及费用的上升。1~9月，北京市工业企业销售费用、管理成本同比分别增长5.5%和6.1%，均高于利润增长水平。

（三）资金价格有所回落，资产价格回升

1．宽松政策带动资金价格有所回落

2015年，央行在保持稳健货币政策基调的同时，结合调结构、稳增长、促改革等多项政策目标，实施力度总体趋于宽松。其中，公开市场操作、中期借贷便利、普降金融机构存款准备金率、连续下调人民币存贷款基准利率等为保持银行体系流动性充裕、引导市场利率适度下行提供了基本支撑；同时，对涉农及小微企业、重大基建项目等进行定向降准，也有助于缓解实体经济和薄弱环节的融资问题。综合来看，以上诸多举措的实施，有效带动了资金价格的适度下行。2015年10月23日，银行间隔夜、1周shibor以及银行间7天加权拆借利率分别为1.9%、2.4%和2.5%，比2014年同期均有所下降（见图4~6）。综合四季度以来，央行下调分支行SLF利率、开展逆回购等举措来看，市场资金面有望保持相对宽裕，预计资金价格总体维持下行趋势。

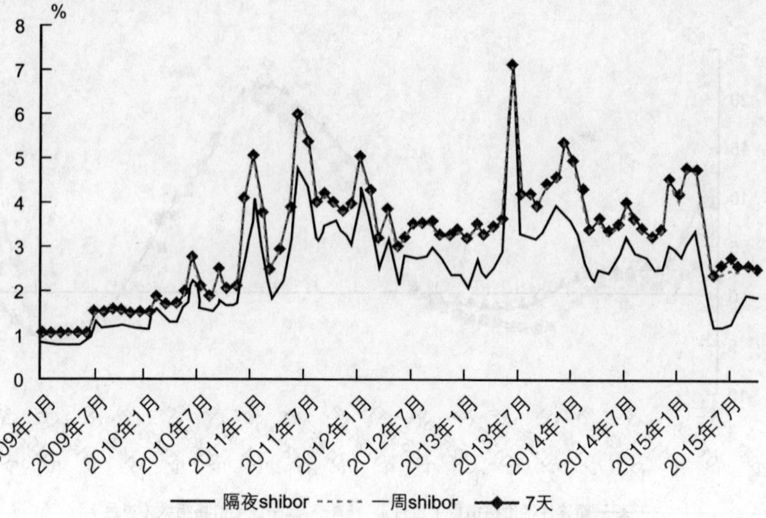

图4~6 2009年以来银行同业拆借利率变动

2．住宅交易回升，带动住房销售价格、租赁价格上行

伴随3·30新政、降息、降准等系列利好政策的刺激，2015年，北京

市住房需求稳步释放，住房市场成交量大幅攀升。1~9月，北京市住宅销售量为18.2万套，同比增长达72.8%。与此同时，伴随新增建设用地供应总量的缩减，住宅用地供应也出现明显收缩。按照中原地产研究部的数据信息来看，2015年如果剔除保障房，北京新建商品房住宅供应量仅为2014年的53%，是近十年以来的最低水平。供需矛盾的加大，叠加商品房交易中高端化趋势的影响，北京市住房销售价格渐趋上涨（见图4~7）。1~9月，北京市新建住宅成交均价为2.66万元/平方米，同比上涨2%，纯商品住宅成交均价为2.89万元/平方米，同比上涨7%，涨幅位于近五年来的高位。分区域来看，五环内价格涨势较大，2015年三环、四环之间以及四环、五环之间成交均价涨幅最大，分别上涨37.6%、46.4%[①]。二手房成交均价也达到了3.51万元/平方米，明显高于2014年同期2.87万元/平方米的水平。四季度，首套刚需和改善性住房需求释放仍有望带动成交增长，预计住房价格有望在需求和高地价的拉动下，保持上行态势。

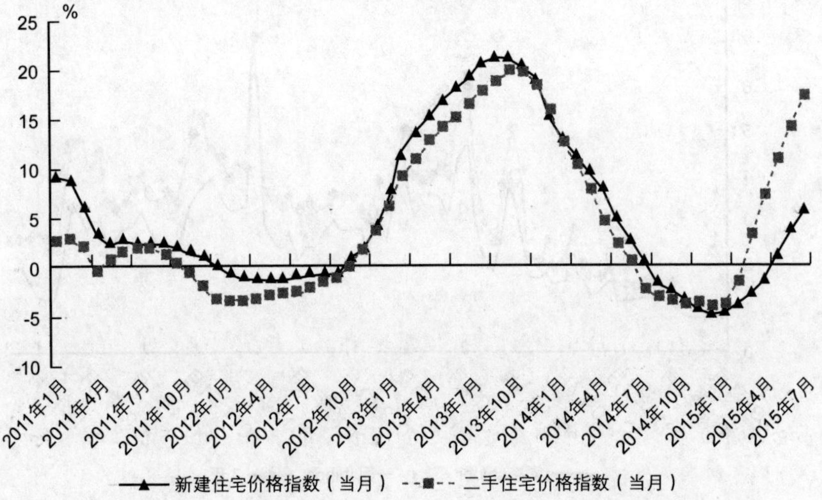

图4~7 2011年以来北京市新建住宅和二手住宅价格指数月度变化

① 来自于伟业我爱我家市场研究院信息。

延伸阅读：3·30房地产新政主要内容及变化

其一：对拥有一套住房且相应购房贷款未结清的居民家庭购二套房，最低首付款比例调整为不低于40%。

其二：使用住房公积金贷款购买首套普通自住房，最低首付20%；拥有一套住房并已结清贷款的家庭，再次申请住房公积金购房，最低首付30%。

其三：个人将购买不足2年的住房对外销售的，全额征收营业税；个人将购买2年以上（含2年）的非普通住房对外销售的，按照其销售收入减去购买房屋的价款后的差额征收营业税；个人将购买2年以上（含2年）的普通住房对外销售的，免征营业税。

而此前，二套房贷款执行"首付款比例不低于60%，贷款利率不低于基准利率的1.1倍"的政策。个人住房转让免征营业税的期限是购房超过5年（含5年）。

2015年，在北京市非首都功能疏解以及人口调控下，尽管部分租赁需求受到了抑制，但受公共租赁住房租金补贴政策的不断完善，以及住房销售市场交易升温引致的由租转售、租赁房源供应量减少、住房成交价格上涨示范等诸多因素带动，北京市住房租金价格出现逐月上涨，9月份，二手住宅租金指数[②]达到168.6，创出历史新高（见图4~8）。四季度，北京租赁市场将进入传统淡季，租房需求的减少，将有助于平抑住房租赁价格，但是考虑租赁市场交易中二居室和三居室的成交占比较大，以及其租金价格的涨幅居高，预计二手住宅租金指数仍将保持高位。

延伸阅读：北京市住房月租金均价突破4000元

截至10月22日，北京区域达成的租房成交月租金均价突破4000元，达4180元/套，比2014年同期上涨8.4%。其中，一居室成交占比为33%，比2014年同期减少2%，月租金均价为3645元/套，比2014年同期上涨7.6%；二居室成交占比为46%，比2014年同期减少1%，月租金均价为4398元/套，比2014年同期上涨8.6%；三居室及以上户型成交占比为21%，比2014年同期增加3%，月租金均价为4553元/套，比2014年同期上涨8.1%。

[②] 数据来源于中原地产。

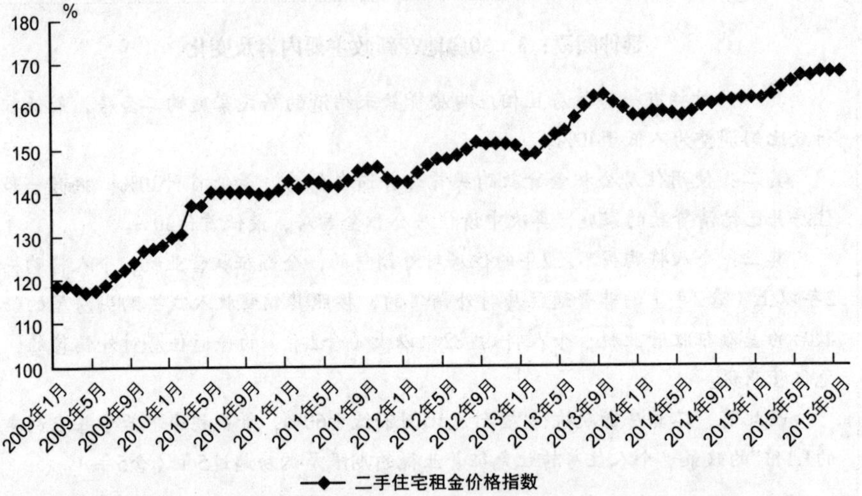

图4~8 2009年以来北京市二手住宅租金价格指数各月度走势变化

3．证券市场交易大幅波动，带动交易价格急剧涨跌

2015年，资本市场注册制改革的推进、“互联网+”行动计划的实施、大众创业、万众创新热情高涨，给包括主板、创业板、新三板等在内的多层次资本市场注入了活力，加之降准、降息为市场注入一定的流动性，股市急速回暖飙升，6月份一度冲上5000点，创下近七年半新高（见图4~9）。由于缺乏实体经济的增长支撑，加之全球股市、国际大宗商品价格的大幅下挫影响，国内股市6月末一路波动下行，至8月下旬，股市暴跌至3000多点，基本回吐了2015年初以来的全部涨幅。9月以来，随着稳增长政策的持续加码，交易主体信心略有恢复，此外，允许金融机构优化担保物违约处置机制和方式等措施的实施也有利于市场修复，国内股市逐步稳定。截至9月末，上证综指稳定在3000点以上，股票市场成交额为116118.2亿元，较6月成交高位减少250494.6亿元。四季度，受深港通开通预期增强、重启新股发行等利好提振，预计股票市场有望小幅波动上行，年度上证综指可能在3600点左右。

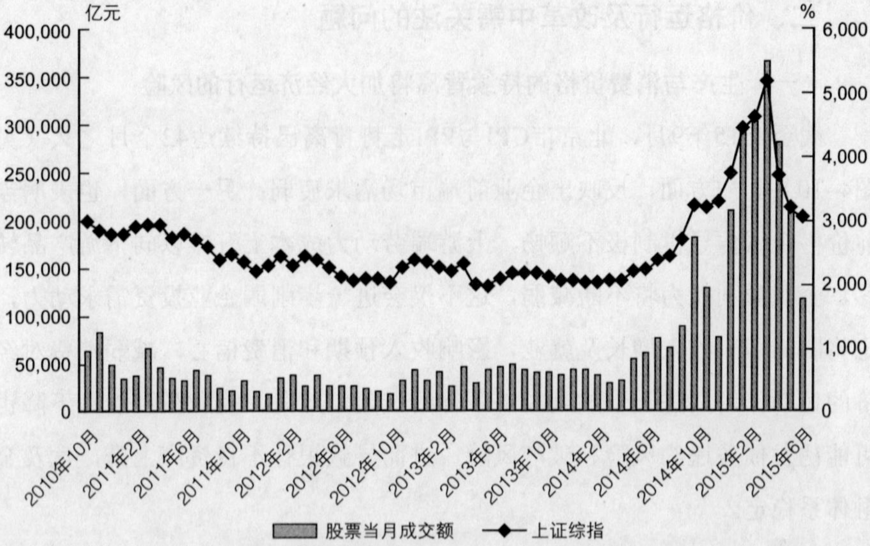

图4-9 2010年10月以来股票成交额及上证综指走势

延伸阅读：经济担忧引发市场恐慌 全球股市跌跌不休

8月份，由于对全球经济增速担忧的不断加剧，股市出现了一轮轮暴跌。

8月20日，在美国，道琼斯指数下挫358.04点至16990.69点，跌幅为2.06%，是2014年10月以来最低的收盘价。标普500指数下挫43.83点至2035.73点，跌幅为2.1%，将今年的涨幅化为乌有。纳斯达克综合指数大跌141.56点，收于4877.49点，跌幅为2.8%。在欧元区，巴黎CAC40指数下跌2.06%，报收于4783.55点，法兰克福德国股票价格指数（DAX）30下跌2.34%，报收于10432.19点。在亚洲，中国基准的上证综指收盘时下跌3.42%，东京股市下跌0.94%，香港股市下跌1.77%，悉尼股市下跌1.70%。

8月24日，全球股市出现新一轮暴跌。上证综指下跌8.49%，创8年最大单日跌幅，跌破年线3395点；两市逾2000余股跌停，上涨股票仅15只，一日A股市值蒸发3.96万亿。香港恒生指数下跌5.26%，日经225指数下跌4.61%，韩国综合指数下跌2.47%，澳洲标普200指数下跌4.09%，标普孟买交易所基准股指下跌4%。台湾加权指数下跌4.84%，创下有史以来跌幅、跌点最大纪录。与此同时，美股三大股指均重挫逾3.5%，道指暴跌588点创18个月新低，标普500指数跌近4%，并跌破了1900点关口。欧股创雷曼危机以来最大单日跌幅。市值蒸发数千亿欧元。欧洲泛欧绩优300指数跌5.4%，总市值蒸发约4500亿欧元，触及2008年11月以来最低收位。此外，欧洲斯托克600指数收跌5.4%，创2008年以来最大单日跌幅。

二、价格运行及改革中需关注的问题

（一）生产与消费价格的持续背离将加大经济运行的风险

截至2015年9月，北京市CPI与PPI走势背离已持续达42个月之久（见图4~10）。一方面，反映出企业前端市场需求疲弱；另一方面，也表明当前价格领域传导机制极不顺畅，上游端劳动力成本上升难以向下游产品转移，企业盈利能力将不断减弱，这不仅会进一步削弱企业投资需求动力，也将制约职工收入增长及就业，影响收入预期和消费信心，减弱消费对经济的拉动作用，进一步加剧经济下行的风险。此外，企业盈利能力下降也可能诱发债务违约风险和破产风险，进而导致银行不良资产上升，危及金融体系稳定。

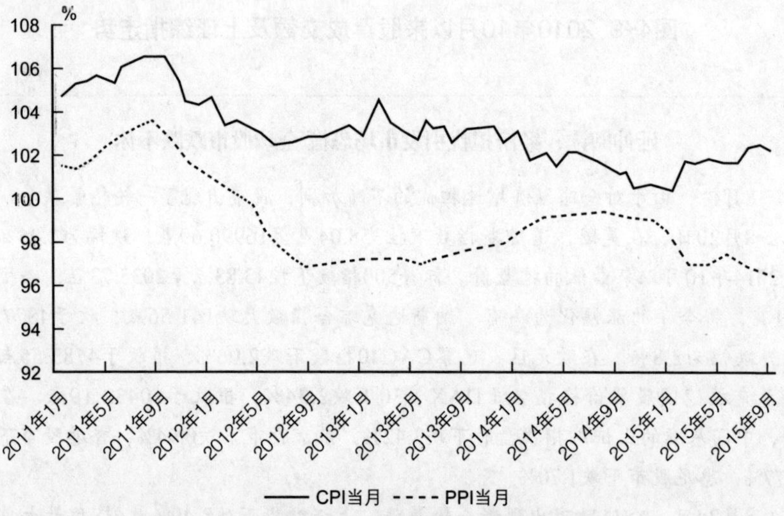

图4~10 2011年以来CPI和PPI月度走势变化

（二）价格改革推进缓慢，影响市场调节作用的充分发挥

一是在公共交通、有限电视、污水处理等公用事业方面，目前还存在政府定价、政府指导价，这种在核准成本基础上制定的固定价格，虽有助于抑制经营者利用垄断地位谋取高额利润，但也会带来企业缺乏降低成本积极性的问题，导致公共服务成本居高不下。二是居民小区地下停车、物

业费等市场定价落实不到位，影响服务水平提升。北京市目前已经放开居民小区地下停车费和物业费的定价，但除新建小区外，大多数老旧小区因为未建立相关行业服务标准，并未调整收费，导致出现服务质量下降与物业收费比例低互联的恶性循环。三是水电等资源品阶梯式定价未充分发挥出调节作用。目前北京市居民用水、居民用电均已实施阶梯制度，按照国家要求，居民用天然气即将实施阶梯价格。但从目前各档价格来看，北京居民用水3档价格仅约是1档的1.8倍，低于广州和深圳的2倍，居民用电3档也仅是1档价格的1.5倍~1.6倍，档位差不明显影响资源的节约利用。

（三）价格杠杆在治理城市病、疏解非首都功能方面的作用发挥明显不足

当前，北京人口资源环境问题突出，治理“城市病”、疏解非首都功能任务艰巨。通常而言，大城市土地、人力成本较高，低端产业会自发转移到周边城市，而北京的这种成本杠杆作用并未有效体现。从资源用品和公共服务各方面的价格看，北京市价格普遍偏低。以京津冀三地为例，用电方面：居民用电价格北京最低，河北最高，一般工商业用电价格北京低于天津。用气方面：北京居民用天然气价格略低于天津和河北，工商业用天然气价格我市与天津、河北基本相当。公交服务中，北京持卡优惠幅度最大，实际支付的票价低于天津和河北。总体来看，除了房屋成本以外，北京的生活成本和低端服务业的经营成本并不高，这既不符合城市发展规律，也不符合北京的首都战略定位。如何更好地利用市场规律，发挥好价格杠杆在治理首都“城市病”、疏解非首都功能的作用是亟待解决的一个问题。

三、2016年影响价格运行的因素

（一）大宗商品价格低位运行，输入性通缩仍将延续

2015年，国际大宗商品价格大幅下跌给国内带来了较大的输入性通缩压力。从影响大宗商品价格运行的主要因素来看，2016年，输入性通缩压力可能略有缓解，但仍将存在。**一是世界经济缓慢增长，需求对价格的推**

升较为有限。2016年，美国有望稳健复苏，但欧、日经济复苏力度总体偏弱，特别是新兴经济体增长将持续处于趋势性放缓，市场预期2016年全球经济增长略好于2015年，需求对价格的推升作用较为有限。**二是大宗商品总体供过于求的市场局面难以转变，将压制大宗商品价格的大幅反弹。**纵观原油、铁矿石、有色金属等大宗商品市场，为争夺市场份额，主产区不减产，甚至增产将难以扭转供过于求的市场局面，预计2016年，大宗商品价格难有大幅反弹。**此外，**美国加息预期的不断走强，也将压制以美元计价的大宗商品价格上涨。

延伸阅读：大宗商品供应过剩局面仍将持续

根据国际能源署（IEA）11月的数据显示，虽然原油价格从2014年6月以来已经下跌了60%，但原油库存仍达到了近30亿桶的历史高位。预计2016年原油供给过剩仍将持续。一是石油输出国组织（OPEC）仍不减产。数据显示，OPEC在过去17个月的产量日均保持在3000万桶的供应目标值以上，而且该组织在12月4日的政策会议上，不仅没有列明产量上限，更是对减产只字未提。二是美国供应力度不会大幅下滑。截至11月20日当周，美国原油库存连续第9周增长，美国原油库存增加96.1万桶达到4.882亿桶，非常接近4月触及的纪录高位4.9亿桶。而且页岩油的大型开采公司也表态，只要油价不跌破每桶40美元，就可借助提升效率和技术水平，降低开发成本。继续获利。铁矿石的供应方面，必和必拓、淡水河谷以及力拓等铁矿石巨头也坚持不减产，希望以低价格和过剩的供应将竞争对手挤出市场。除原油、铁矿石外，过剩格局还在向更多商品蔓延。世界金属统计局（WBMS）公布的数据显示，2015年1~9月全球铜市供应过剩37.7万吨，较2014年全年供应过剩还多7.9万吨。

（二）总需求对物价上涨的支撑作用减弱

当前，我国正处于转方式、调结构、增动力的新常态，短期内新动力还难以对冲传统动力下降的影响，预计2016年国内经济增长将滑入“6时代”。与此同时，北京市将紧密围绕首都城市战略定位，积极推动京津冀协同发展，继续加大非首都功能疏解的力度，短期内存量转移、增量限制的效应将进一步凸显，预计2016年北京市经济增长将放缓至6.5%左右。

国内及北京市经济增长持续放缓下，总需求对物价上涨的支撑作用有所减弱。

（三）货币对物价上涨的推升作用不强

从货币政策来看，2015年我国连续降准、降息等调控举措加大了市场流动性的释放，将对2016年物价上涨形成一定的推升作用。但总体来看，2016年我国货币政策仍将坚持总量稳定、结构优化的调控方式，货币对物价推升的作用较为有限。而且从流动的有效性来看，尽管当前货币存量已超130万亿元，但其中有不少在“四万亿”等刺激政策推出期，进入了过剩产能，还有不少在利率市场化和金融脱媒化的带动下，流入了非实体经济。此外，还有部分用以弥补外汇占款减少、基础货币投放减弱下的流动性缺口，因此，真正用来支撑实体经济发展的有效流动性并不充裕。预计2016年，有效流动性难有明显改善，将限制货币对价格上涨的推动作用。

（四）价格改革深化将推动物价上涨

为充分发挥市场在资源配置中的决定性作用，价格改革将持续深化推进。根据新近发布的《关于推进价格机制改革的若干意见》来看，我国已明确了新一轮价格改革的时间表和路线图。预计2016年，我国将按照党的十八届五中全会“减少政府对价格形成的干预，全面放开竞争性领域商品和服务价格”的精神，持续深化水、石油、天然气、电力、交通运输、医疗等重点领域和关键环节的价格改革。同时，也推动价格管理由直接定价向规范价格行为、营造良好价格环境、服务宏观调控转变。预计2016年，天然气、供热、医疗服务、环境服务、交通运输等资源品、公共服务价格将面临调整，虽然价格改革并不完全是上调价格，但总体来看，受资源品和公共服务历史价格总体偏低影响，价格改革对物价而言仍以上拉为主。

延伸阅读：国务院发布关于推进价格机制改革的若干意见

2015年10月15日，国务院发布了《关于推进价格机制改革的若干意见》（以下简称《意见》）。《意见》明确，到2017年，竞争性领域和环节价格基本放开，政府定价范围主要限定在重要公用事业、公益性服务、网络型自然垄断环节。到2020年，市场决定价格机制基本完善，科学、规范、透明的价格监管制度和反垄断执法体系基本建立，价格调控机制基本健全。

《意见》明确了6大重点领域价格改革方向，包括完善农产品价格形成机制，加快推进能源价格市场化，完善环境服务价格政策，理顺医疗服务价格，健全交通运输价格机制，创新公用事业和公益性服务价格管理。

《意见》提出，建立健全政府定价制度，使权力在阳光下运行。推进政府定价项目清单化，规范政府定价程序，加强成本监审和成本信息公开。

《意见》明确，加强市场价格监管和反垄断执法，逐步确立竞争政策的基础性地位。健全市场价格行为规则，推进宽带网络提速降费，加强市场价格监管，强化反垄断执法，完善价格社会监督体系。

《意见》还提出，充分发挥价格杠杆作用，更好服务宏观调控。加强价格总水平调控，健全生产领域节能环保价格政策，完善资源有偿使用制度和生态补偿制度，创新促进区域发展的价格政策。

延伸阅读：新版《北京市定价目录》公布

新修订的《北京市定价目录》于11月19日正式公布，政府定价项目缩减过半，将于明年1月1日起实施。本次目录修订，将政府定价项目由2002年版的94项减少到41项。其中，放开57项，按国家要求增加4项，缩减幅度达到56%。保留的政府定价项目主要限定在重要公用事业、公益性服务和网络型自然垄断环节三大领域。

放开的57项政府定价项目集中在具备竞争条件，或属于过程性、环节性的政府定价项目，涉及专业服务、公用事业、重要商品、公共服务等多个领域。其中，13项是国家要求地方放开的，本市全部落实，包括化肥、两碱以外的工业用盐、电信业务收费、铁路延伸服务收费、药品、食盐、民爆器材、资产评估收费、会计师事务所收费、部分律师诉讼代理服务收费、房地产中介（住宅买卖）服务收费、房地产价格评估收费、住宅小区停车服务收费。44项为结合本市实际情况放开。在放开定价的项目中，最引人注目的是对住宅小区停车收费价格的放开。2002年以来，本市居住区地下停车场一直实行市场调节价，此次修订进一步放开了居住区地面停车收费，除占道停车费和P+R停车费以外的停车费制定权全部下放给市场。

（五）劳动力成本上升将持续带动物价上涨

在人口红利消退、新型城镇化加速推进，以及产业向中西部转移的大背景下，劳动力结构性短缺将持续推升包括北京市在内的一线大城市劳动力成本的上升。近两年，北京市服务业中小企业的各季调查中，认为用工成本上涨的企业数量基本都保持在六成以上。加之，社会保障制度体系不断完善下，最低工资标准、失业保险金等保障水平持续提升，也在推升用工成本。数据显示，近三年以来，北京市最低工资标准、小时最低工资标准每年上涨均保持在10%以上。此外，不断加大的惠农政策，也在持续推升农民的外出务工成本。劳动力成本持续上升已成为推升物价上涨的主要力量。

延伸阅读：最低工资标准不断上调助推用工成本上升

据人力资源和社会保障部劳动工资研究所分析显示，自2004年制定实施《最低工资规定》至今，最低工资标准10年间上调2倍以上。其中2011年以来的最低工资标准上调情况为：2011年全国有24个省份调整了最低工资标准，平均增幅22%；2012年有25个省份调整最低工资标准，平均增幅20.2%；2013年全国有27个地区调整了最低工资标准，平均增幅为17%；2014年，全国有19个省区市调整最低工资标准，平均增幅为14.1%。

据不完全统计，进入2015年以来，全国已有上海、深圳、北京等28个地区宣布上调最低工资标准，仅剩下辽宁、河北、青海、江苏4地未进行调整。调整之后，深圳、上海两地月最低工资标准分别为2030元、2020元，最低工资标准超过2000元大关。北京市最低工资标准调整后为1720元，上调近10%。而小时最低工资标准最高的依然是北京，达到18.7元。

（六）首都低成本供给减少将推动价格上涨

为全面落实首都城市战略定位，北京市将继续加快非首都功能疏解，积极推动京津冀协同发展，加强人口调控，加大大气污染防治等“城市病”治理力度。2016年，按照《京津冀发展规划纲要》，北京市将加大对高消耗产业、区域性物流基地、区域性专业市场的疏解力度，预计随着一般制造、服装市场、小商品市场以及建材市场等聚人多、低端业态的调整退出，服务于北京市产业发展和居民生活的低成本供给将受到压缩。这虽有利于提升首都功能、促进首都产业升级，但也会提升相关产业的发展成本及人口生活成本，对物价上行产生一定压力。与此同时，为缓解交通将试点开征拥堵费也会带动相关交通出行及运输成本的上升，对物价产生一定的推升。

延伸阅读：北京市首次实施区域差别化资源能源价格政策

根据国家降低非居民用天然气价格的有关要求，经北京市政府批准，北京市将降低非居民销售气价和热价，同时推出区域差别化价格政策。其中，非居民气价于11月20日与上游价格同步调整，非居民热价于2015~2016年采暖季起实施。在此次非居民气价和热价调整中，根据国家《京津冀协同发展规划纲要》及北京市贯彻意见的有关精神，充分利用价格杠杆促进北京非首都功能有序疏解，北京市首次实施区域差别化资源能源价格政策。城六区非居民气价每立方米降低0.62元；通州、顺义、大兴、昌平、房山、门头沟、怀柔、平谷、密云和延庆等郊区县非居民气价每立方米降低0.86元。通过价格差异引导产业有序调整转移，促进区域协调发展。

此次气价下调后，城六区供暖、制冷用气降为每立方米2.60元，工商业用气每立方米3.16元；其他区域供暖、制冷用气每立方米2.36元，工商业用气每立方米2.92元。发电用气和压缩天然气加气母站（供非居民用气）执行全市统一价格，分别降为每立方米2.51元和2.46元。同时，本市相应调整非居民供热价格，从2015~2016年供暖季起，本市按面积交费的非居民供热价格下调为：城六区每平方米42元，其他区域每平方米40元；按热计量收费的非居民供热价格中，基本热价不变，仍为每平方米18元，计量热价部分城六区降低为0.25元/每千瓦时（69.6元/吉焦），其他区域下调为0.22元/每千瓦时（62.27元/吉焦）。

四、2016年价格形势展望

（一）居民消费价格将温和上涨

2016年，大宗商品价格低位运行、生活必需品保障供应不断增强，有利于居民消费价格保持总体稳定。考虑成本上涨、养殖周期性波动等影响，2016年北京市居民消费价格涨幅略有回升，预计CPI上涨在2.2%左右。

2016年，权重占比近半的食品和居住类价格上涨将拉动居民消费价格涨幅回升。近年来北京市通过基地采购、郊区生产等多种渠道不断加大对粮油等生活必需品供应的保障力度，为稳定食品类价格总体水平起到了重要的作用，但综合考虑种、养殖成本上升、猪周期上行等因素影响，2016年，食品类价格仍将出现小幅上涨。原因主要来自两个方面：一是土地、劳动力等资源要素的约束增强，土地成本、机械作业费、销售费用的增加，不断推升种、养殖成本，加大了果蔬、禽蛋肉等食品类价格上涨的压力。二是作为历次推升食品类价格上涨的猪价有可能在周期性上行力量的推动下，出现涨幅回升。自2015年3月以来，国内生猪和能繁衍母猪的存栏量每月均较上年同期下降保持在10%以上，按照生猪存量到猪肉供给存在至少10个月左右的滞后期来看，2016年猪价将步入持续的上行期，从一定程度上推升食品类价格涨幅回升。与此同时，居住类价格将出现稳中有升。2015年以来，北京市住房市场成交结构出现高端化发展趋势，考虑成交均价小幅回升对住房租金价格的示范带动作用，预计2016年居住类价格将稳中有升。

2016年，服务项目价格保持较快上涨将带动北京市居民消费价格涨幅高于全国。一是影响北京市服务项目价格上涨的人工成本上涨幅度总体高于全国。除人口红利减少、最低工资标准提升等因素外，北京市在落实首都城市战略定位中，提升低端产业、疏解人口的各项举措，也将进一步加大人工成本的上涨幅度。服务项目价格上涨的刚性支撑作用明显强于全国。二是医疗服务、停车服务等服务价格改革推进，可能会提升服务项目价格上涨。三是伴随我市居民消费结构的升级，居民对教育、医疗、娱乐等服务类需求将进一步提高，服务性消费占居民消费支出比重的不断提高，将增大服务项目价格上涨对CPI的影响。基于以上分析，预计2016年，北京市服务项目价格总体仍将保持较快上涨。从近三年北京市消费品价格涨幅低于全国、服务项目价格涨幅明显高于全国的趋势看，服务项目价格较快上涨仍将主导北京市CPI高于全国水平。

根据CPI先行合成指数的走势看（见图4~11），2015年7月以来，先行合成指数呈稳中略升之势，按照其领先CPI约6个月的时间规律推断，步入

2016年，CPI涨幅将略有回升。粗略估算，翘尾因素对北京市2016年CPI的影响约为0.2%，新涨因素约为2%，2016年CPI上涨约为2.2%，略高于2015年。

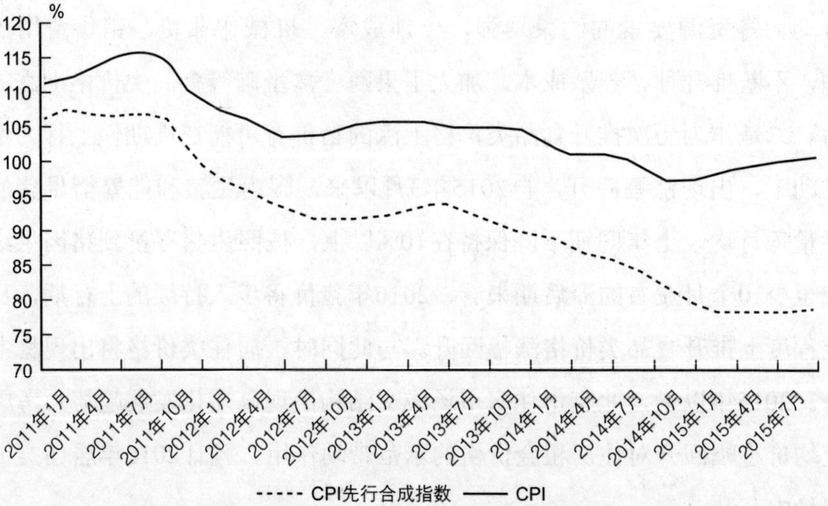

图4-11 北京市CPI和CPI先行合成指数走势变化

延伸阅读：机构对2016年全国物价的预测

国家信息中心认为，2016年，价格改革稳步推进、劳动力成本刚性上升、大宗商品价格企稳等因素将支撑价格上涨，总需求偏弱、居民通胀预期减弱、产能严重过剩等因素将抑制价格上涨，综合考虑多种因素的影响，初步预测2016年CPI上涨1.5%左右，PPI下降3.5%左右，需警惕发生通货紧缩的可能。

中国人民银行12月发布《2016年中国宏观经济预测》报告，基于宏观计量经济模型最新基准预测，在保持有力度的财政政策和稳健的货币政策的前提下，预测2016年物价走势将稳步回升，CPI涨幅的基准预测为1.7%。

中国银行国际金融研究所发布《2016年经济金融展望报告》，预计2016年物价总水平仍将低位运行：一是经济下行压力存在，总需求依然不旺，物价不存在较快上涨的宏观基础；二是经过前期一段时间的较快上涨，猪肉价格上涨的空间不会太大，预计食品价格涨幅有限；三是在全球经济弱复苏大背景下，大宗商品价格明显回升的可能性很小；四是PPI持续负增长，对CPI依然存在向下的压力。预计2016年CPI涨幅在2%左右。

（二）工业生产价格将维持跌势，跌幅或将有所收窄

2016年，需求疲弱、产能过剩等仍将下压工业生产价格，预计工业生产价格指数将维持跌势，但考虑输入性通缩压力略有缓解、价格改革推进中资源类价格上调，将部分缓解生产类价格的下行压力，预计工业生产者出厂价格指数和购进价格指数降幅将有所收窄。

燃料动力、黑色金属作为北京市工业生产购进的主要资料，其价格变动将主导工业生产者购进价格的变化。预计2016年，**燃料动力、黑色金属类价格跌幅收窄，将缓解工业生产购进价格大幅下跌压力。**2016年，尽管国际大宗商品价格在需求疲弱、供给过剩、美元走强的影响下，难有大幅反弹的可能，但在全球经济复苏持续、美国大量关闭石油钻进平台等因素的支撑下，也难再现持续下跌。预计来自原油、铁矿石等大宗商品输入性通缩压力的部分缓解，将有助于遏制燃料动力和黑色金属等购进价格的跌势。加之，国内资源品价格改革推进、北京市产能结构调整中差别化定价机制的作用发挥，也将推升购进价格的上升。预计北京市工业生产购进价格下跌的压力有所减轻，降幅有望收窄。

生产资料价格跌幅趋窄将主导工业生产者出厂价格持降幅收窄。一是上游端购进价格下行压力的减弱，将通过价格传导，缓解下游端生产资料价格下行压力。**二是**产业结构调整持续推进下，国内主要生产领域产能过剩的局面将有所改善，有助于遏制工业品出厂价格大幅下滑的大趋势。**三是**北京市工业结构日益高端化发展，石油加工、炼焦和核燃料加工、黑色金属冶炼和压延等行业占比日渐缩小，这些行业出厂价格大幅下跌所产生的下拉影响有望进一步减弱。与此同时，医药制造、铁路、船舶、航空航天和其他运输设备制造业等高端制造业出厂价格持续上涨，也将对工业生产者出厂价格形成一定的推升，带动北京市工业生产者出厂价格指数高于全国。**此外，**非首都疏解过程中，工业生产差别化定价机制的调节，也将有助于缓解生产资料价格下行压力，减弱其对工业生产者出厂价格的下拉影响。

从PPI先行合成指数走势看（见图4~12），2015年8月以来，先行合成指数走势止跌趋稳，按领先PPI约8个月左右的时间规律推断，2016年4月后PPI持续下滑的态势有望得到遏制，跌幅有望在下半年逐步收窄。粗略估算，翘尾因素对北京市2016年PPI、MPI的下拉影响均在2%以上，预计2016年PPI、MPI同比分别下跌在1%和2%左右。

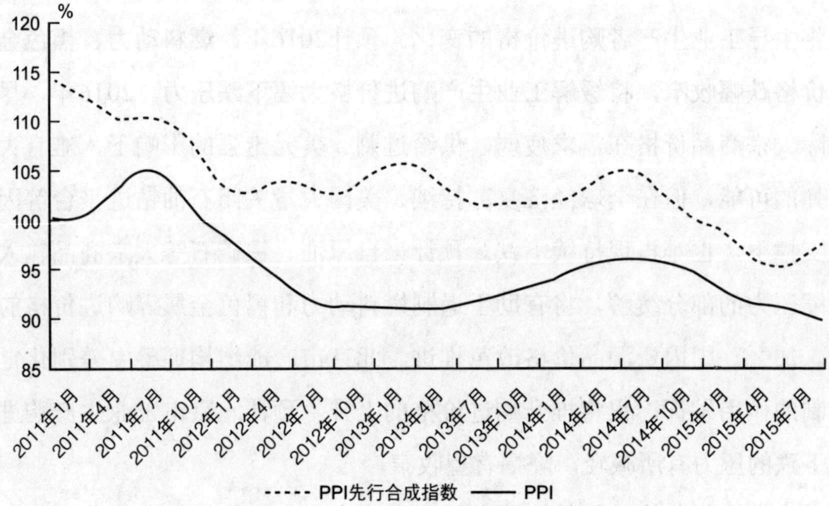

图4~12 北京市PPI和PPI先行合成指数走势变化

（三）资金价格小幅下行，住宅价格稳中略升

资金价格有望小幅下行。考虑2015年以来，央行数次降准、降息对资金市场影响的不断显现，以及2016年经济下行压力不减下，降息仍将有发生的可能，预计整体利率水平有望下行。加之，地方债置换出的资金也有望流入实体经济，降低企业融资成本。此外，伴随多层次资本市场的快速发展，特别是在多层次资本市场投资功能不断加强的背景下，直接融资与股权融资比重的提高有利于降低融资成本。总体而言，政策效益的持续释放与资金市场的不断发展和完善，将推动2016年资金价格小幅下行。

住宅价格稳中略升。受市场供不应求、土地成本上升、住房成交高端化影响，2016年，北京市住房价格仍将稳中有升。一是在二套房首付比例、住房转让手续费下调，以及公积金实施异地贷款等政策拉动下，北京市住房市场需求仍将保持旺盛，但受近年住宅用地供应持续下降等因素影响，新建住宅供给将下降。住房市场供不应求的局面下，价格将有所上涨。二是近年来土地价格整体不断攀升，也在持续助推住房交易价格上涨。三是成交高端化带动住宅价格上涨。当前北京市商品房主流的成交总价已经达到了350万元，二手房也超过了300万元。而且在地价上涨的带动下，价格高达10万元/平方米的高端住宅项目明显增加，也将对住宅均价产生上拉作用。综合考虑以上各因素，北京市住房价格将上涨，但考虑非首都功能疏解与人口调控的持续推进，2016年首都住房市场需求还是会受到一定的抑制，同时，住宅市场交易中政策性住房占比大幅增加，交易价格较低，也将有助于平抑住房价格的上涨幅度，预计2016年北京市住房价格稳中略升。

股指于震荡中小幅上行。2016年，美元升值预期的加大，与国际资本跨国间大规模的流动，将加剧资本市场的波动。但国内改革创新将激发资本市场的活力。随着资产证券化进程的不断推进，深港通有望获批，海外资金流通的渠道进一步拓展。此外，实施股票发行注册制改革，发展服务中小企业的区域性股权市场，扩大企业债券发行规模，发展金融衍生品市场，也将持续激发资本市场活力，股票交易额和上证综指有望小幅上行。

五、相关政策建议

（一）加快产业结构调整与升级，缓解工业结构性通缩压力

从目前价格运行的总体情况看，工业领域的通缩压力较大，而要改善工业领域的通缩状态，则需借助于产业结构调整。一是要加大不符合首都城市功能定位的产业疏解力度，逐步退出一般制造业和高端制造的低端环节，推动企业加速转型升级，提升产品附加值。二是要积极培育新兴战略产业，有效推进产业结构调整和升级。重点培育和发展节能环保、新一代信息技术、生物、高端装备制造、新能源、新材料、新能源汽车等产业。此外，也需要加强前期政策落实力度，持续释放降准、降息对实体经济融

资成本的降低，实施小微企业降费清税政策，切实减轻企业经营压力。

（二）把握有利时机，加快推进价格改革

2016年，北京市价格上涨压力不大，应适当加快价格改革推进的步伐。一是要在资源提供方面引入竞争机制，降低生产成本。将资源性产品的生产环节和服务环节进行分割，生产环节可考虑采用BOT（建设—运营—移交）等模式允许社会资本进入。在服务环节可考虑直接引入市场竞争，对行业内只有一家服务提供商的进行拆分，使其相互之间形成竞争。二是在政府定价的项目中，对居民生活和物价总体水平影响不大的项目可以考虑逐步放开。三是在资源使用方面要继续完善阶梯价格制度，基本需求为保证中低收入者用量，拉大各档价格差，大幅提高非基本需求尤其是最高档用量的价格，抑制过度消费，促进资源节约。四是要加强价格监管。对涉嫌垄断行为、滥用市场支配地位等各类价格违法行为要形成高压态势，露头就打，确保政策的平稳衔接和过渡。

（三）发挥价格杠杆作用，提升首都城市功能定位

在产业引导方面，大幅提高限制类产业用电、用水、用气、排污等价格，研究出台惩罚性价格政策，对能源消耗超过单位产品能耗限额标准的，实行惩罚性价格。在公共服务方面，可考虑改变低价普惠制，在提高价格的同时对常住居民给予补偿。提高一级医院医保报销比例、降低三级医院报销比例，引导居民小病就医向一级医院倾斜。提高城区行车成本，疏导交通拥堵；细化公共交通价格改革的配套优惠政策，研究分时优惠票制，平抑乘车高峰。

第五章　外资外贸

对外贸易分化运行 双向投资良性互动

2015年，北京市对外贸易总额低位运行，两类贸易呈现有增有减的分化态势，货物贸易量增价跌，服务贸易增势有所上扬，在对外贸易总额中的份额继续提升。国际双向投资水平大幅提升，实际利用外资中八成多投向服务业，境外投资跃升至全国第二位。展望2016年，世界经济在有限复苏中分化态势明显，国际市场需求依旧低迷，世界经贸规则变化正在引起国家贸易格局的变化；中国经济下行压力较大，对外贸易延续低速运行态势，同时中国加快构建开放型经济新格局，将为对外经济贸易创造新的增长空间；京津冀区域协同发展和北京市服务业扩大开放试点将进一步优化经贸结构，提升首都对外开放水平。总体而言，2016年北京市对外经贸运行将更加符合首都功能定位，贸易总额依然保持低位，货物贸易降幅收窄，服务贸易继续保持较快增长，实际利用外资和境外直接投资均将呈现快速增长，双向投资主导格局正在形成。

一、2015年北京地区对外贸易运行特征

2015年，北京市继续落实国家促进对外贸易稳定增长的政策措施，积极对接“一带一路”重大战略，创新贸易促进机制，对外贸易总额呈现低位运行态势，贸易结构有所改善。受国内外需求放缓、国际大宗商品价格走低、首都经济社会转型及产业转移调整等因素的影响，北京地区货物贸易量增价跌，进出口总额呈现两位数以上的下滑态势，成为近十年来仅次于2009年的次低水平（见图5~1），预计2015年全年进出口总额降幅在20%左

右。北京市业已形成的服务业主导格局为服务贸易快速发展奠定了坚实基础，在促进服务贸易发展的系列政策推动下，服务贸易增势上扬，预计全年增长10%以上，在对外贸易总额中的份额继续提升。

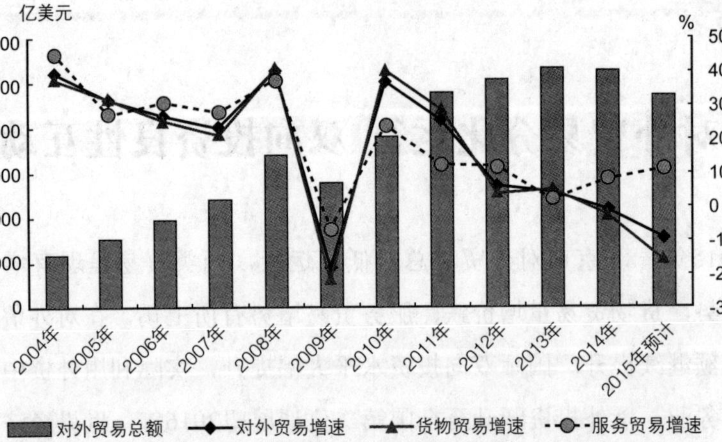

图5~1 2004年来北京地区对外贸易总额及其增速走势图

（一）进口大幅下降，拉动货物贸易明显回落

2015年，北京地区进出口规模在上年微降3.3%的基础上大幅回落，月度降幅在20%的水平上波动。截至9月底，实现进出口总额2411亿美元，同比下降23.5%，增幅同比回落20.9个百分点，是2010年以来的最低增速（见图5~2），降幅明显高于全国下降8.1%的水平，在四个直辖市中也是增幅最低（见表5~1），占全国进出口总额的比重进一步下降到8.3%。从年内运行情况看，进出口总额降幅呈现逐季收窄但幅度减缓的态势，前三季度分别下降28.4%、25.1%和23.5%，预计四季度会延续这种态势，全年进出口总额下降15%以上。在我国不断加大对外开放协作、积极支持外贸稳定增长的背景下，商品贸易的这种运行态势既与全球贸易形势低迷、各国发展战略调整（如加大再工业化）、贸易壁垒加大、我国要素成本上升等有关，也与首都经济社会转型及产业转移调整有关，如2014年底微软关闭北京诺基亚手机工厂的影响较大，该类商品的下降对北京地区出口整体下降贡献达六成以上。

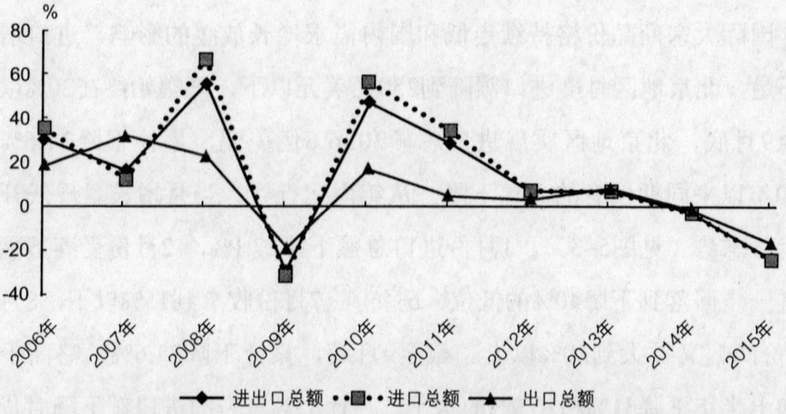

图5~2 2006~2015年历年1~9月货物贸易累计增速走势图

表5~1 2015年1~9月京津沪渝穗进出口情况比较

单位：亿美元，%

指 标	全 国	北 京	天 津	上 海	重 庆	广 州
进出口总值	29041.4	2411.0	861.5	3329.3	594.2	1014.5
增 速	-8.1	-23.5	-14.6	-2.9	-19.2	3.7
出口总值	16641	384.4	386.3	1457.2	446.8	615.5
增 速	-1.9	-17.2	-0.6	-5.3	-6.0	14.6
进口总值	12400	2026.6	475.2	1872.1	147.4	399.0
增 速	-15.3	-24.6	-23.4	-0.9	-43.2	-9.5

延伸阅读：全球贸易大幅下降

由于全球经济持续不振，国际市场需求严重低迷，全球贸易明显低于世界经济增速。综合国际货币基金组织、世界银行、世贸组织等主要国际经济组织发布的数据来看，2015年很可能是近年来全球贸易降幅最大的一年。全球有70个主要经济体进口出现负增长，而且这70个主要经济体的出口基本下降。按WTO月度统计测算，1月至9月全球货物贸易出口额下降11.1%，其中美国下降6.2%、欧盟下降12.8%、日本下降9.2%、韩国下降6.6%、印度下降16.6%、南非下降7.9%、巴西下降16.8%。

进口总额大幅回落，年内呈现低开微升态势。2015年，受石油、铁矿砂等国际大宗商品价格持续走低和国内需求增长放缓的影响，进口增长动力不足，北京地区月度进口额降到250亿美元以下，降幅始终在20%以上。截至9月底，北京地区实现进口总额2026.6亿美元，累计下降24.6%，为2010年以来同期仅有的大幅下降。从年内运行看，当月增长呈现低开微升的运行态势（见图5~3），1月份进口总额下降27.1%，2月份受春节因素影响进一步回落到下降40%的低位，6月份、7月份收窄到15%以下，8月份、9月份降幅又扩大到20%以上。截至9月底，累计下降24.6%，略高于一季度和上半年下降31%和26.9%的水平。占比85%左右的进口额下降对货物贸易减少量的贡献近90%，成为拉动货物贸易额持续下行的主要力量。

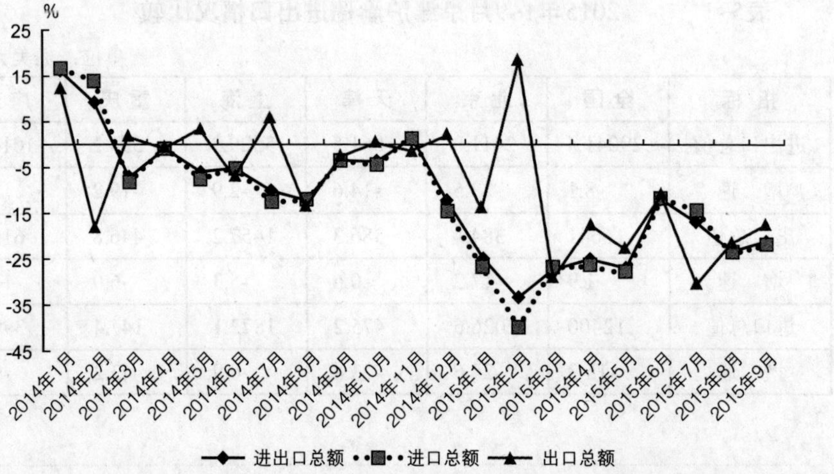

图5~3 2014年~2015年1~9月北京地区外贸当月增速走势图

出口增长继续回落，年内呈现高开低走态势。2015年，世界经济复苏势头趋缓，特别是美国增长不如预期强劲，新兴市场和发展中国家连续五年增速放慢，国际市场需求疲弱对中国出口形成较大冲击。与此同时，外贸综合成本居高不下，传统竞争优势继续削弱。加上前期人民币实际有效汇率升值，出口进一步受到抑制。截至9月底，北京地区实现出口总额384.4亿美元，累计下降17.2%，为2010年以来同期最低水平。从年内运行看，月度出口额下降到50亿美元以下，当月增长呈现高开低走的运行态势

（见图5~3），2月出口额增长18.5%，为年内唯一增长月份，之后波动下行到7月达到下降30.2%，8月份、9月份降幅略有收窄，但各月累计增长呈现逐月回落势头。

（二）一般贸易出口快于加工贸易出口，贸易方式有所优化

2015年，**北京地区一般贸易、加工贸易的进出口额均明显回落。**1~9月，占比80%以上的一般贸易进出口总额为1940.6亿美元，同比下降23.7%，增幅比2014年同期回落近20个百分点；占比10%以上的加工贸易进出口总额为257.3亿美元，同比下降29.3%，增幅同比回落25个百分点（见表5~2）。一般贸易和加工贸易对进出口总额下降的贡献分别为81%和14%，占比较大的一般贸易是拉动进出口总额大幅回落的主要力量。**一般贸易进出口中进口额大幅回落、出口额微增。**1~9月占比九成左右的进口总额1733.9亿美元，同比下降25.8%，比2014年同期回落20.6个百分点；出口总额206.8亿美元，同比微增0.6%。**加工贸易进出口中进口额和出口额均明显回落。**1~9月进口总额151.4亿美元，同比下降21%，增幅比2014年同期回落近45个百分点；出口总额105.9亿美元，同比下降38.5%，增幅同比回落27个百分点。

表5~2　1~9月北京地区进出口贸易总额按贸易方式分类

年份	指标	进出口		进口		出口	
		金额	同比	金额	同比	金额	同比
2015年	北京地区贸易总额	2,411.0	-23.5	2,026.6	-24.6	384.4	-17.2
	一般贸易	1,940.6	-23.7	1,733.9	-25.8	206.8	0.6
	加工贸易	257.3	-29.3	151.4	-21.0	105.9	-38.5
	来料加工	157.1	-20.8	116.7	-18.1	40.4	-27.5
	进料加工	100.2	-39.5	34.7	-29.4	65.5	-43.7
	海关特殊监管区域	134.8	-14.8	114.4	-15.0	20.5	-13.7
	保税监管场所进出境货物	102.3	-23.9	84.4	-24.7	18.0	-20.1
	海关特殊监管区域物流货物	32.4	38.0	29.9	34.5	2.5	100.3

（续表）

年份	指标	进出口		进口		出口	
		金额	同比	金额	同比	金额	同比
2014年	北京地区贸易总额	3,153.5	-2.6	2,689.0	-2.8	464.5	-1.8
	一般贸易	2,543.6	-4.8	2,338.1	-5.2	205.6	0.3
	加工贸易	363.9	4.2	191.6	23.9	172.3	-11.5
	来料加工	198.3	33.9	142.5	43.0	55.8	15.2
	进料加工	165.7	-17.7	49.1	-10.6	116.5	-20.3
	海关特殊监管区域	158.2	8.2	134.5	10.3	23.7	-2.1
	保税监管场所进出境货物	134.5	6.2	112.0	8.6	22.5	-4.6
	海关特殊监管区域物流货物	23.4	21.3	22.2	19.0	1.3	82.4

占比九成以上的一般贸易和加工贸易进口大幅下降是带来北京地区进口总额大幅回落的主要力量（见表5~2）。1~9月，一般贸易和加工贸易进口额增长大幅下降，增幅同比分别回落20.6个百分点和44.9个百分点，究其原因，一方面，国际大宗商品价格大幅下跌，导致大宗商品进口额减少。占比接近四成的原油、成品油进口呈现量涨价跌，1~9月进口量分别增长9.9%和46.8%，较2014年提高4.8和84.6个百分点，但进口额则分别下降40.3%和13.4%；农产品进口量和进口额分别增长66.1%和16.6%，呈现量涨远大于价涨的态势。另一方面，经济形势回落带来国内市场需求明显减弱，经济结构调整加剧传统进口商品需求由强转弱。占比接近10%的汽车进口量价齐跌，1~9月进口量和进口额分别下降20.6%和22.2%，较2014年同期均回落50个百分点以上；高耗能、高污染产业增长放缓导致资源能源类产品的进口需求增速下降，铁矿石进口量同比回落17个百分点，带来进口额下降35.6%，煤炭进口量下降32.9%，带来进口额下降44.9%。另外，进口商品中相当部分是出口生产所需要的中间产品，而加工贸易出口的大幅下降也是带来进口回落的一个原因。

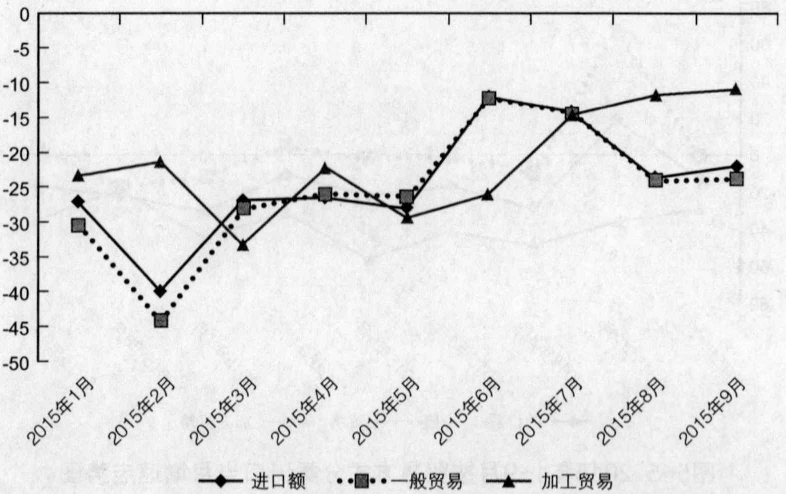

图5~4 2015年1~9月按贸易方式分类进口当月增速走势图

> **延伸阅读：国际大宗商品价格大幅下跌**
>
> 全球经济复苏缓慢，对大宗商品需求疲弱，而且前几年大宗商品价格高涨期投资建设的产能陆续释放，导致能源资源商品总体上供过于求，价格持续下跌。2015年1至9月，道琼斯期货价格指数（DJAIG）、路透/Jefferies商品研究局指数（RJ/CRB）和标普—高盛商品指数（GSCI）比2014年12月分别下跌16%、15.2%和18.9%，与2014年同期相比跌幅更大，分别为27.3%、28.9%和40.2%。国际货币基金组织（IMF）编制的初级产品价格综合指数9月比2014年12月下跌21.4%，比2014年同期下跌39%。其中，能源类指数跌幅最大，分别为25.7%和49.6%。

一般贸易出口额增长快于加工贸易出口额，显示出口贸易方式持续优化（见图5~5）。1~9月，一般贸易出口额增长0.6%，较2014年同期微升；加工贸易出口总额在2014年同期回落11.5%基础上进一步下降38.5%，二者均延续了2014年的变化态势。一般贸易出口额在出口中的比重超过五成，同比提高了9.5个百分点。其中，“双自主”产品出口55.5亿美元，占比14.4%，比“十一五”提高近5个百分点。一般贸易出口额增长持续快于加工贸易出口额，在出口中的份额进一步提高，显示外贸企业自主开拓国际市场的能力进一步增强，贸易方式继续优化。

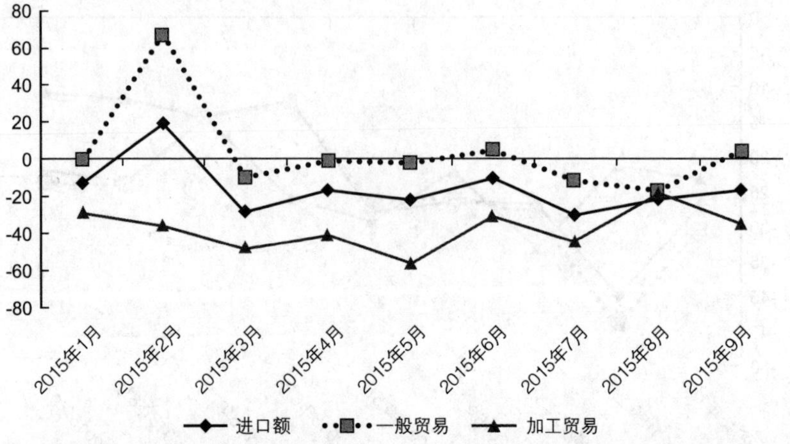

图5~5 2015年1~9月按贸易方式分类出口当月增速走势图

（三）机电产品和高新技术产品出口降幅明显高于进口降幅

2015年，北京地区初级产品进出口总额降幅明显高于工业制品，带来整体货物贸易大幅下滑（见表5~3）。1~9月，受大宗商品价格持续走低影响，占比五成以上的初级产品实现进出口额和进口额同比下降均在34%以上，贡献了进出口额和进口额80%以上的减量，其中矿物燃料、润滑油及有关原料贡献了初级产品进出口额和进口额减量的95%以上。受国际市场低迷影响，在出口总额中占比80%以上的工业制品的出口需求明显下降，1~9月实现出口额319.3亿美元，下降15.5%，降幅同比回落13个百分点，贡献了出口额近75%的减量，其中占比五成的机械及运输设备贡献了工业制品出口额几乎全部的减量，1~9月出口下降23.4%，降幅同比扩大近20个百分点。

表5~3　2015年1~9月北京地区初级产品、工业制品进出口情况

单位：亿美元、%

商品名(SITC)	进出口额			出口额			进口额		
	金额	同比	比重	金额	同比	比重	金额	同比	比重
合计	2411.00	-23.5	100.0	384.39	-17.2	100	2026.61	-24.6	100
0~4 初级产品	1162.67	-34.0	48.2	65.07	-24.8	16.9	1097.60	-34.4	54.2
0食品及活动物	54.94	14.3	2.3	4.78	-9	1.2	50.16	17.2	2.5
1 饮料及烟类	14.57	-13.6	0.6	0.19	9.4	0.1	14.38	-13.8	0.7
2 非食用原料(燃料除外)	136.68	-15.9	5.7	3.28	-15.8	0.9	133.40	-15.8	6.6

（续表）

商品名(SITC)	进出口额			出口额			进口额		
	金额	同比	比重	金额	同比	比重	金额	同比	比重
3 矿物燃料、润滑油及有关原料	947.71	-37.9	39.3	56.75	-26.4	14.8	890.97	-38.5	44
4 动、植物油、脂及蜡	8.77	19.0	0.4	0.07	59	0	8.69	18.7	0.4
5~9 工业制品	1248.33	-10.4	51.8	319.32	-15.5	83.1	929.01	-8.4	45.8
5 化学品及有关产品	151.28	12.5	6.3	31.77	5.7	8.3	119.51	14.4	5.9
6 按原料分类的制成品	127.63	-0.1	5.3	57.01	-0.6	14.8	70.62	0.3	3.5
7 机械及运输设备	608.09	-19.0	25.2	191.38	-23.4	49.8	416.71	-16.8	20.6
8 杂项制品	123.37	-4.2	5.1	38.42	-5	10	84.95	-3.8	4.2
9 未分类的商品及交易品	237.97	-5.0	9.9	0.74	1982	0.2	237.23	-5.3	11.7

在工业制成品中，**机电产品和高技术产品的进出口额均呈现大幅下滑态势**（见表5~4）。2015年1~9月，机电产品实现进出口额720.6亿美元，同比下降16.8%，高技术产品实现进出口额291.2亿美元，同比下降17.3%，增幅同比分别回落23.1个百分点和12.7个百分点，均为金融危机爆发以来的最低水平。高新技术产品进出口总额在北京市进出口总额中的占比由2009年的接近20%逐年回落到2014年的11.6%，2015年1~9月为12.1%；机电产品进出口总额在北京市进出口总额中的份额接近三成，虽明显低于2009年38.5%的水平，但达到2011年以来的最好水平。

表5~4　　1~9月北京地区机电、高技术产品进出口情况

单位：亿美元、%

总 额		合计		高技术产品			机电产品		
		增速	总额	占比	增速	总额	占比	增速	总额
2015年	进出口总额	2411.0	-23.5	291.2	12.1	-17.3	720.6	29.9	-16.8
	进口额	2026.6	-24.6	195.6	9.7	-8.2	494.0	24.4	-15.0
	出口额	384.4	-17.2	95.6	24.9	-31.2	226.6	59.0	-20.4
2014年	进出口总额	3153.5	-2.6	352.3	11.2	-4.6	866.5	27.5	6.3
	进口额	2689.0	-3.8	213.3	7.9	-1.3	581.5	21.6	11.6
	出口额	464.5	-1.8	139.1	29.9	-9.4	284.9	61.3	-2.9

注：上述两表机电产品与高新技术产品有交叉。

与北京市商品贸易不同，机电产品和高技术产品均呈现出口降幅明显高于进口降幅的特点，1~9月机电产品进口额和出口额同比分别增长-15.0%、-20.4%，增幅同比下降26.6个百分点和17.5个百分点；高技术产品进口额和出口额同比分别增长-8.2%、-31.2%，增幅同比下降6.9个百分点和21.8个百分点。由此，机电产品和高技术产品出口额在其进出口总额中所占份额均由2008年的四成以上下降到三成左右。从构成看，高技术产品出口的大幅下降，主要与2014年占比六成以上的计算机与通信技术近50%的降幅有关，其中手持或车载无线电话机下降60%，目前计算机与通信技术占比回落15个百分点以上；机电产品出口大幅下降，主要与2014年占比七成以上的机械设备和电器电子产品的大幅下降有关，目前占比回落近10个百分点。究其原因，与国际市场低迷、发达国家推动再工业化进程、近年来我国要素成本持续上涨带来的传统竞争优势弱化有关，贸易摩擦形势严峻复杂也加大了出口增长的难度，1~10月我国共遭遇21个国家（地区）发起的贸易救济调查有65起，涉案金额58.3亿美元。月度运行情况也可看出（见图5~6），机电产品和高技术产品出口增长与北京市基本一致，且持续低于北京市平均水平；进口走势与北京市不尽一致，呈现高开略降的运行态势，9月当月略有好转。

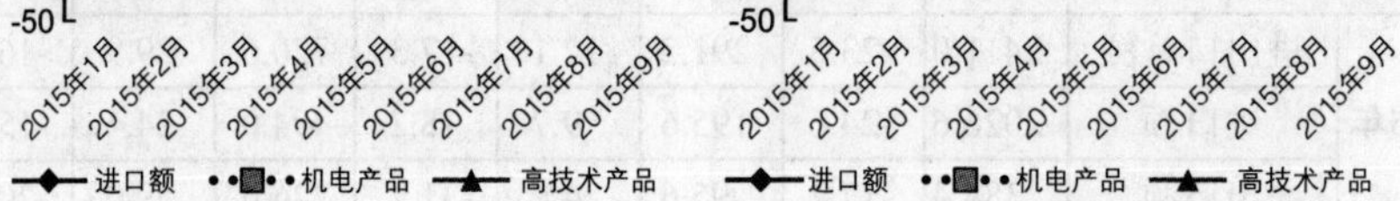

图5~6 2015年1~9月机电和高技术产品贸易当月增速走势图

（四）国有、外商投资企业进出口下降，民营企业逆势上涨

随着2014年以来的各项支持外贸稳定增长的政策措施逐步落实，企

业经营环境有所改善，通关效率和贸易便利化程度日益提高，民营企业活力持续释放。2015年，商品贸易呈现出国有、外商投资企业进出口持续下降、民营企业逆势增长的运行态势（见表5~5）。1~9月，北京地区国有、外商投资企业进出口额均由2014年的增长势头调整为大幅下降，占比65%以上的国有企业进出口总额1758.3亿美元，同比下降17.9%；占比不到20%的外商投资企业进出口总额478.9亿美元，同比下降19.8%；民营企业虽然增势放缓，但仍保持正向增长，1~9月实现进出口总额172.7亿美元，同比增长5.1%，占比同比提高2个百分点。进出口总额的减量中，国有和外商投资企业分别贡献了51.5%和15.9%。国有、外商投资和民营企业均呈现进口额大于出口额的特点，进出口总额中进口占比分别为88%、78%和65%。

表5~5　1~9月北京地区进出口贸易总额按企业性质分类

单位：亿美元、%

年份	指标	进出口			进口			出口		
		金额	同比	比重	金额	同比	比重	金额	同比	比重
2015年	北京地区进出口总额	2411.0	-23.5	100.0	2026.6	-24.6	100.0	384	-17.2	100.0
	国有企业	1758.3	-17.9	72.9	1541.0	-18.5	76.0	217	-13.4	56.5
	外商投资企业	478.9	-19.8	19.9	372.4	-15.6	18.4	106	-31.5	27.7
	民营企业	172.7	5.1	7.2	112.5	5.5	5.5	60	4.5	15.7
2014年	北京地区进出口总额	3153.5	-2.6	100.0	2689.0	-2.8	100.0	464.5	-1.8	100.0
	国有企业	2140.5	0.2	67.9	1889.5	0.4	70.3	251.0	-1.0	54.0
	外商投资企业	596.9	8.5	18.9	441.3	16.3	16.4	155.5	-8.8	33.5
	民营企业	164.3	10.5	5.2	106.6	6.5	4.0	57.7	18.7	12.4

占比75%以上的国有企业是拉动进口出现大幅回落的重要力量。1~9月，国有、外商投资和民营企业进口总额同比分别增长-18.5%、-15.6%和5.5%，增幅均低于2014年。其中，国有、外商投资企业由2014年的增长转为2015年的大幅回落，分别贡献52.6%和10.4%的进口减量。**下降明显的外商投资企业是拉动出口出现大幅回落的重要力量。**1~9月外商投资企业在2014年同期下降8.8%的基础上进一步下降到2015年的降幅31.5%，明

显高于北京地区出口总额的下降幅度，占北京市出口的比重也下降了6个百分点，是拉动出口总额下降的重要力量；占比五成以上的国有企业出口总额在2014年微降基础上2015年同比下降13.4%。只有民营企业逆势增长，1~9月进口、出口总额同比分别增长5.5%和4.5%，占进口额和出口额的比重也分别提高1.5个百分点和3.3个百分点。从月度运行情况也可看出（见图5~7），民营企业各月进口额和出口额增长均高于其他类型企业，也远高于北京市增长水平。

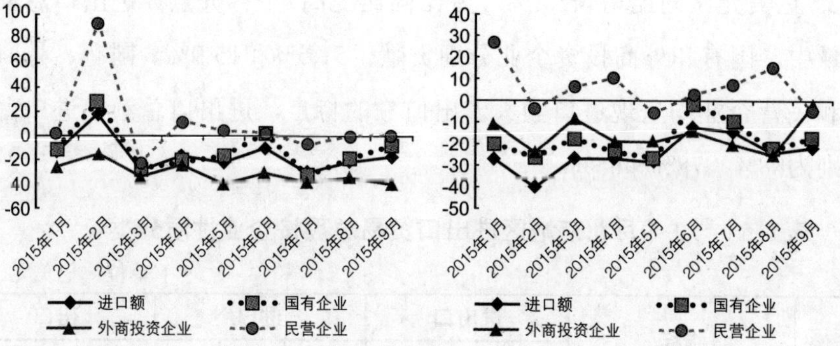

图5~7 2015年1~9月按企业性质分类贸易当月增速走势图

（五）与主要贸易伙伴的货物贸易呈现下降态势

2015年，北京地区与各大洲贸易额呈现涨跌互现（见表5~6）。占比五成以上的亚洲、欧洲进出口额在2014年下降5%左右的基础上继续大幅回落，1~9月降幅均在30%以上；占比二成左右的非洲和拉丁美洲1~9月进出口额降幅介于10%~20%；只有北美洲保持4.1%的正向增长，且涨幅同比略升。不同大洲的进出口变化态势不同。亚洲、非洲进出口均大幅下降，但进口降幅远大于出口降幅；欧洲和北美洲出口降幅明显高于进口，北美洲进口额更是呈现正向增长；拉丁美洲和大洋洲出口则在2014年正增长基础上继续明显上涨，涨幅提高4.7个百分点和21.2个百分点。重点地区双向贸易也均呈现负增长态势，特别是一带一路国家和中东地区，进出口降幅远远大于北京地区贸易额的下降幅度。

表5~6　2015年1~9月北京地区与主要贸易伙伴出口总值表

单位：亿美元、%

洲/地区	进出口总额			进口额			出口额		
	金额	比重	同比	金额	比重	同比	金额	比重	同比
北京地区贸易总额	2411.0	100	-23.5	2026.6	100	-24.6	384.4	100	-17.2
亚　洲	987.3	40.9	-30.8	775.7	38.3	-33.7	211.6	55.0	-17.1
非　洲	266.6	11.1	-39.8	232.7	11.5	-41.9	33.9	8.8	-20.9
欧　洲	530.0	22.0	-13.3	475.8	23.5	-10.8	54.2	14.1	-30.1
拉丁美洲	207.8	8.6	-18.4	167.3	8.3	-23.3	40.5	10.5	10.2
北美洲	313.6	13.0	4.1	277.2	13.7	8.5	36.4	9.5	-20.4
大洋洲	105.6	4.4	-9.7	97.9	4.8	-11.6	7.8	2.0	23.5
APEC	913.6	37.9	-11.2	717.9	35.4	-9.4	195.7	50.9	-17.5
东　盟	116.5	4.8	-21.2	63.4	3.1	-15.4	53.1	13.8	-27.1
欧盟(28国)	301.1	12.5	-14.1	259.7	12.8	-11.0	41.4	10.8	-29.1
中东（17国）	453.4	18.8	-40.1	420.8	20.8	-40.8	32.6	8.5	-27.9
47个陆上丝绸之路经济带国家	725.3	30.1	-33.0	645.7	31.9	-34.3	79.6	20.7	-20.5
32个海上丝绸之路国家	611.3	25.4	-35.6	496.4	24.5	-38.1	114.9	29.9	-21.8

表5~7是2015年1~9月进口和出口排名前15的国家或地区，进口和出口国家或地区的集中度有所提高。从出口国别看，排名前15的国家或地区的出口额占北京地区出口额的比重接近60%，比2014年同期提高2.3个百分点，其中，美国、香港和日本稳居前三，且占比保持在1/4左右。从进口国别看，排名前15的国家或地区的进口额占北京地区进口额的比重接近70%，比2014年同期提高1个百分点，但国家或地区的排名次序变化比较大。

表5~7　2015年1~9月北京地区前15名国别（地区）情况表

单位：亿美元、%

国别（地区）	出口额			国别（地区）	进口额		
	金额	同比	比重		金额	同比	比重
北京地区贸易额	384.4	-17.2	100	北京地区贸易额	2026.6	-24.6	100
美　国	33.49	-21.9	8.7	美　国	204.21	-3.8	10.1
中国香港	33.23	-14.2	8.6	德　国	146.58	-13.7	7.2

（续表）

国别（地区）	出口额			国别（地区）	进口额		
	金额	同比	比重		金额	同比	比重
日本	31.50	-5.1	8.2	沙特阿拉伯	120.53	-43.0	5.9
韩国	15.18	-12.6	4.0	瑞士	115.89	-11.5	5.7
越南	14.89	-22.3	3.9	安哥拉	110.61	-44.0	5.5
印度	13.84	-3.0	3.6	伊拉克	93.19	-33.2	4.6
新加坡	13.52	-10.2	3.5	澳大利亚	85.08	-17.1	4.2
委内瑞拉	13.34	62.9	3.5	俄罗斯联邦	82.75	-12.6	4.1
伊朗	12.25	-3.4	3.2	加拿大	72.97	68.9	3.6
台湾省	9.30	-9.5	2.4	阿曼	71.13	-38.3	3.5
印度尼西亚	8.58	-30.9	2.2	日本	68.27	-28.5	3.4
德国	8.36	-16.5	2.2	韩国	67.09	-21.0	3.3
巴基斯坦	7.81	9.4	2.0	土库曼斯坦	61.19	-15.5	3.0
俄罗斯联邦	6.92	-45.2	1.8	巴西	53.17	-8.9	2.6
巴西	6.60	0.9	1.7	伊朗	47.56	-42.3	2.3

（六）服务贸易保持平稳增长，贸易逆差进一步扩大

在全球价值链日益向服务环节拓展的市场环境和我国不断完善服务贸易发展政策环境的作用下，2015年北京地区服务贸易继续保持平稳较快增长，1~9月北京市实现服务贸易进出口总额731.89亿美元，同比增长12.6%，增幅同比提高1.1个百分点，低于全国15.9%的增幅（见表5~8），占全国比重为14.8%，略低于2014年同期15%的水平。北京市服务贸易增速高于货物贸易增速36个百分点，占对外贸易总额的比重进一步上升至23.3%，较2014年同期提高6.2个百分点，延续了2011年以来的波动上升势头（见图5~8）。

延伸阅读：促进服务贸易发展的国内政策环境不断完善

服务贸易管理体制日趋完善。为加强对我国服务贸易工作的宏观指导和部门间协调配合，推动服务贸易加快发展，2015年8月，国务院建立服务贸易发展部际联席会议制度，联席会议由39个部门和单位组成，将进一步研究

加快服务贸易发展的政策举措，协调各部门服务进出口政策，统筹服务业对外开放，将服务业对外开放与促进服务进出口有机结合，推进服务贸易便利化和自由化。服务贸易工作部门间协调机制化建设取得重要进展。

服务贸易政策支持体系得以增强。自年初发布《关于加快发展服务贸易的若干意见》后，国务院又先后发布《关于促进跨境电子商务健康快速发展的指导意见》（2015年6月）和《关于积极推进"互联网＋"行动的指导意见》（2015年7月），提出要鼓励各类跨境电子商务服务商发展，完善跨境物流体系，推进跨境电子商务通关、检验检疫、结汇等关键环节单一窗口综合服务体系建设。"互联网＋电子商务"的发展路径，将带动跨境运输、电子商务平台建设、数据处理、供应链管理、采购服务、金融保险等服务贸易的发展，促进跨境支付、跨境物流、跨境信用、跨境信息安全等系统开发服务业务。

（摘自商务部：中国对外贸易形势报告（2015年秋季））

表5~8　2015年1~9月全国和北京地区服务贸易总额

单位：亿美元，%

	服务贸易总额	增长	出口额	增长	进口额	增长	逆差
北　京	731.89	12.6	306.85	5.9	425.04	17.8	-118.19
全　国	4953.3	15.9	1716.3	11.6	3237	18.3	-1520.7
北京/全国	14.8	-	17.9	-	13.1	-	7.8

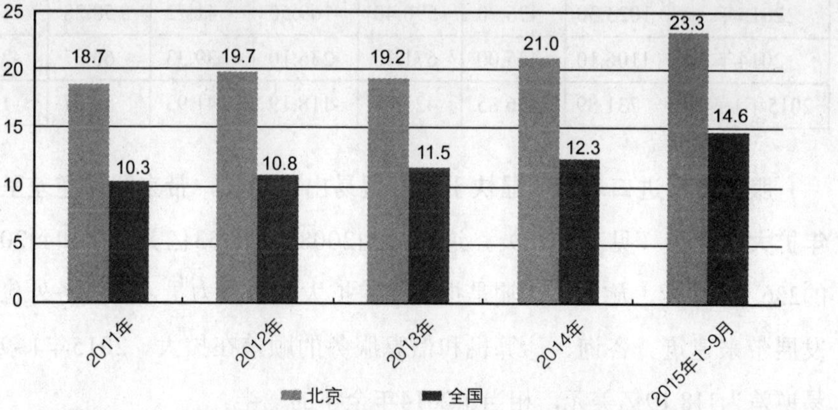

图5~8 北京市和国家服务贸易占对外贸易的比重对比图

服务贸易进口增长明显快于服务贸易出口增长，占服务贸易总额的比重不断提高（见表5~9）。2007~2014年服务贸易进口额和服务贸易出口额年均增长分别为15.1%和8.1%，进口额占服务贸易总额的比重由2007年的不足50%提高到2014年的60%以上。2015年1~9月，服务贸易进口额和出口额分别为425.04亿美元、306.85亿美元，同比分别增长17.8%和5.9%，继续呈现进口增长快于出口增长的势头。与此同时，北京市服务贸易进口额占全国服务贸易进口额的13.1%，低于服务贸易出口额占全国服务贸易出口额17.9%的水平；服务贸易进口额占同期北京地区对外贸易进口总额的比重为17.3%，远低于服务贸易出口额占同期北京地区对外贸易出口总额44.4%的水平，一定程度上反映了北京市服务贸易出口的相对优势较为明显。

表5~9　2007年~2015年1~9月北京地区服务贸易构成

单位：亿美元，%

	服务贸易总额	服务贸易出口	服务贸易进口	顺(逆)差	出口占比	进口占比	比重之差
2007年	503.06	252.81	250.25	2.55	50.25	49.75	0.51
2008年	691.92	341.69	350.23	-8.53	49.38	50.62	-1.23
2009年	644.10	311.60	332.50	-20.90	48.38	51.62	-3.24
2010年	798.29	388.22	410.07	-21.85	48.63	51.37	-2.74
2011年	895.40	415.00	480.40	-65.40	46.35	53.65	-7.30
2012年	1000.20	445.11	555.09	-109.98	44.50	55.50	-11.00
2013年	1023.30	426.90	596.40	-169.50	41.72	58.28	-16.56
2014年	1106.10	435.00	671.10	-236.10	39.33	60.67	-21.35
2015年1~9月	731.89	306.85	425.04	-118.19	41.93	58.07	-16.15

服务贸易进口增长明显快于服务贸易出口增长，带来贸易逆差呈现逐年扩大的势头（见表5~10），逆差额由2008年的8.53亿美元增加到2014年的236.1亿美元，旅游、运输是推动逆差扩大的主要力量，而服务外包快速发展带来建筑、咨询、计算机和信息服务的顺差在扩大。2015年1~9月贸易逆差为118.19亿美元，相当于2014年全年的一半。

表5~10 北京地区服务贸易顺差情况

单位：亿美元

	逆差总额	运输	旅游	通讯	建筑	保险	金融	计算机和信息	专利使用费、特许费	咨询	广告、宣传	电影、音像	其他
2008年	-8.53	-41.28	3.10	0.97	33.77	-61.00	-0.86	12.66	-13.21	35.87	3.57	2.07	15.79
2010年	-21.85	-69.44	-19.74	-0.45	32.18	-75.77	-2.08	19.36	-14.57	40.13	2.77	-2.02	67.77
2014年	-236.1	-120.6	-234.5	-7.4	68.9	-10.8	-9.8	17.6	-26.0	56.5	5.4	-9.0	33.6

（七）服务贸易高端化、集群化、融合化的特点逐步显现

随着服务外包业务的发展和国际市场的拓展，服务贸易全球化、高端化、集群化、融合化的发展特征日益显现，服务贸易结构呈现优化态势。2010年以来，大多数领域的服务贸易保持增长态势，具有首都优势的高端行业增长更为迅速（见表5~11）。其中，电影影像、旅游增长30%以上，计算机和信息服务增长20%以上，通讯、咨询、金融服务增长10%以上。到2014年，旅游、运输服务贸易额在200亿美元以上，咨询、建筑服务贸易额在100亿美元~200亿美元之间，四大服务项目占比接近75%（见表5~12），成为服务贸易的主要内容。

表5~11 2014年北京地区服务贸易情况

单位：亿美元，%

项 目	服务贸易总额		出口额		进口额	
	总额	2010~2014年年均增长	总额	2010~2014年年均增长	总额	2010~2014年年均增长
合 计	1106.1	8.49	435.0	2.89	671.1	13.10
运 输	223.6	6.00	51.5	-1.10	172.1	8.70
旅 游	327.1	31.72	46.3	1.02	280.8	44.61
通讯服务	31.0	15.16	11.8	8.27	19.2	20.73
建筑服务	116.3	7.48	92.6	11.61	23.7	-3.64
保险服务	70.4	-6.53	29.8	37.98	40.6	-16.62
金融服务	12.2	10.81	1.2	-20.51	11.0	21.28
计算机和信息服务	89.4	22.40	53.5	15.95	35.9	36.86
专利使用费和特许费	30.8	9.91	2.4	-7.42	28.4	12.33
咨 询	144.3	12.69	100.4	11.57	43.9	15.50
广告、宣传	15.4	3.96	10.4	6.86	5.0	-1.02
电影、音像	10.8	32.00	0.9	3.99	9.9	37.27
其他商业服务	34.8	-29.42	34.2	-24.28	0.6	-64.13

服务贸易进口的集中度更加明显，2014年运输和旅游占比接近七成（见表5~12），比2010年提高近20个百分点，其中，伴随居民消费水平的提升，在人民币升值、免签落地以及部分境外国家和地区对中国游客放宽签证等系列措施的影响下，出境游快速发展，旅游服务进口额年均增长44.6%，占比超过四成。电影影像、计算机和信息服务进口增长均在35%以上，金融、通讯、咨询服务进口额增长也较快，年均增速分别为21.3%、20.7%和15.5%。这些领域的快速发展有的与消费结构升级需求扩大有关，有的与降低准入门槛、简化审批流程有关。

表5~12　2010年、2014年北京地区服务贸易各项目占比情况

单位：%

	2010年			2014年		
	服务贸易总额	出口额	进口额	服务贸易总额	出口额	进口额
合计	100.00	100.00	100.00	100.00	100.00	100.00
运输	22.19	13.87	30.06	20.22	11.84	25.64
旅游	13.61	11.45	15.66	29.57	10.64	41.84
通讯服务	2.21	2.21	2.20	2.80	2.71	2.86
建筑服务	10.92	15.37	6.70	10.51	21.29	3.53
保险服务	11.55	2.12	20.48	6.36	6.85	6.05
金融服务	1.01	0.77	1.24	1.10	0.28	1.64
计算机和信息服务	4.99	7.62	2.50	8.08	12.30	5.35
专利使用费和特许费	2.64	0.84	4.35	2.78	0.55	4.23
咨询	11.21	16.69	6.02	13.05	23.08	6.54
广告、宣传	1.65	2.05	1.27	1.39	2.39	0.75
电影、音像	0.45	0.20	0.68	0.98	0.21	1.48
其他商业服务	17.57	26.79	8.84	3.15	7.86	0.09

在服务贸易出口方面，建筑、咨询、计算机和信息服务提高较快，2014年三者占比接近六成，比2010年提高近20个百分点（见表5~12）。从增长来看，2010年以来保险服务增长最为迅速，年均增速达38%，计算机和信息、建筑、咨询等服务出口额增长也较快，年均增速分别为16%、

11.6%和11.6%，远高于服务贸易出口额不足3%的增长水平，**占比较高的旅游和运输服务出口额增长缓慢是整体出口增长慢的主要原因。**2015年1~9月，保险、金融、电信、计算机和信息、文化和娱乐等新兴领域出口累计达191.27亿美元，占比62.3%。金融服务、文化和娱乐服务、建筑服务、旅行服务出口同比增长较快，分别增长63.4%、43.7%、24.4%和19.3%。

延伸阅读：2015年1~9月中国服务贸易总体情况

2015年1~9月，中国服务贸易进出口总额为4953亿美元，比2014年同期增长15.9%。其中，服务出口1716亿美元，同比增长11.6%；服务进口3237亿美元，同比增长18.3%。

服务进出口占对外贸易比重持续提升。"十二五"以来，中国服务贸易在对外贸易（货物和服务进出口额之和）中的比重持续攀升，2011年、2012年、2013年和2014年的占比分别为10.3%、10.8%、11.5%和12.3%。2015年1~9月，中国服务进出口增速高于货物贸易增速24个百分点，服务贸易占对外贸易的比重进一步上升至14.6%，比2014年同期提高2.6个百分点。

服务贸易逆差进一步扩大。2015年1~9月，中国服务贸易逆差1520.7亿美元，同比增长30.9%。其中旅游贸易逆差为919.1亿美元，占服务贸易逆差总额的60.4%，是服务贸易逆差的最大来源；运输服务、知识产权使用费、保险和养老金服务的逆差额分别为359亿美元、153.5亿美元和21亿美元。2015年1~9月，专业管理和咨询服务实现顺差113亿美元，其中管理咨询和公共关系服务顺差为89.6亿美元；电信、计算机和信息服务实现顺差100.1亿美元，其中计算机服务顺差为97.8亿美元；其他服务实现顺差177.8亿美元，其中加工服务顺差为149.1亿美元。

服务贸易结构继续优化。2015年1~9月，中国计算机服务、广告服务、文化和娱乐服务等高附加值服务出口快速增长，对服务贸易结构调整和优化起到重要推动作用。其中，计算机服务出口额为165.6亿美元，同比增长18.9%；广告服务出口额为22.8亿美元，增长21.5%；文化和娱乐服务出口额为5.7亿美元，增长53.4%。其他增长较快的高附加值服务业出口还包括：信息服务、电信服务和会计服务，分别增长36.7%、16.2%和10.6%。一些高附加值服务进口也快速增长，其中会计服务、展会服务、信息服务、电信服务增长较快，分别增长68.8%、33%、25.4%和12.6%。高附加值服务贸易快速增长，提高了中国服务贸易出口附加值，促进了知识密集型企业发展，为国内产业结构升级做出了积极贡献。

服务外包业务发展迅速。2015年以来，中国服务外包业务保持快速增长势头。据商务部统计，2015年1~9月，中国企业完成服务外包合同金额和执行金额分别为855亿美元和615亿美元，同比分别增长16.4%和12.8%。其中，承接离岸服务外包合同金额和执行金额分别为564.7亿美元和 409.7 亿美元，同比分别增长17.2%和10.5%；在岸服务外包合同金额和执行金额分别为252亿美元和175亿美元，同比分别增长14.9%和17.6%。信息技术外包、业务流程外包和知识流程外包离岸业务执行金额分别为202亿美元、57.4亿美元和150.2亿美元，占比分别为49.3%、14%和36.7%，服务外包产业结构进一步优化。美国和欧盟是中国服务外包的主要市场。中国企业承接离岸外包前十位国家/地区的执行金额合计为291.9亿美元，占离岸外包执行总额的71.2%，同比增长13.1%。其中，承接美国的服务外包执行金额为94.6亿美元，增长10.8%；承接欧盟的服务外包执行金额62.1亿美元，增长15.9%。承接新加坡、韩国、中国台湾、英国、荷兰等国家/地区的服务外包增速较快。

（摘自商务部：中国对外贸易形势报告（2015年秋季））

二、2015年北京市外资运行特点

伴随着“走出去”战略的积极实施以及国家“一带一路”战略的明确落实，我国已经实现了由过去单独依靠“引进来”的阶段向发展双向投资良性互动阶段的过渡。北京市也呈现同样的运行特点，境外直接投资增长明显快于实际利用外资（见图5~9）。2003~2014年双向投资、境外直接投资、实际利用外资年均增长分别为17.6%、30.2%和14%，到2014年双向投资规模达到145亿美元，其中，实际利用外资90.4亿美元，境外直接投资为54.6亿美元。2015年，随着北京市不断优化引资结构、扩大引资领域、完善引资环境，北京市实际利用外资呈现高速增长态势，1~9月实际利用外资123.7亿美元，同比增长57.3%，且95%以上投向服务业，与北京市强化城市功能定位、加快非首都功能疏解相契合。同时，与我国国际地位提升下加快构建开放型经济新体制的战略布局相协调，“走出去”高速增长，1~9月北京市企业境外直接投资累计为70.9亿美元，同比增长73.7%，其中，租赁和商务服务业、制造业、信息传输软件和计算机服务业位居前三位。

（一）实际利用外资增长较快，资金流向与功能定位更加契合

2015年，北京市合同外资和实际利用外资均呈现快速增长态势，个别月份同比翻倍增长，1~9月份累计分别实现271.7亿美元和123.7亿美元，同

比增长2.07倍和57.3%，均创历史最高水平，且高于全国和津沪渝穗（见表5~13）。预计全年实际利用外资增长保持在40%以上，有望超额完成"十二五"预期目标。引资结构更加优化，引资领域和方式实现新突破。

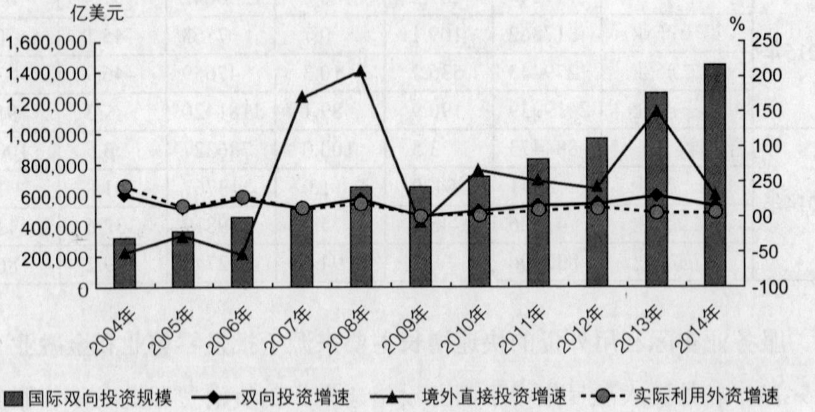

图5~9 2004年以来北京地区国际双向投资总额及其增速走势图

表5~13 2015年1~9月京津沪渝穗实际利用外资情况比较

单位：亿美元、%

指 标	全 国	北 京	天 津	上 海	重 庆	广 州
实际利用外资	949	123.7	157.8	145.5	26.2	45.2
增 速	9	57.3	11.3	-4.6	24.1	5.1

服务业为主的引资结构得到继续巩固。在国内外经济形势整体偏弱的大背景下，受北京市积极落实城市战略定位、主动疏解非首都功能的影响，**外资流向第三产业的趋势进一步强化**（见表5~14）。2015年1~9月，第三产业实际利用外资同比增长73%，高于全市平均和上年同期水平，在全市实际利用外资中的份额进一步提高到95.5%。相应的，第一、二产业实际利用外资大幅回落，1~9月分别下降45.1%和46.9%，所占份额减少8.7个百分点。

表5~14　　1~9月北京市利用外商直接投资按产业划分

单位：万美元，%

年份	企业类型	合同外资金额			实际使用外资金额		
		累计	增长	占比	累计	增长	占比
2015年	合　计	2717244	207.2	100.0	1236642	57.3	100.0
	第一产业	17862	109.1	0.7	7563	-45.1	0.6
	第二产业	279443	536.2	10.3	47659	-46.9	3.9
	第三产业	2419939	190.9	89.1	1181420	73	95.5
2014年	合　计	884473	3.5	100.0	786327	3.5	100.0
	第一产业	8541	6470	1.0	13767	701.8	1.8
	第二产业	43926	-48.6	5.0	89819	-32.6	11.4
	第三产业	832006	8.2	94.1	682741	9.2	86.8

服务业实际利用外资的快速增长主要来源于批发零售业和金融业（见表5~15）。外资大项目集中于商业设施建设、信贷消费和批发零售服务等行业，1~9月，批发零售业和金融业实际利用外资分别增长4.16倍和24.9倍，两者在服务业利用外资中的比重超过80%；科技服务业利用外资增势放缓，1~9月增长29.2%，增幅同比下降近20个百分点。2014年合同外资大幅下降的房地产（下降62.1%）、商务服务业（下降31.1%），2015年实际利用外资均大幅下降，1~9月分别下降80.3%和78.9%。

表5~15　　1~9月北京市服务业利用外商直接投资

单位：万美元，%

年份	指标名称	实际利用外资	增长（%）	占比（%）
2015年	第三产业	1181420	57.3	100.00
	批发和零售业	232119	416.1	19.65
	交通运输、仓储和邮政业	2287	-65.7	0.19
	住宿和餐饮业	549	-72.8	0.05
	信息传输、软件和信息技术服务业	44588	-55.9	3.77
	金融业	712764	2493.9	60.33
	房地产业	25050	-80.3	2.12
	租赁和商务服务业	62007	-78.9	5.25
	科学研究和技术服务业	94586	29.2	8.01
	居民服务、修理和其他服务业	83	-36.6	0.01
	文化、体育和娱乐业	2652	31.4	0.22

（续表）

年份	指标名称	实际利用外资	增长（%）	占比（%）
2014年	第三产业	682741	3.5	100.00
	批发和零售业	44978	-47.3	6.59
	交通运输、仓储和邮政业	6676	-72.7	0.98
	住宿和餐饮业	2021	18.4	0.30
	信息传输、软件和信息技术服务业	101175	3.1	14.82
	金融业	27478	-62.8	4.02
	房地产业	127098	0.4	18.62
	租赁和商务服务业	294423	83.9	43.12
	科学研究和技术服务业	73239	48.7	10.73
	居民服务、修理和其他服务业	131	-63.9	0.02
	文化、体育和娱乐业	2019	-60.8	0.30

制造业实际利用外资的大幅回落与工业整体形势下降有密切关系，是市场需求不足与首都疏解制造环节的预期相叠加作用的结果，制造业各行业的合同、实际利用外资均明显下降（见表5~16）。

表5~16　1~9月北京市制造业利用外商直接投资按行业划分

单位：万美元，%

年份	主要行业	合同外资金额			实际使用外资金额		
		累计	增长	占比	累计	增长	占比
2015年	制造业	100230	301.9	100.0	47528	-38.3	100.0
	化学原料及化学制品制造业	5748	-3.6	5.73	12	-99.4	0.03
	医药制造业	4965	33.5	4.95	2606	-70.2	5.48
	通用设备制造业	609	-7.0	0.61	168	-47.0	0.35
	专用设备制造业	3614	-42.2	3.61	4008	92.7	8.43
	通信设备、计算机及其他电子设备制造业	35839		35.76	172	-98.0	0.36
2014年	制造业	24937	-53.3	100.0	77051	-24.8	100.0
	化学原料及化学制品制造业	5964	2990.2	5.95	2123	-54.3	4.47
	医药制造业	3720	150.0	3.71	8730	1355	18.37
	通用设备制造业	655	193.7	0.65	317	-47.5	0.67
	专用设备制造业	6254	380.7	6.24	2080	1.6	4.38
	通信设备、计算机及其他电子设备制造业	-5482	-132.5	-5.47	8592	-40.7	18.08

实际利用外资的投资主体仍然以外商独资为主，合资经营则呈现更快增长（见表5~17、表5~18）。2015年1~9月，独资经营、合资经营企业实际利用外资分别增长55.4%、92%，增速同比分别提高39个百分点和116个百分点，两者占北京市实际利用外资的比重进一步提高到98%。合作经营企业实际利用外资在2014年同期下降53.4%的基础上继续下降95.8%。同时，北京市出台政策鼓励跨国公司在京设立符合首都产业发展方向的功能性机构，2011~2014年北京市跨国公司总部企业和研发机构达到787家，世界500强企业在京投资项目718个。外资企业对北京的投资已由传统的加工装配环节向与服务相关的产业链高端和服务业延伸。

表5~17 2006年以来北京地区按注册类型划分实际利用外资结构

单位：%

年　份	2006年	2007年	2008年	2009年	2010年	2011年	2012年	2013年	2014年
实际利用外资	100	100	100	100	100	100	100	100	100
合资经营	17.7	15.4	14.9	14.9	14.4	11.2	23.9	22.4	17.1
合作经营	7.3	3.6	3.5	5.3	3.6	2.1	1.8	2.7	0.6
独资经营	75.0	80.7	80.6	73.3	81.2	84.3	73.7	69.6	78.0
外商独资股份制	0.0	0.4	0.9	6.5	0.8	2.3	0.7	5.4	4.4

表5~18　　1~9月北京市利用外商直接投资按企业类型划分

单位：万美元，%

年份	企业类型	合同外资金额			实际使用外资金额		
		累计	增长	占比	累计	增长	占比
2015年	合计	2717244	207.2	100.0	1236642	57.3	100.0
	合资经营企业	975433	563.6	35.9	266616	92	21.6
	合作经营企业	20493	-55.6	0.8	202	-95.8	0.0
	独资经营企业	1327004	98.4	48.8	944454	55.4	76.4
	其他	394314	1661.9	14.5	25370	-27	2.1
2014年	合计	884473	3.5	100.0	786327	3.5	100.0
	合资经营企业	146996	-52.9	16.6	138892	-24.3	17.7
	合作经营企业	46187	263.3	5.2	4773	-53.4	0.6
	独资经营企业	668910	26.3	75.6	607918	16.4	77.3
	其他	22380	4524	2.5	34744	-21.4	4.4

北京实际利用外资来源地呈现出多元化（见表5~19）。中国香港逐渐成为实际利用外资的最大来源地，占比由2006年的不足两成提升到2014年的六成，德国占比保持在10%左右。利用外资方式不断创新。外资并购进一步活跃，外资并购企业2137宗，并购金额达到447.9亿美元。外资合伙制企业开始设立，国内自然人出资设立合资、合作企业开展试点。

表5~19　2006~2014年实际利用外资主要来源地占比变化情况

单位：%

年份	中国香港	维尔京群岛	开曼群岛	韩国	日本	美国	德国	新加坡	法国	英国
2006年	19.0	17.2	6.1	7.8	14.85	4.4	10.5	3.9	0.8	0.3
2007年	29.5	20.6	13.6	4.8	6.0	3.6	2.3	3.0	0.7	0.7
2008年	28.5	20.6	12.4	4.6	7.8	2.9	4.4	1.7	0.4	0.8
2009年	44.2	20.1	6.8	2.9	3.9	3.1	2.4	2.1	1.1	0.7
2010年	50.8	23.2	7.8	3.3	4.5	3.5	2.7	2.4	1.2	0.8
2011年	45.8	16.0	5.1	3.2	10.9	4.3	2.5	1.8	0.9	0.9
2012年	54.8	3.6	7.4	8.8	7.3	2.6	3.2	3.9	0.3	0.5
2013年	42.3	6.0	4.4	2.5	5.2	4.6	10.6	2.3	0.2	0.3
2014年	59.9	4.2	4.1	2.1	3.4	1.7	11.1	3.9	0.7	0.2

（二）对外投资呈现快速增长，行业分布范围广泛

随着我国国际地位的不断提升，我国企业主动走出去拓展国外市场带来境外直接投资呈现快速上升趋势，2011~2014年间，北京境外直接投资总额124.54亿美元，年均增速达到63.4%（见表5~20），2013年比2012年增长1.44倍，达到了近年高点。2014年实现境外直接投资54.6亿美元，在全国各省市境外投资额中的排名由2011年的第八位上升为2014年的第二位。国有企业在资源类和大型工业型项目的对外投资继续保持领先地位，民营企业在信息领域投资方面继续发力。2004年至2014年底，在非金融类对外直接投资企业总数中，民营企业占61.02%，成为“走出去”的主要力量。对外承包工程和劳务合作稳步发展。2014年，北京市对外承包工程完成营业额35.74亿美元，同比增长6.43%。

表5~20　　　　2004~2013年境外投资情况

单位：万美元，%

年 份	2004年	2005年	2006年	2007年	2008年	2009年	2010年	2011年	2012年	2013年
中方投资额	15739	11306	5612	15295	47299	45185	76614	117503	168900	413010
比上年增长	-47.6	-28.2	-50.4	172.5	209.2	-4.5	69.6	53.4	43.7	144.5
截至到各年期末直接投资存量	70086	92940	91873	159195	251019	375865	480882	603380	757800	1276456
比上年增长	56.3	32.6	-1.1	73.3	57.7	49.7	27.9	25.5	25.6	68.4

在产业分布方面，传统服务业境外直接投资仍处于优势地位，生产性服务业所占比重较低，非服务业所占比重整体上趋于下降或稳定，但房地产业所占比例快速上升，批发和零售业、租赁商务服务业等北京市优势产业对外投资日趋活跃。在区位分布方面，主要集中于亚洲和拉丁美洲（见表5~21），接近75%的境外投资投向这两个区域；亚洲、非洲和欧洲的潜力较大，大洋洲的地位持续下降。

表5~21　　　　2011~2013年境外投资分大洲占比情况

单位：%

洲别		亚洲	非洲	欧洲	拉丁美洲	北美洲	大洋洲
投资额	2011年	50.37	4.78	-0.13	29.84	7.90	7.24
	2012年	52.90	11.84	16.00	5.60	12.34	1.34
	2013年	42.35	5.76	2.81	32.89	13.62	2.57
投资存量	2011年	45.31	7.62	7.82	27.93	7.69	3.62
	2012年	52.49	9.90	8.59	18.62	7.65	2.74
	2013年	51.78	8.11	6.34	22.86	8.35	2.57

2015年，伴随着“一带一路”战略的深入推进，境外投资保持快速发展。1~9月，北京市企业境外直接投资累计70.9亿美元，同比增长73.68%，其中，租赁和商务服务业、制造业、信息传输软件和计算机服务业位居前三位。主要特点有：一是大项目带动作用明显，上半年1亿美元以上的项目有9个；二是民营企业仍为境外投资主力，上半年民营企业协议投资额占比高达96.6%；三是投资方式和投资领域多元化，新建、并购、增资多

种方式并存，上半年投资平台类、其他服务业类、科技研发类项目数量排名前三，其中科技研发类项目数量同比增长六成以上。

三、2016年外资外贸发展面临环境分析

2016年是“十三五”规划的开局之年，也是我国经济社会转型发展的关键之年。世界经济曲折分化，各国在国际分工和贸易中的角力和竞争依然激烈，世界经贸格局正在发生变化。在国家构建开放型经济新格局的背景下，京津冀区域协同发展和服务业扩大开放试点将为首都开放型经济发展提供新的契机。

（一）世界经济曲折分化，复苏不确定性因素增多

全球经济仍处于旧格局向新格局转变的时期，多种政治、经济、金融力量碰撞交错，推动世界经济缓慢复苏，但世界经济面临的最大问题是尚未形成全球层面的增长驱动力，全球劳动生产率增长减速，经济潜在增长率下降。IMF预计，2015~2020年发达经济体、新兴经济体潜在增长率分别为1.6%和5.2%，低于金融危机前的2.3%和8.5%。在总体低速的大背景下，不同国家之间经济状况的差异也在扩大。发达国家总体相对较好，经济增速从低谷缓慢爬升；新兴经济体难以恢复到前几年的较高水平，大宗商品价格下跌、资本外流等还可能加大其下行压力。2016年，世界经济低速不均衡复苏的态势仍将持续。美国就业市场状况渐趋好转，失业率和通胀接近长期均衡水平；欧元区和日本得益于低油价、低汇率和宽松货币政策，经济增长有望低速趋稳；新兴市场和发展中国家将经历结构性改革的阵痛，经济发展面临诸多困难，复杂多变的外部环境将对其经济金融稳定形成较大压力。IMF预计2016年全球经济增速将小幅提升至3.6%（见表5~22），比2015年预计提高0.5个百分点。但在世界经济政治不确定因素突出、应对经济下滑政策空间有限的情况下，这一预测存在较大的变数，世界经济的复苏过程依然曲折艰难。

表5~22　　2013~2016年世界经济增长趋势

单位：%

年　份	2013年	2014年	2015年预计	2016年预计
世界经济	3.4	3.4	3.1	3.6
发达国家	1.4	1.8	2.0	2.2
美　国	2.2	2.4	2.6	2.8
欧元区	-0.4	0.9	1.5	1.6
日　本	1.6	-0.1	0.6	1.0
新兴市场和发展中国家	5.0	4.6	4.0	4.5

资料来源：IMF，《世界经济展望》，2015年10月。

（二）全球贸易投资低位徘徊，世界经贸格局正在发生变化

当前全球贸易处于低迷期，发达经济体、发展中经济体和资源输出国的进口需求均呈下滑态势。发达国家实施再工业化战略，经济复苏取得成效并没有提升进口需求，新的经济模式降低了对进口的依赖程度。发展中国家推进出口导向型战略，但融入全球价值链后，由于成本优势减弱进一步削弱了进口需求。大宗商品价格下跌使资源输出国的国民收入降低，进口需求随之减弱。另外，由于全球需求不振派生的贸易壁垒丛生、全球汇率市场波动、跨国公司收缩全球布局、地缘政治风险等问题，也对全球贸易产生了负面影响。2015年10月，WTO将2015年全球贸易增长预期由4月的3.3%下调至2.8%，将2016年的全球贸易增长预期从4.0%微调至3.9%，均明显低于过去20年5%的平均水平，其中发达国家出口量增长3.9%，发展中国家出口量增长3.8%（见表5~23）。**从跨国投资来看**，受世界经济复苏乏力、全球产业分工格局调整、国际金融市场波动等因素共同影响，近两年全球跨国投资低位下行。虽然2015年发达经济体经济增速回升推动跨境并购蓬勃发展，各国外资政策总体更趋开放，有望促进跨国投资企稳，但从长期来看，发达国家新增长点尚未出现，再工业化战略使得跨国公司收缩全球供应链，均将影响国际投资需求。贸发会议预计，2016年和2017年全球FDI将分别上升至1.5万亿美元和1.7万亿美元，但仍远低于2007年创下的2万亿美元的历史纪录。

表5~23　　2013~2016年世界贸易增长趋势

单位：%

年　份	2013年	2014年	2015年预计	2016年预计
世界货物贸易量	2.5	2.5	2.8	3.9
出口：发达国家	2.2	2.0	3.0	3.9
发展中国家	3.8	3.1	2.4	3.8
进口：发达国家	-0.1	2.9	3.1	3.2
发展中国家	5.2	1.8	2.5	5.2

资料来源：WTO，《贸易快讯》，2015年9月30日。

在国际贸易投资长期低迷的背景下，国际经贸规则体系面临深刻变化与调整。多边贸易体制艰难推进，WTO规则被束之高阁，发达国家采取重构国际贸易秩序战略，启动TISA（国际服务贸易协定）、TPP（跨太平洋伙伴关系协议）、TTIP（跨大西洋贸易与投资伙伴关系）谈判，新一轮以区域为主的全球贸易规则正在确立。其中，由美国主导的包括12个成员国的TPP于10月5日完成实质性谈判，随后欧盟与美国在TTIP的谈判也取得一定进展。作为区域经济一体化的主要形式，自由贸易区具有贸易创造效应，对促进成员间经济融合起着重要的推动作用，但客观上也可能产生贸易转移效应，对成员国与区外国家的合作造成一定冲击。全球经济缓慢复苏的过程也是新国际产业分工格局形成的过程，此轮全球经济调整的最终结果可能是全球化和去全球化两种力量的平衡，国际贸易将呈现高端贸易全球化、常规贸易区域化的特点。

延伸阅读：跨太平洋伙伴关系协定（TPP）

由美国主导的TPP谈判已于10月取得实质性进展，涉及零关税、包括货物、服务全部自由流动等内容，成为亚太地区覆盖国家范围最多的区域贸易协定。这一协定将我国排除在外，对下一步我国外贸企业扩大业务将产生重要影响。有关研究表明，由于TPP导致的出口分流与利益损失将使我国GDP减少2.2%。尽管TPP最终协议签署尚需一年左右过渡期，但是TPP对中国外商直接投资的影响已经显现，2015年美国对中国投资下降20%左右。2016年，TPP将通过影响我国利用外资进而间接影响货物贸易。

（三）全球资金无序流动，人民币汇率弹性增强

各国经济形势的分化导致政策取向的分化，全球央行货币政策失衡的矛盾依然存在，美国的货币紧缩与欧、日的货币宽松并存，新兴经济体货币政策左右为难，为国际资本跨境套利提供了新的机会，资本无序流动的风险凸显，国际金融市场震荡加剧。全球经济复苏的不均衡和货币政策的分化带来全球汇率的持续波动，美元指数一年来上涨了15%左右，新兴国家货币持续承压，特别是资源输出国货币贬值压力加大。2005年7月汇率改革至今，人民币进入长期单边升值通道，国际清算银行测算人民币实际有效汇率累计升值55.5%。中国人民银行2015年8月10日决定完善人民币兑美元汇率中间价报价，加大市场决定汇率的力度，人民币名义有效汇率指数和实际有效汇率指数明显下降。国际货币基金组织宣布人民币于2016年10月纳入特别提款权（SDR），人民币币值稳定动力将增强。同时，伴随着货币互换政策的实施以及离岸金融市场的建立，人民币国际化进程也在不断加速。

延伸阅读：特别提款权（SDR）

特别提款权（Special Drawing Right，SDR），亦称“纸黄金”（Paper Gold），最早发行于1969年，是国际货币基金组织根据会员国认缴的份额分配的，可用于偿还国际货币基金组织债务、弥补会员国政府之间国际收支逆差的一种账面资产。其价值目前由美元、欧元、人民币、日元和英镑组成的一篮子储备货币决定。会员国在发生国际收支逆差时，可用它向基金组织指定的其他会员国换取外汇，以偿付国际收支逆差或偿还基金组织的贷款，还可与黄金、自由兑换货币一样充当国际储备。因为它是国际货币基金组织原有的普通提款权以外的一种补充，所以称为特别提款权。

2015年11月30日，国际货币基金组织正式宣布人民币2016年10月1日加入SDR(特别提款权)。2016年10月1日，特别提款权的价值由美元、欧元、人民币、日元、英镑这五种货币所构成的一篮子货币的当期汇率确定，所占权重分别为41.73%、30.93%、10.92%、8.33%和8.09%。

延伸阅读：人民币国际化步步为营

如果将纳入SDR作为人民币国际化的一个重要阶段，那么央行2015年在这方面的工作可以用“步步为营”来形容，这一点在8月份以后体现得更为明显。

第一步，8月11日，央行完善人民币对美元汇率中间价。这其实就是人民币“入篮”之前的第一个准备动作。很多人注意到，在这项改革措施中有这样一句话，“综合考虑外汇供求情况以及国际主要货币汇率变化向中国外汇交易中心提供中间价报价”，这与中国外汇交易中心12月11日正式发布CFETS人民币汇率指数形成了呼应。

之后，人民币国际化相继跨出了三大步：人民币跨境支付系统（一期）成功上线运行，中国采纳国际货币基金组织数据公布特殊标准（SDDS），资本账户放开稳步实施。

10月底，央行正式发布的《进一步推进中国(上海)自由贸易试验区金融开放创新试点 加快上海国际金融中心建设方案》提出，计划在自贸区内率先实现人民币资本项目可兑换。

央行货币政策二司司长邢毓静认为，随着人民币国际化水平的提高，从国际货币基金组织40项指标来看，人民币资本项目可兑换程度其实已经非常高了。今后还会继续遵循市场需求，在促进贸易投资便利化的前提下，在整个风险可控的前提下，稳妥有序地推动人民币资本项目可兑换。

10月9日，财政部宣布从第四季度开始，按周滚动发行3个月记账式贴现国债。随着“入篮”SDR必备的国债品种的推出，人民币“入篮”SDR就进入了倒计时阶段

《证券日报》记者：闫立良

（四）国际大宗商品价格维持低位，下降幅度或将收窄

目前大宗商品市场的跌势是20世纪80年代以来范围最广、程度最深的，且短期内难有回升迹象，很可能成为与上涨“超级周期”相对应的“超级熊市”。究其原因，主要是全球经济增长乏力的大背景下需求放缓、产能过剩和美元升值三大因素。2016年国际市场原油、铁矿石、粮食等大宗商品供应依然维持宽松局面，而美元即将进入加息周期，以美元计价的大宗商品价格将相对回落；加之地缘政治因素将加大国际原油等产品价格走势的不确定性。主要大宗商品供需、货币两方面因素都难以对市场构成强力支撑，预计

国际大宗商品价格难以出现明显反弹。但经过近年来的震荡走低，能源资源领域投资明显下降，价格下跌空间有望收窄，全年走势基本表现为低位震荡徘徊（见表5~24）。在世界经济没有全面转好、商品需求没有实质恢复的情况下，市场的稳定和复苏有赖于供应方压缩产能、供需双方消化前期库存，在较低价格水平上达成新的平衡。

表5~24　　国际商品市场价格走势

单位：美元计价，年率，%

时期	1997~2006年	2007~2016年	2011年	2012年	2013年	2014年	2015年预计	2016年预计
制成品	0.3	0.8	6.4	0.5	-1.1	-0.6	-4.1	-0.7
石　油	12.2	-2.4	31.6	1.0	-0.9	-7.5	-46.4	-2.4
非燃料初级产品	2.2	0.4	13.9	-10.0	-1.2	-4.0	-16.9	-5.1
食　品	-0.1	2.0	14.8	-2.4	1.1	-4.1	-16.8	-4.7
饮　料	0.2	4.5	13.8	-18.6	-11.9	20.7	-4.7	-1.2
农业原材料	-0.6	1.0	5.0	-12.7	1.6	1.9	-11.8	-1.4
金　属	8.9	-3.0	17.4	-16.8	-4.3	-10.3	-22.3	-9.4

注：制成品：占发达国家货物出口83%的制成品的出口单位价值；

石　油：英国布伦特原油、迪拜原油及西德克萨斯原油的平均价格；

非燃料初级产品：以2002~2004年在世界初级产品出口贸易中的比重为权数。

资料来源：国际货币基金组织，《世界经济展望》，2015年10月，表A9。

（五）对外开放进程深入推进，为对外贸易创造新的增长空间

2015年以来，中国继续积极发展多双边经贸关系，截至目前已与22个国家和地区达成14个自贸协定，并与有关国家共同推进《区域全面经济伙伴关系协定》（以下简称RCEP），中、日、韩自贸区、中国—东盟自贸区升级等谈判取得进展。同时，积极深化自贸试验区改革，扩展上海自贸试验区区域范围，在广东、天津、福建新设3个自贸试验区，逐步推广自贸试验区的改革创新成果，提高贸易便利化、自由化水平。伴随“一带一路”战略的深入推进，中国与沿线国家签订了服务贸易合作协定，国务院出台的《关于推进国际产能和装备制造合作的指导意见》进入实施阶段。同时，公布实施的《关于构建开放型经济新体制的若干意见》，从创新外

商投资管理体制、建立促进走出去战略的新体制、构建外贸可持续发展新机制、优化对外开放区域布局、加快实施“一带一路”战略、拓展国际经济合作新空间、构建开放安全的金融体系等多个方面入手，出台了一系列举措，将为中国外贸发展营造良好的制度环境。另外，金融危机后，我国大型企业积极开展海外资产并购、重组等活动，为开拓国际市场创造了良好机会。特别是对美欧企业的并购，不仅获得了先进的技术、研发能力、国际品牌和国际销售渠道，而且对于企业提升现有技术能力、提高全球价值链位势具有重要意义。

随着对外开放进程深入推进，对外贸易与对外投资相互促进的局面正在形成，为外贸发展增添了新的动能。随着综合国力的不断增强，中国在全球治理体系中的地位和话语权不断提升，也为北京深度参与国际分工、提高全球资源配置中的作用、打造成为全球城市网络的主要节点提供重要契机。北京是新亚欧大陆桥和中蒙俄经济走廊的重要节点城市，以此为突破口主动融入国家“一带一路”战略，加强与沿线国家的关键通道建设，加强科技和人文交流，有利于形成首都对外开放新格局。

延伸阅读：开放型经济新体制“新”在何处

2015年9月17日，《关于构建开放型经济新体制的若干意见》（以下简称《意见》）正式发布。该《意见》分构建开放型经济新体制的总体要求，创新外商投资管理体制，建立促进走出去战略的新体制，构建外贸可持续发展新机制，优化对外开放区域布局，加快实施“一带一路”战略，拓展国际经济合作新空间，构建开放安全的金融体系,建设稳定、公平、透明、可预期的营商环境，加强支持保障机制建设，建立健全开放型经济安全保障体系11部分内容。《意见》关于如何在外商投资、走出去战略、外贸和国际经济合作等领域建立新体制具有四大看点。

外商投资：创新管理体制

《意见》提出四个方面的内容：统一内外资法律法规；推进准入前国民待遇加负面清单的管理模式；完善外商投资监管体系；推动开发区转型升级和创新发展。根据《意见》，在做好风险评估的基础上，分层次、有重点放开服务业领域外资准入限制，推进金融、教育、文化、医疗等服务业领域有序开放，放开育幼养老、建筑设计、会计审计、商贸物流、电子商务等服务业领域外资准入限制，进一步放开一般制造业。

走出去战略：建立新体制

在对外投资合作方式创新上，《意见》明确，允许企业和个人发挥自身优势到境外开展投资合作，允许自担风险到各国各地区承揽工程和劳务合作项目，允许创新方式走出去开展绿地投资、并购投资、证券投资、联合投资等。

《意见》鼓励有实力的企业采取多种方式开展境外基础设施投资和能源资源合作。促进高铁、核电、航空、机械、电力、电信、冶金、建材、轻工、纺织等优势行业走出去，提升互联网信息服务等现代服务业国际化水平，推动电子商务走出去。

外贸：构建可持续发展新机制

《意见》提出建立健全服务贸易促进体系。要求扩大服务贸易规模，依托大数据、物联网、移动互联网等新技术，推动服务业转型，制定与国际接轨的服务业标准化体系，促进服务外包升级等。在提升贸易便利化水平方面，《意见》指出，强化大通关协作机制，加快国际贸易"单一窗口"建设，加快一体化通关改革，整合和规范进出口环节经营性服务和收费。

国际经济合作：拓展新空间

《意见》提出，要坚持世界贸易体制规则，维护多边贸易体制在全球贸易投资自由化中的主渠道地位，坚持均衡、普惠、共赢原则，反对贸易投资保护主义。《意见》明确提出，要全面参与国际经济体系变革和规则制定，在全球性议题上，主动提出新主张、新倡议和新行动方案，增强我国在国际经贸规则和标准制定中的话语权。此外，要建立高标准自由贸易区网络。加快实施自由贸易区战略，坚持分类施策、精耕细作，逐步构筑起立足周边、辐射"一带一路"、面向全球的高标准自由贸易区网络，积极扩大服务业开放，加快推进环境保护、投资保护、政府采购、电子商务等新议题谈判，积极推进国际创新合作。

（六）服务业扩大开放试点的落实将推动北京市形成与国际更加接轨的开放新格局

2015年，国务院印发《关于北京市服务业扩大开放综合试点总体方案的批复》，北京市成为全国首个服务业扩大开放综合试点城市。按照试点总体方案要求，北京市服务业开放综合试点聚焦科学技术服务、互联网和信息服务、文化教育服务、金融服务、商务和旅游服务、健康医疗服务六个领域，逐步扩大向各类资本开放，降低或取消外资股权比例限制、部分或全部放宽经营资质和经营范围限制，实现投资主体多元化，以开放促改革、促发展，加快北京服务业的升级和换代。同时强调深化对外投资管理体制改革，通过实行"备案制"等管理创新，帮助本土企业积极开拓国际市场，加快企业“走出去”步伐，更好发挥两个市场、两种资源优势，拓宽本土企业发展空间，提升国际竞争力。提出要优化五大配套支撑体系，通过创新体制机制，转变政府监管和服务方式，构建科学规范、高效透明的服务业促进体系，建设国际化、市场化、法治化的营商环境，为开放提供有效保障。服务业扩大开放试点的落实，将有利于充分发挥服务业的比较优势，推动服务业扩大开放向纵深发展，形成与国际接轨、符合功能定位的开放新格局，也会积累形成在全国可复制可推广的经验，成为国家全方位主动开放的重要实践，为探索开放型经济新体制做出贡献。

（七）京津冀协同发展和深入落实首都功能定位有利于提升首都开放型经济水平

2015年6月《京津冀协同发展规划纲要》发布，对三地协同发展做出了系统的顶层设计，对三地产业发展定位进行了分工协作和错位发展，并强调有序疏解北京非首都功能是京津翼协同发展的关键环节和重中之重。北京对外贸易和投资也将置于京津冀协同发展的国家大战略背景下进行。三地将立足各自的比较优势、立足现代产业分工要求、立足合作共赢理念，注重协同发展，在区域内形成产业合理分布和上下游联动机制，促进区域外贸发展和格局优化。京津冀协同发展战略的实施，为首都开放型经济发展的重新定位提供了新的历史性契机，有利于奠定北京在京津冀地区的龙头和产业链条中的高端地位，充分整合资源，提升北京走出去的竞争能力，提升北京开放型经济水平。

四、2016年北京市外资外贸发展形势判断

2016年对外贸易面临的国内外环境仍然错综复杂。在外部需求难有明显改善、竞争优势受到多重挑战的情况下，在国家促进外贸稳定增长政策继续显效和推动变革系列举措的影响下，预计北京市对外贸易将继续呈现分化运行态势，货物贸易仍将低位运行，服务贸易则呈现快速增长态势。国际双向投资均将保持快速增长，与首都经济社会转型特征相协调，区域分布、行业分布将进一步优化。

（一）货物贸易降幅有所收窄，服务贸易继续保持快速增长

在外部需求难有明显改善、竞争优势受到多重挑战的情况下，我国对外贸易继续保持减速换挡的运行特点，预计2016年进出口总额仍将保持低速增长。随着非首都功能的进一步疏解，手机、服装制造等部分制造业将逐步外迁，将对我市外贸产业基础造成较大影响，拉低货物贸易进出口额。同时，随着我市跨境电子商务等新型贸易方式的进一步发展，将在一定程度上带动货物贸易进出口的增长。而服务业扩大开放将进一步促进服务贸易的发展。预计2016年货物贸易依然呈现下降态势，但降幅将有所收窄，且结构继续优化，服务贸易则继续保持快速增长。

原油等大宗商品进口依然呈现量增价跌的态势，带来进出口总额小幅减少。尽管国内需求改善有限，但出于"稳定资源性产品进口，完善国家储备体系，支持和鼓励企业建立商业储备"的需要，资源性产品的进口数量会继续保持增长，受价格低位的影响预计进口额会小幅下降但降幅收窄。大宗商品量增价跌会带动整体货物贸易呈现小幅下降的运行态势。

一般贸易出口所占比重继续提高，引领贸易方式持续优化。随着科技创新能力的提升，双自主产品的出口将有所加快，而非首都功能的进一步疏解将减弱传统制造对出口的贡献，一般贸易出口所占比重继续提高，引领贸易方式持续优化。同时，机电产品和高新技术产品出口或将企稳。在发达国家制造业回流的影响下，高技术产品面临的国际竞争强度加大，同时世界各国需求恢复缓慢，非劳动密集型产业面临更大的市场压力。但北京市加快构建高精尖产业体系，产业实力不断增强，特别是在国家落实"一带一路"战略中，通过深入开展与沿线国家的国际产能和装备制造合作，有望带动国内高端装备产品的出口，加之上年低基数的影响，机电产品出口增长有望企稳。

服务贸易有望保持较快增长。随着全球价值链日益向服务环节拓展，以技术、业务流程、管理和制度创新为主要内容的服务创新将成为全球价值链增长的主要动力源。在支持服务外包、加快发展生产性服务业等政策的出台以及服务贸易交易会、科博会、文博会等一系列促进平台的推动，

特别是服务业扩大开放试点各项措施的实施以及贸易便利化与监管模式的创新，将推动服务贸易实现快速增长。同时，高端化引领态势明显。服务外包、技术贸易、文化贸易等体现首都文化、科技创新优势的重点领域，正成为服务贸易新的增长点。深入开展与沿线国家的国际产能和装备制造合作，可带动工程承包、研发设计、施工建设、装备供应、运营维护等与制造业密切相关的服务贸易发展，也将促进第三方咨询和认证、金融保险、物流采购等服务业企业走出去。

民营企业进出口仍将保持较快增长。受益于国家简政放权、贸易便利化等政策影响，民营企业进出口增速仍将保持较高水平。同时，不少进出口企业加快转型升级步伐，优化商品结构、市场结构，探索新型贸易方式，开展对外投资拓展国际营销网络，提升在全球价值链中的地位，一批具有自主创新能力的龙头企业和新的优势产品正在涌现，将逐步成为带动外贸发展的新生力量。

（二）国际双向投资保持同步快速增长，区域分布和行业结构进一步优化

随着习近平总书记"一带一路"战略的提出，中美之间以"负面清单"为主要内容的双边投资协定谈判的加快推进，以及上海自贸区可复制改革试点经验推广，我国对外开放形势发生了深刻变化，北京对外开放也进入了一个新的阶段，整体呈现出招商引资和境外投资良性互动的双向投资主导新格局。

外商直接投资保持平稳增长，投资结构和布局与功能定位要求更加吻合。在国际资本竞争日趋激烈、国内生产成本持续上升和我市加快非首都功能疏解的背景下，传统领域对外资的吸引力在减弱。但我国不断改善外商来华投资环境，我市将进一步加大服务业扩大开放的力度，放宽外资在服务业相关领域的准入限制，将推动我市外商直接投资规模扩大和质量提升。在行业流向上，将以首都城市功能定位为根本，服务主导的格局更为强化，先行试点的六大领域增长将更为迅速。在区域投向上，将围绕"两城两带、六高四新"进行布局，投资分布进一步优化。按照历史经验，

2015北京市合同外资大幅增长的态势会在半年至一年左右反映到实际利用外资上，预计2016年北京市实际利用外资将仍将保持平稳较快增长。

国内企业对外投资的能力和意愿不断增强，对外投资有望保持快速增长。当前国际经济合作在各领域深入发展，我国境外直接投资步入高速发展期，对外投资仍具有较大的提升空间。虽然我国海外投资企业面临部分地区的地缘政治风险、经济风险、法律和文化风险，但国外企业相对较低的市场估值也为国内企业借机加大对技术、品牌等战略资源寻求型投资，促进境外直接投资的跳跃式发展提供了条件。我国正在积极实施“一带一路”战略，国内企业海外投资审批要求不断简化，海外投资企业的融资支持力度不断提升，并与多个国家签订了相关投资协议，这些均有利于对外投资规模的提升。同时，外汇管制的放松以及利用外资和境外投资管理体制改革，为企业跨境资金融通和配置提供了新的空间。但受总体规模偏小、结构不合理等因素的影响，境外投资运行可能会呈现一定波动。

五、相关建议

（一）立足城市功能定位，推进外贸转型升级

以全球高技术产业的价值链分布为坐标，立足城市功能定位，充分发掘北京市技术资源密集的优势，支持“双自主”企业扩大出口，探索与现有高科技创新产业相结合，推动新能源和“双自主”汽车、电子信息、航空航天、医疗器械、节能环保、3D打印、机器人、数控机床等产业走出去，培育外贸增长点，构建“高精尖”的外贸经济结构。针对《国际产能和装备制造合作意见》提出的12个重点行业，选择本市具有发展优势、具有国际化合作条件或需求的重点行业领域，深入研究配套政策和模式创新，加快培育以技术、品牌、质量、服务为核心的竞争新优势，提升“北京创造”和“北京智造”品牌国际影响力。

（二）打造服务贸易新优势，提升服务贸易战略地位

学习借鉴国外先进经验，促进相关制度与国际通行规则接轨，努力增加金融、保险、计算机和信息服务、咨询、通讯、建筑服务等服务出口。

利用北京在服务业领域扩大开放试点的契机，加快教育、文化、医疗等领域服务贸易发展，逐步完善促进我市服务外包、技术贸易、文化贸易等行业发展的政策措施。积极开拓服务贸易新领域，提升资本技术密集型服务和特色服务等高附加值服务在服务贸易中的份额，培育服务贸易新的增长点。提高货物贸易中的服务附加值，促进货物贸易与服务贸易融合式发展，提升"北京服务"的核心竞争力，促进我市服务贸易和外贸转型升级发展。

（三）积极营造政策环境，推动跨境电子商务发展

积极落实《关于促进跨境电子商务健康快速发展的指导意见》，利用"互联网+外贸"实现优进优出，扩大海外营销渠道，推动开放型经济发展升级。鼓励有实力的电商走出去，在海外建立分支机构或与国外电商开展战略合作，构建覆盖全球的网络体系与物流、仓储系统。结合跨境电子商务发展的瓶颈环节，在财政、税收、信贷等方面给予优惠，鼓励支付、检疫、信用评估等第三方企业的发展。建立健全跨境电子商务监管，打造系统化服务与监督管理体系，在通关、结汇、质检、退税等环节建立适宜跨境电子商务的服务监管模式。要充分运用大数据、云计算、物联网、移动互联网等新一代信息技术，构建快捷、安全的跨境服务贸易电子商务新模式。

（四）实行"引资"与"引智"相结合，优化外资利用结构

着力提高利用外资的质量和水平，优化投资环境，为外资投向"高精尖"产业、基础设施、生态环境等领域创造更好的条件。深入落实《北京市服务业扩大开放综合试点实施方案》，加快服务业开放步伐，优化外资利用结构，引导外资投向生产性服务业和文化创意产业，鼓励外资投向战略性新兴产业；按照全市城市功能定位和区域功能定位，引导利用外资区域投向，发挥其在体制创新、科技引领、产业集聚、土地集约利用方面的载体和平台作用，扩大产业聚集效应，加快全市开放型经济发展。坚持引资和引智相结合的原则,积极建立培育和引进高端人才的新机制，在引资的同时引进关联的管理人才和技术人才，增强对国外人才的吸引力度。

（五）创新投资管理体制，推动双向投资良性互动

创新外商投资管理体制，取消现行对外商投资的逐案审批体制，采取准入前国民待遇加负面清单的管理模式，放宽外资准入。转变政府职能，从重事前审批向加强事中事后监管转变，探索建立外资事中事后监管的新模式。创新引资方式和手段，进行多渠道、多方式的招商引资。创新境外投资管理体制。发挥本市科技园区、装备制造业及现代服务业的发展优势，以优势产业或骨干企业为引领，加快推进境外经贸园区建设，带动企业走出去；支持企业跨国并购、股权投资，大力培育本土国际品牌企业和跨国集团，鼓励企业建立海外投资管理中心和公共服务平台，进一步增强企业国际化经营能力。

第六章 农村经济

农业综合服务功能凸显 城乡一体化稳步推进

2015年是“十二五”规划的收官之年，也是北京加大农业调整力度和加快农村经济发展的关键之年，在有序疏解非首都功能、治理“大城市病”和京津冀协同发展的大背景下，北京市依托得天独厚的农业科技含量和超大城市市场优势，加快推动农业由单一生产功能向生活生态涵养和生活功能融合发展，传统农业空间进一步压缩，都市型现代农业发展提质增效，乡村旅游加快提升品质，农民收入保持平稳增长，特色城镇和美丽乡村建设稳步推进，北京市农村经济呈现平稳向好的发展态势。展望2016年，随着“四个中心”首都城市战略定位深入落实和国际一流和谐宜居之都建设大力度推进，“三农”地位和作用将获得重新认识，强农惠农富农力度将进一步加大，都市农业的生态生活功能在首都经济社会发展中的重要地位将更加凸显，农业和农村经济转型升级将为首都可持续发展提供了有力保障和腹地空间。

一、2015年北京市农村经济的主要特征

2015年，北京“三农”工作围绕服务首都城市战略定位，积极推进农业调结构、转方式，传统农业规模进一步收缩，设施农业、观光休闲农业、“互联网+”农业等都市型现代农业发展态势良好，生活生态功能进一步凸显，农村固定资产投资实现正增长，农民收入保持较快增长，小城镇和美丽乡村建设扎实推进。发展特征可概括为：“三增（农民收入稳定增长、

菜篮子鲜食应保品种稳定增长、生态环境建设提质增量）”、“三减（高耗水作物种植加快调减、生猪家禽出栏量减少、农业用水继续调减）”、“四保持（乡村旅游与休闲农业保持良好的发展势头、种业保持良好发展势头、美丽乡村建设保持良好势头、农林水领域协同发展保持良好势头）”。

（一）农业产值持续下滑，生态服务功能增强

伴随首都城市化进程不断加快，农业在北京市经济发展中的份额逐年降低，2015年1~9月，北京市农林牧渔业总产值252.2亿元，同比下降10.2%，扣除价格因素实际下降8.3%。分行业看，按现价计算，增长速度呈现“两增两减”：农业产值99.3亿元，同比增长7.7%；受平原造林后的高基数影响，林业产值40.6亿元，同比大幅下滑40.7%；牧业产值98.2亿元，同比下降8.3%；渔业产值7.7亿元，同比增长13.2%（见表6~1）。与此同时，随着首都生态文明地位的突出，这不足1%经济比重的农业在环境净化、生态涵养、生活休闲、城市宜居等方面的价值却显得愈加重要。2015年，为改善首都生态环境，北京市加快郊区生态建设力度。百万亩平原造林工程带动平原地区森林覆盖率大幅提升，山区人工造林、封山育林等工程继续推进，北京市森林覆盖率从2010年的37%提高到2015年的41.6%，林木绿化率从53%提高到58.4%。大力推进小流域治理，提高水资源利用效率。推动循环农业发展，积极开展农业面源污染和畜禽养殖污染防治，提高农业减源增汇水平。

表6~1　“十二五”时期北京市农林牧渔业总产值增长情况

单位：亿元

	总产值	农业产值	林业产值	牧业产值	渔业产值	服务业产值	一产增加值
2011年	363.1	163.4	18.9	162.7	11.5	6.6	136.2
2012年	395.7	166.3	54.8	154.2	13.0	7.5	150.3
2013年	421.8	170.4	75.9	154.8	12.8	8.0	159.6
2014年	420.1	155.1	90.7	152.7	13.2	8.4	159
2015年1~9月	252.2	99.3	40.6	98.2	7.7	6.4	101.1

延伸阅读：北京都市型现代农业生态服务价值超过3400亿元

根据北京都市型现代农业生态服务价值监测指标和测算方法体系，北京市统计局、国家统计局北京调查总队与市园林绿化局、市水务局等四部门对2014年北京市森林、农田、草地、湿地四大生态系统的生态服务价值进行了测算，监测结果如下（见表6~2）：2014年北京都市型现代农业生态服务价值年值为3434.57亿元，比上年下降0.4%；贴现值为9850.36亿元，比上年增长4.4%。从构成看，直接经济价值为461.47亿元，比上年增长4.2%，占总价值的13.4%；间接经济价值为1237.84亿元，比上年增长3.4%，占总价值的36.1%；生态与环境价值为1735.26亿元，比2014年下降4.1%，占总价值的50.5%。

表6~2　　2014年北京都市型现代农业生态服务价值及其增长速度

指标名称	年值		贴现值	
	2014年（亿元）	比上年增长（%）	2014年（亿元）	比上年增长（%）
都市型现代农业生态服务价值	3434.57	-0.4	9850.36	4.4
一、直接经济价值	461.47	4.2	461.47	4.2
1．农林牧渔业总产值	420.07	-0.4	420.07	-0.4
2．供水价值	41.40	95.6	41.40	95.6
二、间接经济价值	1237.84	3.4	1237.84	3.4
1．文化旅游服务价值	630.26	5.3	630.26	5.3
2．水力发电价值	5.17	45.0	5.17	45.0
3．景观增值价值	602.41	1.2	602.41	1.2
三、生态与环境价值	1735.26	-4.1	8151.05	4.6
其中：气候调节价值	592.57	-8.5	1702.76	-15.2
水源涵养价值	150.96	-19.4	261.36	-9.0
环境净化价值	111.42	-8.8	948.62	2.9
生物多样性价值	666.02	4.7	2836.42	28.2
防护与减灾价值	206.11	2.0	1471.71	7.2
土壤保持价值	1.43	-13.3	7.43	-2.9
土壤形成价值	6.75	-46.6	141.75	-46.6

注：1．年值即年产出价值，是指一年内所产出的都市型现代农业生态服务价值。
2．贴现值是将未来n年所产生的生态与环境价值（年值）进行折现后，再与直接经济价值和间接经济价值相加得到的总价值。目前体系只对森林生态系统的生态与环境价值进行了贴现，贴现率取值为5%。

（二）传统农业规模收缩，结构调整加快推进

种植业规模持续缩小。2015年，受平原造林工程、种植结构调整、密云水库库区限种、首都二机场建设占地等因素影响，以及首都农业落实粮食生产调减的要求，高耗水作物加快退出，种植业生产规模持续收缩。数据显示，小麦种植面积同比下降10万亩，秋粮生产面积为125.7万亩，同比下降13.2%，水生蔬菜等高耗水蔬菜播种面积由2013年的1.7万亩减少到2015年的2400亩。与此同时，北京市一半以上的小麦种植面积采用半固定式喷灌，房山区全国农业水价改革试点顺利启动，节水效果明显。

养殖业规模下降明显。2015年，在京津冀协同发展和加快生态环境建设的背景下，北京市出台了《北京市新增产业的禁止和限制目录》，养殖业被列为限制发展的产业，受资源环境约束影响，养殖业规模下降明显。1~9月，北京市生猪出栏214.9万头，同比下降7.3%；存栏168.7万头，同比下降6.7%。家禽出栏4985.1万只，同比下降11.3%；存栏2288.3万只，同比下降11.9%（见表6~3）。

表6~3　　北京市2015年1~9月主要农产品生产情况

	产量/出栏			产值（亿元）	
	单位	本年	增长（%）	本年	增长（现价）（%）
生　猪	万头	214.9	-7.3	32.1	1.4
牛　奶	万吨	43.6	1.0	16	-16.5
家　禽	万只	4985.1	-11.3	14.6	-10.5
禽　蛋	万吨	14.8	4.2	18.3	-3.4

设施农业结构调整优化。2015年，北京市各区县加大老旧设施大棚改造力度，生产效率较低的中小棚所占比重逐步下降，大棚比重持续上升。同时不断调整优化设施农业种植结构，推广新品种新技术，农户较多种植生产周期短、产量高的蔬菜，促进设施农业提质增效。1~9月，北京市农业设施实际利用占地面积同比下降3.5%的情况下，播种面积同比增长8.5%，实现收入同比增长9.4%。与此同时，代表“高精尖”的种业继续保持全国领先地位。完

成10万亩籽种田生产，较2014年翻一番，在全国范围内建有的种子生产基地达到72.6万亩。玉米、西瓜、蛋种鸡等优势品种市场占有率保持高位。

（三）都市农业提质增效，生态生活功能凸显

观光休闲农业发展良好。2015年，北京市郊区休闲农业积极调整经营策略，瞄准不同消费群体，通过团购、节日礼盒装、举办农业会展及农事节庆活动等方式适应市民多样化发展需求，积极培育特色沟域和山区生态服务型经济，世界马铃薯大会、中国兰花大会、第三届农业嘉年华等农业会展成功举办，如昌平的农业嘉年华、平谷的桃花音乐节、通州农园节、门头沟的玫瑰花谷、大兴的月季主题园、房山的梯田景观、怀柔的景观农业、顺义的舞彩浅山、延庆的四季花海和百里画廊、密云的乡村大舞台等，都吸引了大批游客前往，观光休闲农业品质持续提升、效益稳步增长。1~9月，民俗游接待游客1622.3万人次，同比增长15.8%，农业观光园累计接待游客1339万人次，同比增长2.2%，实现收入18.6亿元，同比增长9.7%。其中怀柔、密云、延庆三个区县民俗旅游收入5.3亿元，同比增长21.1%，占北京市的比重为54.3%。

“互联网+农业”取得新进展。2015年，北京市休闲农业与乡村旅游的5059个图点实现百度地图标注，每周检索量约150万次，为60%的休闲农业出行者提供了服务。200多个民俗村、500多个民俗户、900多个休闲农业园区注册了新浪微博，直接关注人数超过1000万人。此外，还开展“凤凰乡村游，体验新农村”活动，市民在京郊休闲旅游刷卡消费金额超过100亿元。借助京东商城、我买网、美团网、大众点评、百度糯米等网站，培育沱沱工社、任我在线等生鲜农产品电商企业，扩大首都农产品销售渠道。

（四）资源要素向郊区流动，农村投资呈现正增长

2015年，北京市各区县加大项目推进力度，市行政副中心和大兴新机场建设全面启动、郊区农电改造、河道治理等工程加快推进，京郊旅游快速发展带动旅游休闲产业升级改造，中国兰花大会（房山）等会展的举办和冬奥会（延庆）、世界园博会（延庆）等会展的筹办，推动郊区农村固定资产投资呈现快速增长态势。1~9月，北京市农村固定资产投资完成525亿元，同比增长11.7%，扭转了2014年以来农村固定资产投资持续下降的趋势，三产投资370亿元，同比增长43.4%，是拉动农村固定资产投资增长的主要因素。

（五）农民收入稳定增长，工资收入贡献明显

2015年，受劳动力就业市场稳定、劳动用工成本上升、各项社会保障标准提高等利好因素带动，北京市农村居民收入保持平稳增长态势。1~9月，北京市农民人均可支配收入16450元，同比增长9.3%，扣除物价因素实际增长7.4%，明显好于同期6.6%的城镇居民收入实际增速和6.7%的经济增速。从收入来源看：1.7万农村劳动力实现了转移就业，农民工资性收入为12032元，同比增长11.8%，增收贡献率为90.6%，成为农民增收的主要拉动力；在农村改革的拉动下，农民租金收入和集体股息红利收入大幅增长，带动财产性净收入达到1132元，同比增长50.3%；受农业农村经济结构调整和疏解非首都功能导致物流业受限两大影响，经营性净收入1818元，同比下降9.0%，值得高度关注。此外，低收入农户增收长效帮扶机制取得显著进展，北京市财政出资9000万元，区县财政按照不低于1:1的比例配套，在大兴区、密云县试点开展了以异地购置物业形式，支持低收入村获得长期收益。1~9月，北京市20%低收入农户人均可支配收入7358元，增长12.5%，明显高于农民整体4.2个百分点。预计2015年能够如期实现“两个高于”（农民增收速度高于城镇居民，低收入农户增收速度高于北京市农民平均水平）的目标（见表6~4）。

表6~4　“十二五”时期北京市农民收入增速情况（%）

指标名称	2011年	2012年	2013年	2014年	2015年前三季度
全市GDP增速	8.1	7.7	7.7	7.3	6.7
农村居民收入实际增速	7.6	8.2	7.7	8.6	7.4
低收入农户收入实际增速	10.0	10.6	11.0	10.8	10.4
城镇居民收入实际增速	7.2	7.3	7.1	7.2	6.6

延伸阅读：北京多渠道促农民增收

2015年，北京市最低工资标准由每月1560元提高到1720元，发布企业工资指导线（平均增长10.5%），各区县也多渠道促进农民就业。如大兴区对于用人单位招用新机场建设地区劳动力，除了落实相关岗位补贴和社保补贴外，再给予每人每年2000元岗位补贴（不超过5年）；顺义区将平原造林管护项目吸纳本地农民就业比重提高到80%（全市规定平原造林管护工作本地农民不低于60%），促进管护人员"签合同、上保险、保工资"，现已落实3200名农民就业；房山区通过农业生态谷、兰花大会等重点工程促进农民就业。

（六）郊区城镇化步伐提速，美丽乡村稳步推进

2015年，北京市继续把城乡发展一体化作为解决"三农"问题的根本途径，加快体制机制建设，持续加大资金投入，城乡一体化发展方面取得显著成效。城乡结合部改造深入实施，编制《城乡结合部建设三年行动计划》，50个重点村旧村拆除任务全面完成，安置房全部开建，36个村已经回迁，实现拆迁还绿14.2平方公里。"一绿"地区城市化建设试点扎实推进，通州新型城镇化综合试点积极推进。小城镇积极吸引社会资本参与基础建设，采用BOT、PPP模式实施污水处理、集中采暖等工程建设，共完成投资11.9亿元。美丽乡村建设继续推进，120万吨的"减煤换煤"、5万户的"煤改电"、20个村庄天然气入户取暖工程、10万户农宅抗震节能改造等任务顺利实施，取得了良好的效果。研究制定了《北京市传统村落建筑修缮技术指导意见》、《关于北京市传统村落保护发展规划编制要求及审查程序的指导意见》等政策，支持马栏村等3个中国传统村落编制保护发展规划，推动传统村落保护。制定完善了《北京市美丽乡村建设标准》，按照15%的村庄比例开展了美丽乡村建设。研究制定了北京市新型农村社区建设标准，对新型农村社区试点建设进行评估，指导社区试点建设。

表6~5　2014年北京市“十二五”时期城乡一体化核心指标完成情况

类 别	指标	单位	2014完成情况
经济发展	都市型现代农业生态服务价值年值年均增速	%	-0.4
	第一产业劳动生产率	元	81816
	发展新区GDP占全市比重	%	21.1
	远郊区县万元GDP水耗	立方米	45
基本公共服务	市政府用于远郊区县固定资产投资比重	%	53.3
	农村合作医疗参合率	%	99.5
	城乡居民人均养老保险待遇水平	元	470（2013）
	九年义务教育完成率	%	97.89
城乡居民生活	农村居民人均纯收入增速	%	8.6
	农村居民家用计算机普及率	%	69.7
	农村居民家庭清洁能源普及率	%	96.7
城乡环境建设	山区县森林碳汇	万吨	10176
	郊区污水处理率	%	64.1
	远郊区县垃圾无害化处理率	%	98.8
城乡社会管理	村务公开满意度	%	66.1
	农村居民对社会管理及服务满意度	%	76.1

注：1．发展新区GDP占全市比重中发展新区含亦庄开发区。
2．远郊区县万元GDP水耗不含亦庄开发区。
3．郊区污水处理率为远郊区县水平，含亦庄开发区。

二、当前北京市农村发展需关注的问题

（一）乡村旅游有待规范发展和提升品质

近年来，北京市乡村旅游发展迅猛，但日渐显现的问题不容忽视，主要表现为：各区县旅游产品同质化强、特色不特、品质不高，不仅造成重复建设和资源浪费，还导致游客多以短期观山赏景为主，游客停留时间短、人均消费低，旅游“粘性”差，乡村旅游始终在低水平徘徊。数据显示，2015年北京市观光园游客平均逗留天数不足1天，民俗旅游人均消费不到百元，乡村旅游收入的提高主要靠接待人流量带动。此外，乡村旅游经营主体不合法不合规的问题也比较突出，农民利用自有住宅接待游客时，由于其规模小、设施有限，不能满足现有的住宿业许可要求，不能申

请公安部门颁发的《特种行业许可证》，大多数未能获得经营住宿业的许可；很多农民住宅受性质、结构、条件等因素限制，达不到消防部门的相关验收标准，拿不到消防许可证，影响其它他相关营业执照的审批办理，不利于北京乡村旅游的长远发展。

（二）小城镇对高端资源要素吸引力不足

小城镇是北京农村城镇化的重要节点，在新型城镇化建设中具有不可替代的地位和作用，但小城镇建设中"缺规划、缺产业、缺资金、缺农民主体地位"的问题突出，主要表现为：郊区小城镇基础设施和公共服务水平依然较低，在疏解非首都功能中，对中心城人口和产业转移的吸引力、承载力不强，"微中心"尚未形成，制约了郊区首都发展战略腹地功能的充分发挥。究其原因：一是小城镇规划的先导作用发挥得仍然不够，特别是在城镇发展、土地利用、产业发展和社会事业等专项规划上统筹衔接不够，有的乡镇只编制了总体规划，还没有编制经济社会发展规划。二是镇域经济不强、发展缺乏特色。大部分小城镇以民俗旅游、农产品加工、服装加工等低技术含量、低投资强度、低档次产品的行业为主要产业，经济结构单一，发展模式趋同。三是重点镇带动能力不强。北京42个重点镇大多数没有形成较大规模的产业园区，无法有效进行产业、人口、资源的集聚，产业园区土地开发、配套基础设施建设不到位影响企业入驻，对周边其他小城镇的支撑带动作用大打折扣。四是小城镇建设和管理水平普遍不高。部分已经通过改造迁入社区的村庄，基础设施和公共服务设施还不健全，道路、污水处理、教育、医疗、养老等公共设施建设仍显不足，加之缺乏比较成熟的公共设施维护机制，造成部分基础设施存在损毁现象，大量已建成的公共服务设施存在运转困难。

（三）农民实现持续增收的难度不断加大

虽然北京市农民收入已连续多年保持较快增长，但经济进入新常态，影响农民持续增收的不确定因素也在逐渐增多。一是当前农民收入水平已达到了一个较高基数，而农民自主就业、创业能力依然较弱，收入没有刚性增长机制，继续维持较快增长的难度不断加大。二是过去一些传统的增收空间、渠道都在变窄，如吃瓦片、传统农业等，北京城乡居民收入的绝对值拉大到2万元以上，且处于继续拉大的趋势。三是农民家庭经营收入增长继续放缓。由于农业发展空间不断收缩，农户经营规模持续下降，农民家庭经营收入增长可能继续放缓。四是当前农民普遍教育程度较低，随着北京市中低端岗位的日趋减少，农民就业难度不断加大，且就业质量不高、稳定性差、收入较低。

（四）农村改革重点领域和关键环节亟待突破

随着城乡一体化进程的深入，当前和今后一段时期，北京市深化农村改革将聚焦于农村集体产权制度、农业经营制度、农业支持保护制度、城乡发展一体化体制机制和农村社会治理制度等主要领域，其重点领域和关键环节亟待突破。首先，当前农村集体资产归属不清、权责不明、保护不严、流转不畅等问题日益突出，已不适应北京市建设国际一流和谐宜居之都的发展要求，全面深化农村集体产权制度改革势在必行。其次，随着工业化、城镇化的快速推进，农业生产组织形式和经营方式深刻变化，“种什么地、谁来种地、谁来建设现代农业”成为北京作为超大城市解决“三农”问题绕不过去的一道坎。再次，北京市农业发展底子薄，农业基础设施投入欠账多，目前的支持保护力度还不能满足发展现代都市型农业的客观需要。事关农民切身利益的集体建设用地入市、土地经营权抵押担保、“三资”运营与监管创新等重大改革任务亟须实现新的突破，为北京农村发展增添新的活力。

三、2016年北京市农村经济发展形势展望

展望2016年，随着京津冀协同发展深入推进、郊区农村基础设施完善、社会资本投资力度加大以及流转土地红利释放，北京市都市现代农业附加值将进一步提高，生态生活服务价值将进一步彰显，小城镇对人口和产业的集聚承载能力有望获得提升，农民收入保持平稳增长，北京城乡一体化进程有望不断加快。

（一）农村发展宏观环境有望持续向好

从国家层面看，党的十八届三中全会提出要进一步加强农村建设投入，加快城乡统筹步伐。自2004年以来，中央一号文件连续第十二次聚焦“三农”，2015年“一号文件[①]”提出加快转变农业发展方式、加大惠农政策力度促进农民增收、城乡发展一体化、全面深化农村改革、加强农村法治建设五个方面核心内容，传递出国家走现代农业道路的信号。从北京层面看，在首都瘦身健体、功能疏解的大趋势下，农林水更多的是要做加法、做乘法，扩大环境容量生态空间。一系列强农惠农富农政策陆续出台，夯实了农业和农村发展基础，中小河道治理和治污投入300亿元，“一绿”、“二绿”和“五河十路”森林养护与平原造林同地同树同政策，编制和实施新一轮的三年治污行动计划，“新三起来”、美丽乡村、减煤换煤工程等。预计随着作为首善之区的北京城乡统筹步伐的加快，2016年农村发展环境将进一步改善向好。

延伸阅读：“新三起来”助力首都城乡一体化

即“暖起来、亮起来、循环起来”这项曾在北京农村地区普遍开展的“三起来”工程后，2013年起以“新三起来”(土地流转起来、资产经营起来、农民组织起来)为主要着力点，首都城乡发展一体化步伐继续推进。

土地流转起来。将农村丰富的静态资源，变为农民可以支配的流动资本，完善农村土地经营体制机制，促进集体土地节约集约利用和适度规模经营，盘活农民的土地财产，不断增加农民的财产性收入。具体内容包括：开展农村土地确权登记颁证工作；引导农村土地承包经营权有序流转；促进集体建设用地集约高效利用等。

资产经营起来。通过发展壮大农村集体经济，建立健全新型集体经济组织的法人治理结构，创新多元化的农村集体资产经营方式和机制，实现农村集体资产保值增值，规范集体经济收益分配机制，切实保障农民的集体收益分配权。具体内容包括：深化农村集体经济产权制度改革；创新农村集体资产经营机制；强化集体“三资”管理等。

---

① 《关于加大改革创新力度加快农业现代化建设的若干意见》。

农民组织起来。提高农民的组织化程度，使农民在参与市场的竞争博弈中真正发挥主体性作用，真正拥有维护自身权益的组织资源。具体内容包括：提升基层组织引领发展能力，鼓励镇、村集体经济组织开展社会化服务；发展农村社区股份合作社、土地股份合作社；鼓励合作社承担各级政府投资的农业综合开发、绿化造林、农业科技等建设项目，为示范合作社配备大学生村官担任理事长助理。

（二）农业向生态涵养和生活服务功能加快转变

农业是贯穿于促进城乡一体化和农民增收的一条主线，农业本身的比较效益低于其他产业，只有与第二、三产融合，一体化发展，才会给北京农村的发展带来新的活力。未来北京市农业将不仅仅是“种粮种菜”，发展的方向将是进一步适应破解首都“大城市病”、建设国际一流的和谐宜居之都的客观要求，向加强生态服务和提升生活品质功能加快转变。从四类功能区定位看，各个区域生态环境建设的内容和方向也将有明显的区别：功能拓展区的农生态功能的主体是绿化隔离带和郊野公园，目的是既要发展城市，接收城市转移的人口和产业，又要避免市区无限制扩大带来的环境与生态问题，创造良好的小气候，保护较大面积的绿化美化区域；发展新区的农业生态功能主体是平原农业区，首先是第二道绿化隔离带建设，其次是沙化治理和防治农业的面源污染，最后是河湖湿地的修复和村庄环境的整治；生态涵养发展区的农业生态功能是通过森林，流域等生态产品的生产和供给来完成。

（三）“互联网+”将推动北京农村迅速发展

展望2016年，随着国家和北京市农村电子商务发展鼓励政策出台、农产品电商信用体系建立以及农产品物流体系完善，将有助于破解“小农户与大市场”对接难题，帮助诸如“昌平苹果”、“平谷大桃”等优质特色农产品上市，实现产销有效衔接，北京市的各种类型的农业经营主体也可以直接对接市场需求，基于数据挖掘进行定制化、专业化生产，做强首都农业产业。此外，依托首都地缘和市场优势，“互联网+乡村旅游”前景看好，除了可以提高旅游便捷性外，可以进一步积极挖掘乡村文化，最大限度让游客互动体验，让乡村旅游更加丰富多彩，打造京郊特乡村旅游品牌。

延伸阅读：淘宝村成为农村经济发展新兴力量

随着电子商务在中国的发展，目前浙江、江苏、河北等地农村出现了一批专业的“淘宝村”。村里的农民几乎家家户户都以在淘宝上开店为生，成了不折不扣的网商。淘宝村的发展更是极大地促进了经济的发展，原来一些村子的特产之类的，因为没有平台，没有被大多数人熟知而被遗忘。淘宝村的形成以来，促进了这些特产的买卖，同时也使当地的村子更加的富裕。从淘宝村数量、涉及网店总数、就业人数来看，淘宝村都正在步入“大繁荣时代”。从最初的3个淘宝村，到2013年进入统计视野的20个，再到2014年的200多个，淘宝村已然破茧成蝶。

（四）郊区农村将迎来历史性的发展机遇

北京郊区农村是京津冀协同发展的重要节点和支撑，既有疏解非首都功能的责任，也有承接中心城优质资源的条件和空间，具有得天独厚的地缘优势。一是承接首都优质产业资源的机遇。中央明确提出要研究规划建设非首都功能疏解集中承载地和若干“微中心”，培育中小城市和特色小城镇，这对于北京郊区县、乡镇来说，是一个重大历史机遇，是实现新发展的重大利好。过去企业总部和行政事业单位等都选择集中在城区，不愿意到郊区去，而现在去河北、天津相比，很多中央单位和总部留在京郊的愿望很强烈。二是提升基础设施建设水平的机遇。在京津冀交通一体化建设，以及通州市行政副中心、大兴新机场、2019年世园会、2022年冬奥会等重点节点工程的带动下，北京郊区的交通、市政以及水电气热等基础设施建设水平将显著提高，环境将明显改善，从而带动郊区整体基础设施的提升。三是提高公共服务水平的机遇。中央的《京津冀协同发展实施意见》中明确北京的教育、卫生、文化、科技等优质资源部分向郊区疏解，已明确的北京建筑大学、工商大学、城市学院和四所中职学校，以及天坛医院、同仁医院、友谊医院等都要向郊区疏解，通过进一步的优化布局、整合资源、扩展功能、提升服务等，城乡二元结构的差距将加快缩小，农村这块洼地和短板将能有效地填平补齐，有望以解决“农村病”来根治“城市病”，以治理“城市病”来修复“农村病”。

四、政策建议

（一）延伸产业链，推动传统农业提质增效

北京农业面临的资源环境“紧箍咒”越来越紧，农业发展空间不断缩小，水资源严重短缺，农业面源污染较为突出，必须按照市场需求和健全产业链的方向调整农业结构，加快转变发展方式，实现农业发展提质增效。**建议：**一是支持符合条件的专业大户、家庭农场、农民合作社、农业企业等新型农业生产经营主体优先承担涉农项目，新增农业补贴向其倾斜。二是从产前扶持向产中、产后扶持转变，加强产供销环节衔接，实现农业生产由生产导向向消费导向转变。三是加快培育农业多元化社会服务组织，开展购买农业公益性服务，提高产品的科技含量，大力推进农业的规模化发展、园区化建设、标准化生产，努力把北京农业做成“高精尖”产业，全面提升北京农业的竞争力。

（二）扶持引导，推动观光休闲农业品牌化发展

观光休闲农业是适宜北京发展的环境友好型产业，应充分利用首都丰富的人才、管理、资本和消费市场优势，使其成为未来北京农村经济的主要增长点。**建议：**一是加快提升休闲农业信息服务水平，随着互联网和移动终端的快速发展，建立休闲农业经营者和消费者沟通的信息平台，支持利用微信、微博等新的成熟便捷的信息推介交流形式宣传乡村休闲旅游产品。二是加大公共交通、基础设施、环境建设力度，充分利用农业生态资源优势和近年来生态环境建设成果，为休闲旅游发展提供更良好的外部条件。三是实施乡村休闲旅游产业品牌战略，出台乡村休闲旅游产业品牌发展措施，培育一批有特色、有品质、有创意的休闲农业景区、民俗旅游接待户，推动北京乡村休闲旅游的品牌化建设。四是在京津冀一体化发展背景下，高标准规划北

京市生态休闲农业产业发展，发挥聚合效应，使北京观光休闲农业成为融生态、休闲、养生、健身以及商务、度假为一体的高精尖旅游休闲产业。

（三）强化管理，提高土地产出率和资源利用率

北京市农业发展空间有限，土地资源稀缺，土地流转亟待规模化、集约化、专业化发展。**建议**：一是进一步完善区县、乡镇、村三级服务和管理网络，建立土地流转监测制度。严格按照《北京市农村土地承包经营权流转合同》范本签订流转合同，依法保护双方权益，健全纠纷调处机制，妥善化解土地承包经营流转纠纷。二是合理确定土地流转指导价格，保证农民获得与土地价值相适应的流转收益。目前，北京各区县以平原造林土地流转价格作为流转土地价格的重要参考，同时农民期待流转价格与物价、粮价实现同步增长。事实上，受用途管制的政策约束，流转价格如果高于农业亩均收入，既不现实，也对推动土地流转不利。三是加强对工商企业租赁承包地的监管。工商资本下乡拓宽了农村发展的资金渠道，带来了新的发展理念、新的发展方式，特别是在良种种苗繁育、高标准设施农业、规模种植等适合企业化的发展等方面作用明显，但要跟踪关注其发展情况，抑制工商资本非农化、非粮化倾向。

延伸阅读：北京市农村土地流转呈现四大特征

一是土地闲置与紧缺矛盾凸显。调查显示，一方面农民对土地的依附程度逐渐降低，粗放经营、土地闲置和抛荒现象显现；另一方面现代农业规模化、产业化发展，农业企业、合作社和规模户对土地的需求日趋强烈，加快土地流转是解决矛盾的根本途径。

二是土地流转期限以中长期为主。流转后用于普通农作物种植的流转期限较短，流转后发展林果业和设施农业等流转期限较长。从土地流转期限看，调查样本中53.2%的农户选择11~20年。从土地流转面积看，平均每户流转土地约5.4亩。有60.8%的农户土地流转面积在5亩以下，31.4%的农户流转面积在6~10亩，7.8%的农户流转面积在10亩以上。

三是土地流转方式多样。采取转让（将土地承包经营权让渡给其他从事农业生产经营的农户，由其履行相应的权利和义务）的占12.5%；转包（承包方将土地承包经营权以一定期限转给同一集体经济组织的其他农户）的占29.9%；互换（对属于同一集体经济组织的承包地块进行交换同时交换相应的土地承包经营权）的占0.2%；入股（将土地承包经营权作为股权，自愿联合从事农业合作生产经营）的占6.7%；出租（将土地承包经营权以一定期限租赁给他人从事农业生产经营）的占14.7%；其他占36%，主要以百万亩平原造林工程占地为主。

四是转出土地以绿化造林和种植粮食为主。36.6%的农户土地用于种植粮食，虽然种粮效益较低，但适合机械化作业，投入劳动力和时间相对较少；33%的农户土地用于绿化造林；11%的农户土地用于种植蔬菜；9%的农户土地用于发展果园；4.2%的农户土地用于设施农业；还有部分农户土地种植食用菊花、药材、苗圃、草坪等。

（四）加大投入，加快农村公共服务均等化步伐

当前已进入全面建成小康社会的冲刺期，尽管北京市统筹城乡发展迈出重大步伐，城乡居民收入差距保持缩小势头，但农村发展滞后、城乡发展差距过大的问题依然突出，尤其是基本公共服务始终是农村发展的短板，**建议：**一是促进低收入农户增收。创新财政资金投入方式，探索发展物业经济。加强社会帮扶，健全组织动员机制，充分调动社会各方面力量参与低收入农户增收工作的积极性。二是加强农民就业工作。加快构建城乡统一的促进就业政策体系。三是推动社会事业发展。协调民政、人力社保等相关部门，尽快实现北京市低保标准城乡并轨，协调人力社保局、卫生计生委等相关部门，做好城镇职工基本医疗保险、城镇居民基本医疗保险、新型农村合作医疗三大医保制度的整合工作，逐步实现统一管理。

（五）加大转移就业扶持力度，持续增加农民收入

目前，北京市农民非农就业率超过85%，工资性收入占比稳定在65%左右，是农民收入的主要来源，但农民就业的质量不高，不稳定就业、低端就业的现象还比较突出。农民增收是北京市全面建成小康社会的主要“短板”，必须以促进低收入农户增收为重点，多管齐下，持续发力。建

议：一是继续完善城乡统一的就业失业管理制度，将更多农村劳动力纳入统一的促进就业帮扶政策中，特别是要加大对土地流转、农业结构调整中农民转移就业的帮扶力度，将就业困难人员"托底"安置机制向农村延伸。二是加强农村劳动力职业技能培训，不断提高农民就业的能力和质量，特别是针对城乡结合部地区靠吃地租、"吃瓦片"生活的农民，研究切实可行的就业措施，引导这部分劳动力稳定就业。三是继续提高农村公益性就业岗位的补贴标准。目前北京市累计有近20万农民在护林、管水、护路、环卫等公益性岗位就业，每月享受的岗位补贴平均在千元，应研究新的增长机制，逐步提高其福利待遇水平。

延伸阅读：百万亩平原造林带动农民就业

2015年，北京平原百万亩造林工程建设任务全面完成，共计造林105万亩、植树5400多万株，平原百万亩造林不仅改善了首都生态环境，还大幅增加了本地农民就业。目前，北京市平原造林解决了1万多农民的绿岗就业，预计百万亩平原造林管护共能吸纳5万人绿岗就业，随着工程的陆续移交，今后还要吸纳更多的本地农民参与绿色管护，以延庆区为例，目前有平原林木养护工人1159人，其中管理人员43人，一线管护工人1116人，全部为当地农民。

（六）以综合改革试点为抓手，深化农村体制改革

深化体制机制改革是北京农村地区可持续发展的基本保障，当前北京市承担的国家级改革试点有十多项，大兴区集体土地改革试点、通州区新型城镇化综合试点、房山区农业综合水价改革试点、承包土地确权登记颁证试点等都是牵一发而动全身的系统性工程。**建议：**一是北京市范围内全面推进土地承包经营权确权登记颁证工作，用两年左右时间基本完成主体工作任务。支持和鼓励农村土地向新型经营主体流转，探索工商企业接转农户承包土地的准入制度，探索承包土地的经营权抵押、担保的有效途径。二是加快研究制定北京市农村综合产权交易规范管理政策。推进剩余难点村产权改革任务，积极推动乡级改革。加快研究制定支持农村集体经济发展的政策措施，探索新型股份合作经济组织的股东进退机制、股权固

化、流转和股权管理办法。三是加大对合作社政策支持力度，进一步提高北京市农民组织化程度，发展一批“农业公司（龙头企业）+农民合作社+农产品生产基地+农户”为主要形式的产加销一体化综合体，增强农民进入市场、抵御市场风险的能力。

延伸阅读：当前农村深化改革的三大关键领域

农村集体产权制度。农村集体产权制度是农村集体所有制的制度基础，事关农村集体经济兴衰和亿万农民切身利益。深化农村集体产权改革，要着眼于加强对农村集体产权保护，激活农村各类要素潜能，赋予农民更多财产权利，探索农村集体经济产权关系清晰、利益分配共享、要素配置优化、治理结构完善的有效实现形式。

农业经营体系。农业经营体系是建设现代农业的核心和基础。加快构建新型农业经营体系，就是要围绕推动土地经营权规范有序流转、加强农民合作社规范化建设、创新农业社会化服务机制、培养职业农民队伍、健全工商资本租赁农地的监管和风险防范机制、推进农垦改革发展和全面深化供销合作社综合改革。坚持家庭经营在农业中的基础性地位，大力培育家庭农场、专业大户、农民合作社、农业产业化龙头企业等新型农业经营主体。

农业支持保护制度。支持保护制度是现代化国家农业政策的核心，也是发展现代农业的必然要求。要建立农业农村投入稳定增长机制，把农业农村作为财政支出的优先保障领域，确保农业农村投入只增不减；完善农产品价格形成机制和市场调控制度，通过改革充分发挥市场在资源配置中的决定性作用；保持农业补贴政策连续性和稳定性，调整改进“黄箱”支持政策，逐步扩大“绿箱”支持政策实施规模和范围，提高农业补贴政策效能。

第七章 工 业

结构效益持续优化 增速有望小幅恢复

2015年，在疏解非首都功能和京津冀协同发展等因素，及国内外需求乏力、地区竞争加剧等因素共同作用下，北京市工业呈现减速提质特征，增加值增速回落至1%左右，能源效率、劳动生产率得到进一步提升，大中型企业研发投入快速增长，技术创新成果不断涌现。2016年，一般性制造业疏解对工业的下行压力将持续存在，但国家财政货币政策总体宽松，简政放权、鼓励创新创业、降低企业税负的改革将更加深入，《培育战略新兴产业工作安排》，特别是公务用车优先选用新能源汽车等产业政策效果将进一步显现，预计电子信息、汽车制造等支柱产业的支撑作用将有所提升，战略新兴产业的拉动作用也将有所增强，初步判断2016年工业增速将实现小幅恢复。

一、2015年工业呈现显著减速提质特征

（一）工业增速延续回落态势

2015年，北京市工业出现大幅减速，1~3季度工业增加值增长0.2%，基本处于零增长状态，增幅较2014年同期回落6.2个百分点，延续了2014年的回落态势（见图7~1）；从年内走势来看，规模以上工业增加值呈现逐月回落的态势，增加值累计增速一季度、二季度、三季度分别为4.5%、2.6%和0.2%；从行业来看，北京市38大类工业行业中，除信息制造等8个行业外，30个行业同比增速出现下降。

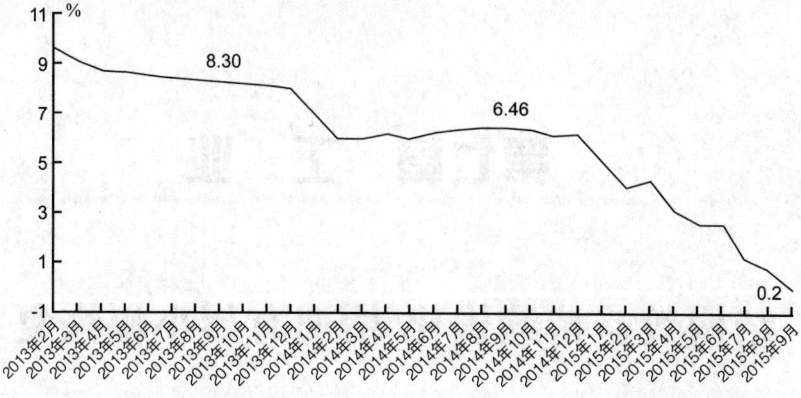

图7~1 2013年2月以来北京市规模以上工业增加值累计增速图

工业经济增速放缓的同时，工业运行相关指标均出现不同程度回落。**从需求来看**，工业销售产值同比下降3.8%，特别是出口交货值同比下降25.2%（见图7~2），PPI价格指数回落至97.1，均为近5年来的历史最低点，PMI新订单指数回落至荣枯线以下；**从供给来看**，工业用电量下降6.5%，工业总产值下降4.1%，工业产能利用率降至71.4%，同比下降4.1个百分点，为2007年以来的历史最低点；**从要素来看**，工业投资同比下降23%，规模以上工业企业用工人数同比减少4.8万人。

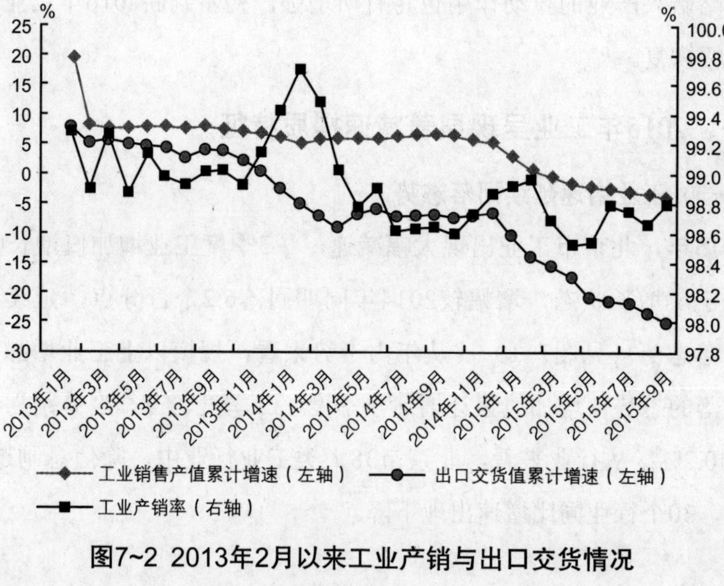

图7~2 2013年2月以来工业产销与出口交货情况

（二）提质增效特征更加彰显

在工业大幅减速的同时，工业发展也呈现诸多亮点，减速提质的特征进一步彰显。

一是紧密围绕首都城市功能战略定位，一般制造业疏解工作取得成效，不宜发展产业的新增产能得到有效控制。1~3季度，禁限目录涉及的工业投资规模减少至247.5亿元，同比下降27.9%，禁限目录涉及的工业企业停产百户以上。

延伸阅读：78%的工业将被禁限目录

2015年，《北京市新增产业禁止和限制目录》（以下简称《目录》）（2015年版）正式公布，产业禁限更加聚焦非首都功能，加大了对一般性制造业和高端制造业中比较优势不突出的生产加工环节的禁限力度。

在《目录》（2014年版）中，制造业全部532个小类，全市都需要执行禁限的有242个，占45%。而在《目录》（2015年版）中，全市都需要执行禁限的制造业小类增加到416个，占比达到了78%，提高了33个百分点。

在一般性制造业方面，今年新增了166个小类，主要集中在通用设备、专用设备、电气、食品、农副产品加工和金属制品等行业。

在高端制造业中比较优势不突出的生产加工环节，也即高技术制造业，2015年禁限种类也有增加，禁限小类达到11个，比《目录》（2014年版）增加了8个，主要包括部分计算机通信、通用设备及电气等行业。

二是产业结构得到进一步优化，战略新兴产业对工业的增长贡献率超过100%，增加值比重达到23.3%，高技术制造业保持8.6%的稳定增长，高于工业整体平均增速8.4个百分点，石油化工、非金属矿业、黑色金属等行业增加值同比负增长（见表7~1）。

三是生产效率得到进一步提升，工业全员劳动生产率达到31.4万元/人，为北京市社会劳动生产率的1.5倍以上，能源消费总量在增加值规模不减的同时实现了大幅下降，综合能源消费量同比下降10%。

表7-1　2015年1~3季度规模以上工业重点行业增加值增长情况

行 业	一季度	上半年	前三季度
石油加工、炼焦及核燃料加工业	-21.61	-18.90	-19.8
医药制造业	9.42	6.30	7.1
非金属矿物制品业	6.82	-2.30	-11.2
黑色金属冶炼及压延加工业	4.12	-5.20	-9.9
通用设备制造业	13.83	-1.30	-8.6
专用设备制造业	-15.91	-7.70	-11.2
汽车制造业	11.60	7.70	5.9
通信设备、计算机及其他电子设备制造业	22.95	21.80	13.3
电力、热力的生产和供应业	-3.53	-0.10	50.3
燃气生产和供应业	34.04	34.10	39.20
水的生产和供应业	5.96	4.90	5.30

延伸阅读：北京市高耗能行业占比、增速和能耗水平全面下降

"十二五"时期，高耗能行业在全市工业中的比重逐年降低。2011~2015年上半年，高耗能行业增加值占全市规模以上工业的比重由28.5%降到24.8%。高耗能行业增加值增速同比下降2.2%，比2014年回落5.5个百分点。其中，石油加工、炼焦和核燃料加工业，化学原料和化学制品制造业，非金属制品业，黑色金属冶炼及压延加工业，电力、热力生产和供应业增加值增速同比下降，与2014年相比，分别回落32.5个百分点、13.2个百分点、9.4个百分点、2.9个和0.9个百分点。

2006~2014年，先后受首钢在京涉钢主流程停产、压减燃煤、《禁限目录》的实施等因素影响，北京市高耗能行业能耗水平逐年稳步下降，能耗从2100万吨标准煤左右下降至1200万吨煤左右。2014年，全市规模以上工业高耗能行业综合能源消费量1253.2万吨标煤，同比下降5%。2015年1~3季度全市规模以上工业综合能耗1122.8万吨标煤（当量值，即按某种能源一个度量单位本身所含热量计算，下同），同比下降10%，降幅与上半年基本持平。六大高耗能行业能耗全面下降，共拉动全部规模以上工业能耗下降7.9个百分点。

能耗水平的下降主要拉动因素，一是能源结构优化促减排，效率提高助节能。主要电厂"煤改气"工作深入推进，2015年 1~3季度，煤炭在规模以上工业能耗中所占比重为24.6%，同比下降15.9个百分点。非工业领域数十家用煤大户完成了燃煤锅炉清洁改造或淘汰，煤炭在第三产业能耗中的比重仅占2.9%，同比下降

1.2个百分点；二是能源加工转换效率提高助力节能降耗，1~3季度，规模以上工业燃气发电量占比达80.2%，比上年同期提高30.6个百分点。燃气发电逐渐替代燃煤发电，带动全市规模以上工业加工转换效率提高1.6个百分点。加工转换效率的提高，直接降低了加工转换过程中的损失，实现节能。初步测算，能源加工转换效率提高实现节能量约48.8万吨标煤，拉动规模以上工业能耗下降约3.9个百分点。三是产业疏解有效抑制全市能耗增长。今年以来，北京市淘汰疏解企业主要涉及建材等行业。相关企业陆续停产，能耗较去年同期大幅下降。1~3季度，相继淘汰疏解的规模以上工业企业相比去年综合能耗减少约6.6万吨标煤，同比下降48%，约拉动规模以上工业能耗下降0.5个百分点。

四是创新作用持续增强，制造业服务化的趋势进一步显现，1~8月，规模以上大中型企业发明专利3960件，R&D内部经费同比增长22.8%，投入强度较2014年同期提高0.3个百分点，达到1.2%，大型装备行业和传统转型企业积极将制造环节向外转移，并强化产品设计、研发、试验、服务等环节，北京四方继保工程技术有限公司、北京索爱普天移动通信公司、通达耐火技术股份有限公司在向外转移制造环节的同时，在京新设立或保留了研发实验中心。

延伸阅读：三经普调查数据：高技术企业创新情况

2013年，全市高技术产业中的企业（以下简称高技术企业）专利申请1.2万件，比2009年增长1.8倍，增速高于全市企业8.4个百分点；其中发明专利申请0.8万件，比2009年增长1.8倍，增速高于全市2.2个百分点。发明专利占专利申请比重为67.6%，高于全市企业7.3个百分点，比2009年提高0.7个百分点（见表7~2）。

表7~2 专利申请增长情况表

	2013年			2009年			增长		
	专利申请（件）	发明专利（件）	发明专利占比（%）	专利申请（件）	发明专利（件）	发明专利占比（%）	专利申请（件）	发明专利（件）	发明专利占比（%）
北京市企业	12719	7664	60.3	34182	21295	62.3	168.7	177.9	2.0
其中：高技术企业	11637	7870	67.6	4200	2810	66.9	177.1	180.1	0.7

从投入产出效率来看，高技术制造业平均每亿元研发经费产生的发明专利是50.3件，每百名研发人员产生的发明专利是22.6件，分别比2009年提高12.9%和78.1%，同时，分别高于同期全市工业企业43.4件和15.9件的平均水平（见表7~3）。

表7~3 专利产出效率增长情况表

	2013年		2009年		增长	
	每亿元研发经费产生的发明专利（件）	每百名研发人员产生的发明专利（件）	每亿元研发经费产生的发明专利（件）	每百名研发人员产生的发明专利（件）	每亿元研发经费产生的发明专利（%）	每百名研发人员产生的发明专利（%）
北京市规模以上工业	43.4	15.9	31.0	6.9	40.1	130.1
其中：高技术制造业	50.3	22.6	44.5	12.7	12.9	78.1

从知识产出结果来看，高技术制造业拥有有效发明专利8714件，其中境外授权717件，分别比2009增长2.5倍和6.5倍，拥有境外授权的有效发明专利占比达到8.2%，比2009年提高4.4个百分点。

五是利润规模持续提升，面临主营业务收入下降的不利形势，北京市工业企业通过提高投资收益等手段，实现了利润增长，1~3季度，北京市规模以上工业企业实现利润1023亿元，比2014年同期增长1.9%。

（三）四季度增加值增速将略有恢复

关于四季度北京市工业增速的判断，一是考虑到工业运行的压力依然较大，先行指标PMI已连续两月跌至荣枯线以下，PPI指数呈现出降幅扩大的趋势，产成品库存出现了被动式上升，去库存压力有所上升；二是考虑到“双十一”、“双十二”、圣诞节等促销季因素，乘用车购置税优惠与鼓励新能源汽车的政策性因素有利于短期需求恢复；三是考虑到前期建设的中国长安等调整升级等重大项目将在四季度形成产值；四是保障重大活动限产停产、交通管制等超短期影响将会消退。**初步判断，四季度北京市工业增长依然乏力，但增速将略有恢复，预计将小幅恢复至1%左右。**

二、未来工业发展需要关注的问题

（一）一般制造业比重过大将持续拖累北京市工业增长

为落实首都城市功能战略定位，2014年北京市政府发布并实施了《北京市新增产业的禁止和限制目录（2014年版）》，2015年4月份进行了初步修订，厘清了一般制造业与符合城市战略定位的工业之间的界限。未来一段时期，北京市需要在控制增量的同时，淘汰、疏解、转型升级禁限目录中的存量产业，促进工业与城市功能定位相协调、相一致。目前，北京市禁限目录涉及的规模以上工业企业占北京市的比重高达55.7%，增加值比重为52.1%，营业收入、利润、税收占比分别为57.8%、47.4%、61%，并且在禁限目录中，非总部或者没有科技活动的企业所占比重较高，占禁限工业的68.6%。**其中，钢铁、有色金属、建材、化工、纺织印染、机械、印刷、造纸等污染较大，耗能耗水较多的行业增加值占北京市规模以上工业增加值比重约为19%，若在2020年基本实现疏解，其他行业工业需要多增3.6%，才能在补上这一缺口。**

延伸阅读：一般性制造业发展现状

根据《京津冀协同发展规划纲要》和，北京将坚决退出一般性制造业，就地淘汰一批钢铁、有色金属、建材、化工、纺织印染、机械、印刷、造纸等污染较大、耗能耗水较高的行业和生产工艺，引导和推动非科技创新型企业迁出，特别是制造业零部件配套、石化产业及食品、酿酒、饮料等相关制造企业。，按照国民经济行业分组中对制造业中类的划分，并结合三经普和年度统计数据，粗略匡算，我市与上述行业相关的一般制造业法人单位约有2.1万个，占全部制造业法人单位约65%的比重；从业人员约有63.7万人，占制造业从业人员的比重约为46%，占工业法人单位从业人员的比重为41.2%，占全市法人单位从业人员的比重为5.7%。其中，规模以上一般制造业企业实现产值约为3649.7亿元，分别占规模以上制造业和工业产值的24%和21%；规模以上一般制造业企业实现增加值约为662.4亿元，分别占规模以上制造业和工业增加值的比重为20.4%、19%。规模以上一般制造业造业企业营业收入约为4218.9亿元，分别占规模以上制造业和工业企营业收入比为23.9%、22.1%；规模以上一般制造业企业利润总额约有218亿元，分别占规模以上制造业和工业企利润总额的17.3%和 17%。总体来看，规模以上一般制造业企业主要经济指标在规模以上工业中的占比大体20%左右。由规模以上一般制造业增加值占规模以工19%的比重，以及规模以上工业增加值占GDP的比重约为17.6%来粗略估算，一般制造业增加值占全市GDP的比重约为3.3%。

从规模以上的禁限企业分布来看，为更好地落实首都城市战略定位，服务京津冀协同发展大局，占禁限工业28%的570家城六区禁限企业，特别是占禁限工业11%的225家四环内禁限企业，需要在相对较短的时间内优先进行淘汰、疏解或转型，这将对未来几年的工业增长形成较大影响。近年来消费产品市场正呈现M型消费趋势，即高档品、低档品需求旺盛，中档品需求萎缩，技术升级换代也会加速禁限产业的存量产能退出。因而，**禁限政策对于存量工业也存在着较大影响，工业下行压力超出预期的可能性有所加大。**

（二）项目储备不足将显著影响未来工业发展

从“十二五”时期北京市工业发展的特点来看，增量对于北京市工业的拉动作用较大，2011~2014年（见图7-3），北京市累计新建投产规模以上工业企业61户，对于工业增长的贡献率高达41.3%，若考虑原有产业的新扩产能，这一贡献率高达61%。但近年来北京市新建投产企业数量大幅减少，2011~2015年新建投产工业企业数量分别为22户、27户、9户、3户、2户，重大工业项目和投资规模也在不断下降，2012~2014年新开工项目为472个、417个和354个，2013年以来投资从双位数增长放缓至负增长水平（见图7-3）。按照从项目建设到投产大约需要3年时间的时间规律考虑，新增大项目减少的影响将在“十三五”时期集中显现。

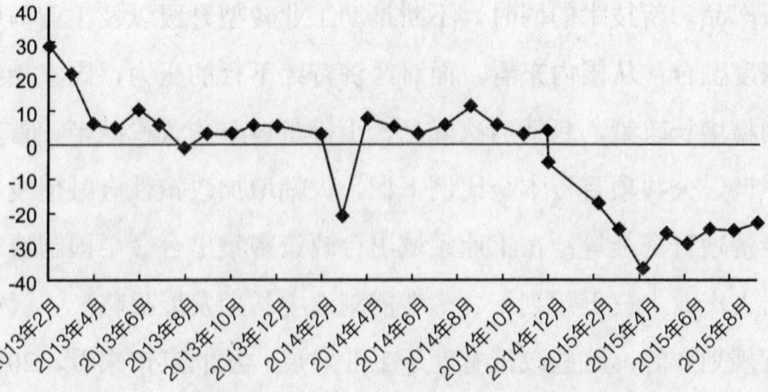

图7-3 2013年以来北京市工业投资累计增速图

三、2016年工业发展的因素分析

2016年，推动工业结构优化和质量提升的有利因素较多，但面临的国内外经济形势依然错综复杂，北京市主动疏解带来的下行压力也将长期存在。

（一）减速因素

国际方面，环境总体偏紧。2016年世界经济将延续增长乏力的趋势，全球贸易增长也将持续放缓，外部需求总体乏力的问题不会出现明显改观；货币战争、贸易摩擦将进一步加剧，地缘政治冲突有所升级，国际经济金融中的不稳定因素会更多。**国内方面**，经济下行压力将不断加大，产能过剩问题将更加凸显，行业竞争也将愈发激烈；人力成本、环境成本、财务成本不断上升的问题也将持续；高端制造业会呈现向发达国家回流，部分低端制造业也将向越南、泰国等国转移的“前后夹击”问题会继续存在。**北京市方面**，将紧紧围绕城市战略定位，严格落实新增产业的禁止和限制目录，推动增量优化，对不同类型的一般性存量工业按照就地淘汰、改造升级等方式进行调整，工业更加符合城市战略定位的同时，也将带来一定幅度的下行压力。

（二）有利因素

从国际来看，近年来持续信息化浪潮将继续深入，新一代信息技术在带来新产品、新技术的同时，不断推动工业转型升级以及工业与服务业之间的深度融合；**从国内来看**，面对经济持续下行的压力，国家相继出台了一系列稳增长政策，包括两次降息、小排量客车购置税减半、首套房首付比例下调、公共项目资本金比例下调、大幅增加政策性金融债发行以补充长期投资项目资金等；在工业领域出台政策密集出台《中国制造2025》、《机器人产业十三五规划》、《智能制造中长期发展战略》、《智能制造十三五规划》等，这些政策有助于工业发展。**从北京市来看**，2016年，北京市将深入贯彻《中国制造2025》规划，全面实施"3458"战略计划，按照推动三转调整，强化四维创新，聚焦发展五类高精尖产品，组织实施八个新产业生态建设专项的方向，构筑高精尖工业体系，并通过产业投资引导基金，以并购、股权、债权等方式支持产业发展；将贯彻落实党中央、国务院关于减轻企业负担系列部署，加大惠企减负政策，释放工业企业发展的活力。

延伸阅读：北京将全面实施"3458"计划

2015年12月，《〈中国制造2025〉北京行动纲要》正式发布，这意味着北京将实现企业"生产基地主要在北京"到"生产基地在外埠或委托生产"等系列转变。未来北京将全面实施"3458"战略计划，努力促进制造业创新发展。

其中，"3"是指"三转"调整。一是就地淘汰落后产能，转换产业发展领域。系统梳理制造业发展现状，定期修订完善《北京市工业污染行业、生产工艺调整退出及设备淘汰目录》，尽快淘汰污染较大、能耗较高的生产企业和制造环节。二是有序转移存量企业，转换产业发展空间。在严格落实《北京市新增产业的禁止和限制目录》的基础上，加快推动城六区现有工业企业转移升级，逐步将高端制造企业转移到产业园区。三是改造升级优势企业，转换产业发展动力。积极对接国家"绿色制造工程"，实施绿色制造技术改造行动，制定重点产业技术改造投资指南，组织一批能效提升、清洁生产、资源循环利用等技术改造项目，推动企业向智能化、绿色化、高端化方向发展。

"4"是指"四维"创新。一是加强新技术研发和应用。以新一代信息技术、先进材料、生命科学等领域为重点，支持企业强化技术创新能力建设，以新技术织促进产品升级换代。二是加大新工艺开发和推广。以智能制造、绿色制造、增材制造为主攻方向，构建基础工艺创新体系。支持电子信息、航空航天、汽车、机械、钢铁、冶金、石化、食品等领域的科研机构和领军企业优化资源布局，联合建设一批关键共性基础工艺研究机构，加强关键制造工艺联合攻关。三是采用新模式配置资源。优化整合概念创意、产品设计、研发测试、关键零部件生产、产品组装、供应链管理、系统集成、品牌经营、互联网营销等业务环节，重构企业之间、企业与用户之间的关系，创新价值创造模式，推动传统制造业企业实施组织变革。对接国家"智能制造工程"，实施京津冀联网智能制造示范行动，建设一批智能化、生态化的示范工艺线和示范工厂。四是利用新业态优化企业组织形式。鼓励制造业企业"裂变"专业优势、延伸产业链条、开展跨界合作，加快向服务化制造、平台化经营和个性化服务方向转型，建立服务型制造体系。支持互联网企业与传统制造企业开展跨界合作，推动制造企业发展在线定制、创意设计、远程技术支持、设备生命周期管理等服务。实施生产性服务业公共平台建设行动，积极培育面向制造业的信息技术服务，大力发展技术研发、检验检测、技术评价、技术交易、质量认证等社会化、专业化服务。在相关产业园区引进新业态，使之由产品生产、对外销售的制造重地转型升级为高精尖产品研发、创新设计、对外授权的"北京创造"高地。

"5"是指发展五类高精尖产品。选择适宜于在北京研发、市场潜力大的优势领域，重点发展代表产业制高点的创新前沿产品(如超导材料、纳米材料、石墨烯等前沿材料，智能硬件、机器人、3D打印设备等)，突破国内产业短板并满足国家战略需求的关键核心产品(如集成电路装备、高端传感器、智能仪控设备、航空发动机等)，代表制造业服务化的集成服务产品(如新一代轨道交通装备、工业自动化控制系统，物联网集成服务等)，推动产业轻资产化的设计创意产品(如高档工艺美术品、数字内容产品等)，保障基础民生需求的名优民生产品(如"老字号"品牌产品、城市应急产品、高效节能产品等)，构建"高、新、轻、智、特"产品体系，培育新的增长点。

"8"是指实施八个新产业生态专项。围绕《中国制造2025》确定的十大重点方向，立足首都的功能定位和产业基础，主要聚焦在我市可以形成产业主导权的领域上。其中围绕新一代信息技术领域，确定了集成电路、自主可控信息系统、云计算与大数据、新一代移动互联网四个专项。

四、支柱产业与新兴产业共同支撑工业小幅增长

综合北京市工业发展的环境，内需、外需依然乏力，北京市一般性制造业增量控制与存量疏解将继续在供给面对工业增长产生影响，工业将继续保持低位运行，但随着汽车等支柱产业的恢复以及新兴产业比重的提升，工业新老动力衔接不畅的问题将略有改观，北京市工业有望实现小幅增长。

一是汽车制造业将有所恢复，新能源汽车有望实现跨越式增长。从需求侧看，我国汽车千人保有量刚超过100辆，根据日、美等发达国家的经验，此后还将保持快速增长，并且国家实施的“一带一路”政策将会有效拓展海外需求；目前汽车产销增速的回落是一线大城市限购政策、滴滴等共享出行方式削弱购车意愿所引起的，从本质而言是消费者当期购买预期的延后，需求潜力依然巨大。从供给侧来看，奔驰发动机一些高端项目将逐步释放产能；长安汽车等企业也将完成国V、国VI标准汽车产能的扩张；北京市将举北京市之力支持新能源汽车和智能汽车发展，核心零部件、动力电池模组生产技术趋于成熟，新能源汽车将实现跨越式增长。综合供需两方面的情况，初步判断，2016年汽车制造业增加值增速有望恢复至8%左右。

延伸阅读：新能源汽车有望延续迅猛增长势头

新能源汽车产业经过“十二五”时期的育苗发展，年销量已从2010 年的不足5千辆跃升至2015年的30万辆左右。2014~2015年的井喷式放量，是多项政策扶持与多年市场培育共同作用的结果。

政策方面，2008 年金融危机后，我国传统的经济增长模式难以为继，作为七大战略新兴产业之一的新能源汽车应运而出，政府对新能源汽车产业的扶持力度不断加码，2009 年，启动“十城千辆”工程推广新能源汽车；2012 年，国务院出台《节能与新能源汽车产业发展规划（2012~2020 年）》，提出到2015 年，我国纯电动汽车和插电式混合动力汽车累计产销量力争达到50 万辆；到2020 年，纯电动

汽车和插电式混合动力汽车生产能力达到200 万辆、累计产销量超过500 万辆；2013年开始启动新能源汽车示范城市推广（见图7~4），特别是2014年的购置税减免、15 年的推广考核截止的影响最为显著，政府推动确是新兴产业起步初期的最大动力。

在市场方面，经过数年的育苗培养，新能源汽车在产业规模、技术水平、基础设施、受众认可等各方面都取得了巨大进展。“十三五”期间，新能源汽车在续驶里程、充电便利度基本满足用户需求的情况下，的综合成本（购置成本+驾驶成本+置换成本）将达到与燃油车相当水平，新能源乘用车的销量复合增速有望在50%以上；到2020 年，年销量近200万辆，并且新能源汽车将在公共交通、载货汽车方面占有更大市场份额。

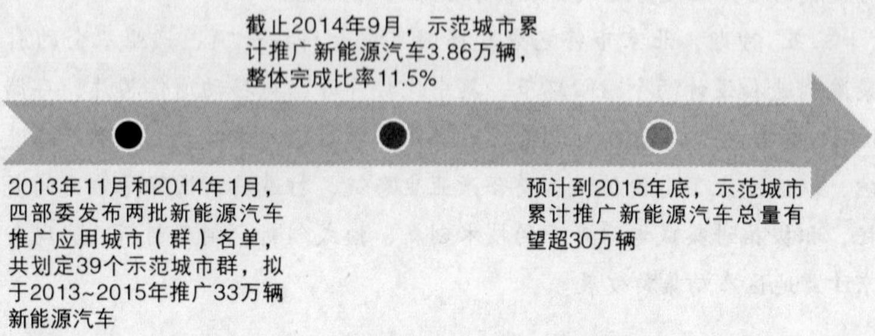

图7~4 新能源汽车示范城市推广图

二是电子信息制造业有望保持快速增长。电子信息制造业是北京市的传统优势产业，北京市在研发、生产、销售模式以及市场占有率方面都处于全国领先的位置，北京电控8寸线、中芯北方12寸集成电路等一些重大项目建设有助于增强产业的先发优势；《国家集成电路产业发展推进纲要》发布后，集成电路产业进入加速发展阶段，东方晶源极大规模半导体设计制造最优化系统等集成电路类产业项目和汉德工业4.0促进跨境基金等集成电路类基金等总规模达到330亿元的项目入驻北京；新一代信息通信技术的推广，智慧城市的建设，将激发出有相关产业的需求。2016年，北京市电子信息制造业持续快速发展的基础较好，有望实现10%以上的增长。

延伸阅读：北京亦庄成为国内集成电路产业高地

通过对接国家科技重大专项，中芯国际、北方微电子、华进创威等重点企业承担的项目数约占全国企业牵头项目总数的20%，在关键装备及材料、先进工艺的开发及产业化等方面取得了一批代表国家最高水平的成果。通过打造集成电路产业，已在技术研发、IC设计、芯片制造、封装测试、设备和材料等方面的尖端优势，北京亦庄形成了以中芯国际为龙头，集封装测试、装备、零部件及材料、设计于一体的产业集群，以此跻身我国集成电路产业“重镇”行列，确立了北京在全国集成电路产业布局中的领先地位。

随着《国家集成电路产业发展推进纲要》颁布实施，集成电路产业进入了新的发展机遇期。国家集成电路产业基金、北京市集成电路制造及装备基金相继落户，为集成电路产业链跨越式发展带来了难得的机遇。

“十三五”时期，北京市将充分发挥国家重大科技专项、产业基金的引领作用，聚焦制造和设计两个核心环节，集中优势资源，对移动通信芯片、存储器芯片、IGBT/电力电子工控/驱动芯片、MEMS传感器芯片等四大类主要产品进行重点突破，以建立上下游价值链、整合产业生态链、打造具有国际竞争力的大企业为依托，积极推进集成电路产业的技术创新、模式创新、制度创新，实现全产业链在京津冀地区布局集群发展。

三是装备制造业转型升级过程中降幅将有所收窄。“十二五”时期，北京市装备制造业进入调整期，规模以上装备制造业增加值规模由2010年的225.5亿元下降至2014年的209.6亿元，预计2015年增加值规模不足190亿元，同比下降10%左右。为推动制造业转型升级，增强装备制造业的发展动力，北京市聚焦发展关键智能部件、智能装备系统集成和数字化车间，培育和奠定智能装备产业核心优势。考虑到北京市集聚了中国兵器装备集团公司等一批央企总部，不仅储备了大量的技术成果，而且具有广阔的示范应用市场，伴随京津冀协同发展、产业转型升级的不断深入，智能制造示范应用潜在市场将进一步释放。初步判断，装备制造业的降幅将有所收窄，预计降幅为5%左右。

四是医药制造业有望保持稳定增长。从医药行业的长期发展趋势来看，我国已经步入人口老龄化的加速期，老年人对于药品消费比例已经达到一半以上；国家医疗保障范围正在不断扩大和医疗保障水平持续提升，未来一段时期，医药需求将会不断上升；同时，自主创新、大健康的兴起、资本跨界的渗透以及以易康盛世为代表“云平台+移动终端+医生团队”的开放模式，正在加速医药制造业的发展。但短期内，医药制造业也面临着财政对医疗卫生投入放缓、医药出口增速下降、医院取消药品加成等因素的影响，初步判断，2016年医药制造业将保持稳定增长，预计增速为5%左右。

上述行业与电力热力生产供应业占北京市规模以上工业增加值的比重超过六成，按照电力热力生产供应业零增长考虑，并综合四大制造业的走势，初步判断，2016年北京市工业增加值增速有望达到1.5%，较2015年略有恢复。

五、工业发展质量将得到持续提升

近年来，北京市不断化解城市发展与工业生产之间的矛盾，优化产业结构，逐步淘汰高耗能、高耗水、低效益的产业，目前已实现了工业增长与能源资源消耗增长及劳动力增长的脱钩。2016年，北京市将大力发展智能制造等高精尖工业，严格执行产业禁限目录，推动一般制造业外迁，工业发展的质量将伴随产业结构的优化得到持续提升。

一是能源消费量将进一步减少，经过多年的努力，北京市工业已率先在“十二五”时期实现了用能峰值，工业能源消费总量呈现逐年下降的发展趋势。2016年，北京市将优先疏解石化、非金属制品、黑色金属冶炼等高耗能产业，并进一步优化用能结构，大力压减燃煤，提高可再生能源用能比重，能源利用效率将得到大幅提升。

二是工业用水总量将稳定在5亿立方米的水平，近年来北京市实施了《节约用水办法》等严格的节水政策，大力推动节水设施建设，提高再生水利用率和工业重复用水率，北京市工业连续5年在用水总量基本不增的前提下，实现产值规模的扩张，2016年，北京市将实施国家最严格水资源管理制度，深入贯彻“三条红线”的具体要求，预计工业用水量将出现小幅下降或继续稳定在5亿立方米左右的水平，水资源利用效率将得到进一步提升。

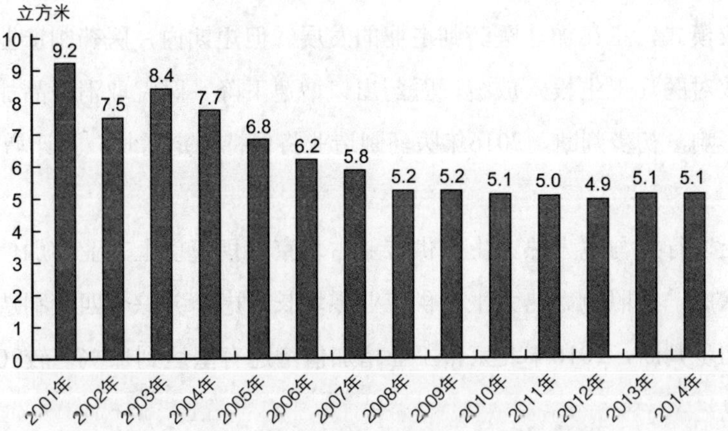

图7~5 2001年以来北京市工业用水总量

三是从业人员规模持续下降。在人力成本不断上升等市场因素与北京市主动“转方式、调结构”等政策性因素共同作用下，近年来北京市工业从业人员规模持续下降。禁限目录发布后，产业疏解对象开始集中于聚人较多的工业行业，在增量方面将更加青睐科技含量高的工业项目，工业减员步伐有所加快，年减员人数由“十二五”初期的1万人左右的水平上升至4万人以上。2016年，北京市将进一步加大人口调控力度，持续推动一般制造业外迁，预计从业人员规模将进一步减少，劳动生产率将得到进一步提升。

六、工业布局将更趋合理

从京津冀区域来看，自京津冀协同发展上升为国家战略后，曹妃甸协同发展示范区、张承生态功能区、天津滨海—中关村科技园等重点合作平台加快建设，这将有利于解决各地区信息不对称的矛盾，解决企业资质跨区域互认、产业承接地与迁出地之间的税收分成等方面的问题。2015年，北汽集团黄骅整车项目建成投产，北京现代汽车第四工厂25万辆整车项目在沧州动建，曹妃甸千万吨炼油项目已核准；统计局景气调查显示，有49

户规上企业计划在年内外迁或在异地新建生产基地。2016年，北京市将分批出台实施疏解北京非首都功能控增量、疏存量等相关政策和配套措施，先行启动一批疏解示范项目，预计北京工业将加速向天津河北布局。

延伸阅读：京津冀协同发展背景下的工业调控

"十三五"时期，北京市将在贯彻落实京津冀协同发展战略的过程中，加快产业转型升级，淘汰高污染高能耗高水耗的"三高"行业；因地制宜推动协同发展，探索组团转移的新模式；发挥"智能制造"业的抓手作用，加快北京科技创新中心的建设。

在产业调控方面，对于需要严控增量的产业，要严格把关绝不再添新负担；对于需要技改提升的产业，要加强对现有产能的技术改造，提升生产工艺和技术水平，减少消耗和排放；对于产能落后、高污染高能耗高水耗的'三高'行业和生产工艺，我们要坚决淘汰，就地关停退出。

在标准方面，将以《北京市新增产业的禁止和限制目录》和《北京工业污染行业、生产工艺调整退出及设备淘汰目录》为红线，调控产业增量和存量，强化市区两级协调配合，从企业登记、项目审批两大入口确保禁限项目"零准入"，不符合首都功能的行业和生产工艺坚决退出。

在鼓励政策方面，将根据《工业污染企业调整退出奖励资金管理办法》，符合条件的关停企业将得到一定的资金支持；对于调整搬迁的企业，污染企业搬迁政策将给予它们土地转让税收减免支持；差别化水电价格则会形成倒逼机制，促进污染企业就地关停。

从进展来看，一大批企业正在"组团"向河北转移。消费者熟知的北京老字号三元奶粉将在距离石家庄不远，河北新乐市的600亩土地上建立河北三元工业园，计划年产4万吨婴幼儿配方乳粉以及25万吨液态奶，形成产销一体化的现代化乳品加工厂；河北沧州的北京·沧州渤海新区生物医药园，在"组团入驻、统一规划、集中监管"的建设管理模式下，首期拟入园企业22家，涉及总投资61亿元，康辰制药、普瑞东方、协和药厂等10家企业集体开工建设。

未来北京市还将面向京津冀推动组建大数据、可穿戴设备、健康医疗、工业机器人、通用航空等领域的产业联盟，推出一系列关键技术和重大专项成果转化平台，优化产业布局，扮演好北京在建设京津冀协同创新共同体中组织者和引领者的角色。

从北京市自身来看，随着城市功能定位的明确，2015年北京市进一步修订了新增产能禁限目录，并对核心区实施了更严格的准入标准，积极引导**工业企业向郊区布局，**首都功能核心区的总部经济趋势、城市发展新区的现代制造业聚集趋势更加凸显。城六区制造业增加值比重由十年前的1/2下降至目前的1/4左右，发展新区的制造业增加值比重提升至六成以上，其中顺义区与经济开发区占北京市规上制造业比重为四成以上。工业企业向郊区转移的同时，将**进一步向园区集聚**。目前，中关村示范区工业企业共有1600余家，占规模以上工业的45%以上，较十年前提高了20个百分点以上，实现主营业务收入1万亿元，占规模以上工业的一半以上，较十年前提高了15个百分点左右。2016年，北京市将实施更为严格的土地管控措施，严格执行新增产能禁限目录，继续对四类功能区实施差异化的准入政策，严控工业项目准入，有效引导工业布局，预计制造业向郊区转移、向园区集聚态势更为显著。

七、政策建议

（一）加大转型升级力度，鼓励企业向服务化方向迈进

当前，北京市禁限工业所占比重依然较大，如果能把制造业服务化这盘棋下好，既可以有力促进产业转型、创新发展，又可以为经济稳定增长贡献更大力量。为此，**一是要积极引导传统优势制造业企业在观念上确立向制造业服务化转型的先进理念。**鼓励企业不断探索可行的盈利模式，要把利润点从单一销售产品利润，延伸到技术、管理、服务等多个高附加值的利润源，以获得明显的竞争优势。**二是要加快搭建有利于传统优势制造业向制造业服务化延伸的公共信息服务平台，鼓励和支持有条件的制造企业自创云平台系统。**让更多的企业能够直接面向客户，由客户通过互联网自主选择和定制产品，从而实现产品的协同制造、在线服务，如小米手机等企业就是通过建立一个云端，依靠网络把个性化订单汇聚起来，通过数量优势，形成新的利润增长点，从而实现企业的转型升级。**三是制定出**

台加快传统优势制造业向制造业服务化转型的政策措施。有序放开市场准入，发挥市场机制作用，形成多元化资金投入体系，引导社会资本积极参与制造业服务化发展。发挥财政资金杠杆作用，积极探索以政府购买服务、“后补助”等方式支持制造业服务化发展。加大税收支持，对认定为制造业服务化的企业，减免企业所得税。

（二）加速向首都创造转变，构建北京高精尖制造业体系

紧紧围绕首都城市战略定位，加快推动发布北京市高精尖产业行动计划和高精尖产品目录，实施好“三四五八”战略，加快发展高精尖产业。推动工业互联网和“工业4.0”等在北京产业发展中的落地应用，不断催生新技术、新产品、新模式、新业态。坚持用高技术占领产业链高端的发展理念，立足全国科技创新中心建设，抓住国家重大产业项目、首都城市发展重大需求和制约产业发展的关键技术开展创新，努力成为首都经济全面提升创新驱动发展能力的重要支撑，尽早实现“在北京制造”向“由北京创造”的转变。

（三）加速京津冀产业对接，促进首都工业在疏解中提升

立足京津冀发展“一盘棋”，以优化区域分工和产业升级为重点，推动产业有序转移，搭建完善以产业为主线，以承接产业转移园区、产业聚集区为支撑的产业合作对接平台。在产业对接过程中，要充分发挥北京市自身的科技优势，筛选具有竞争力的开放实验室、高新技术企业的项目与天津、河北乃至全国各地的科技成果转化促进中心等单位合作，撬动了各实验室积淀的科研资产，构筑政产学研及社会组织五位一体的科技服务平台；也把中关村开放实验室初步打造成了一个在北京乃至全国有一定知名度和一定影响力的科技服务品牌。

第八章 服务业

调整转型步伐加快 增速继续保持平稳

2015年，在世界经济复苏不及预期、国内经济下行压力持续加大的环境下，北京市加快非首都功能疏解脚步，产业结构加速调整，全年服务业呈稳中有升态势，前三季度增加值增速达到8.1%，高于2014年同期0.7个百分点，占GDP比重超过80%，预计全年同比增长8%左右，对GDP贡献率达到90%左右，创2012年以来的最高值。展望2016年，受外部需求疲弱、内部新增动力不足的影响，北京市服务业将加快调整转型升级脚步，预计服务业增速将放缓至7.3%左右，在工业延续疲弱增长的背景下，对北京市经济的支撑作用将更为明显。

一、2015年北京市服务业发展现状

2015年，北京市全面落实京津冀协同发展战略,非首都功能疏解力度进一步加大，一般性制造业、区域性物流、区域性批发市场加速转移，北京市产业结构加快调整，服务业呈现稳中有升的运行态势（见图8~1），增加值增速略高于2014年同期，季度增加值增速呈逐季提高走势，分别为7.2%、7.9%、8.1%，预计2015年增速达到8%左右，服务业对北京市经济的贡献度达到90%左右，有效地支撑首都经济保持平稳。

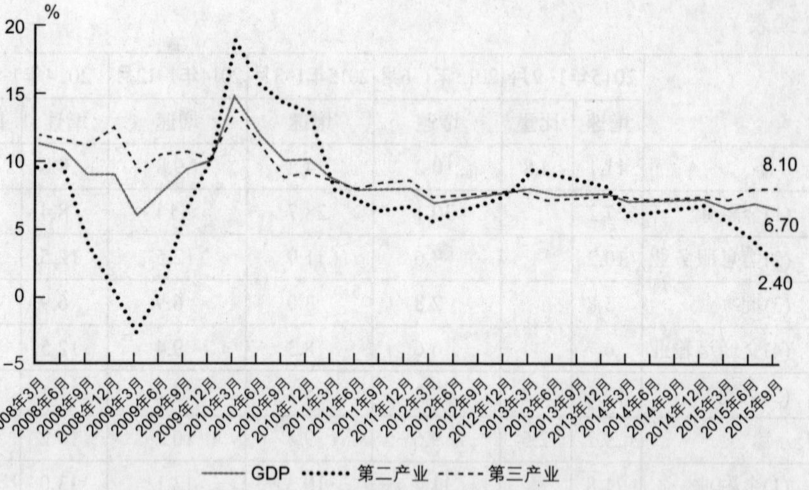

图8~1 2008~2015年服务业年度增加值增速变化

（一）服务业总体稳中有升，对经济贡献明显提升

2015年前三季度，北京市服务业实现增加值12918.2亿元，同比增长8.1%，较2014年同期提高0.7个百分点，季度增速呈逐季提高走势。从全国范围看（如表8~1所示），2015年以来，全国服务业保持较好的增长态势，各主要城市中京、津、沪三地服务业增速均呈现提升走势。其中，上海服务业增长态势最为强劲，在金融业的带动下，前三季度增加值同比增长11.1%。

表8~1 2014年~2015年1~9月京津沪各服务业及主要行业增速（%）

	2015年1~9月		2015年1~6月	2015年1~3月	2014年1~12月	2014年1~9月	
	增速	比重	增速	增速	增速	增速	比重
全　国	8.4		8.3	8.0	7.8	7.6	
北　京	8.1	5.2	7.9	7.2	7.5	7.4	5.2
(1)金融业	19.0		19.4	18.7	12.3	11.9	
(2)信息服务业	11.8		10.0	9.3	11.7	12.1	
(3)批零业	-2.2		-2.7	-1.2	5.5	5.6	
(4)交通运输业	5.3		6.2	7.8	6.8	7.1	
(5)房地产	4.8		3.7	-2.7	-2.2	-5.7	

（续表）

	2015年1~9月		2015年1~6月	2015年1~3月	2014年1~12月	2014年1~9月	
	增速	比重	增速	增速	增速	增速	比重
上　海	11.1	4.8	10.2	4.8	9.8	8.8	5.0
(1)金融业	27.2		30.1	28.7	14	8.4	
(2)信息服务业	10.2		9.6	11.9	12.5	12.5	
(3)批零业	3.8		2.8	3.0	6.9	6.9	
(4)交通运输业	6.7		6.6	8.3	9.4	12.5	
(5)房地产	12.6		7.2	-5.1	3.2	1.1	
天　津	9.7	2.5	9.6	9.4	10.2	10.2	2.3
(1)金融业	11.8		11.7	10.3	13.1	13.0	
(2)批零业	6.6		6.8	7.7	8.6	8.8	
(3)交通运输业	7.9		8.2	8.2	8.8	8.8	
(4)房地产	5.7		2.1	1.1	1.3	1.3	

对首都经济贡献明显提升。2015年前三季度，北京市服务业占GDP比重超过80%，对GDP贡献率达到90%左右，创2012年以来的最高值。特别是金融业、信息服务、科技服务等彰显首都功能定位的高端服务业发展较快，完成税收平均增速超过20%，占比达到38%，较2014年同期提高约4个百分点，在宏观经济下行压力较大的背景下，有力地支撑首都经济总体保持平稳。此外，截至目前，北京市共有近110万家组织机构，服务业结构占比已经超过90%，其中，科技服务业、商务服务业分别占比24.4%、17.5%，处于服务业的前两位。

（二）瘦身健体初见成效，服务业内部优势行业贡献提升

2015年，在非首都功能疏解力度加大、京津冀协同发展速度加快的带动下，服务业内部加速调整升级走势，各行业表现出不同的走势（见表8~2）。

表8~2　　2014年各主要行业增加值增速及比重走势（%）

	2014年增加值增速	2015年季度增加值增速			比重		
		1~3月	1~6月	1~9月	“十五”期间	2014年	2015年前三季度
总　体	7.5	7.2	7.9	8.1			
金融业	12.3	18.7	19.4	19.0	18.7	19.7	21.5
批发和零售业	5.5	-1.2	-2.7	-2.2	17.3	15.5	14.3
信息服务业	11.7	9.3	10.0	11.8	12.0	12.1	12.3
科技服务业	11.1	11.3	12.5	13.1	9.7	10.0	10.9
商务服务业	5.8	-2.7	-2.5	-2.0	9.7	10.1	9.5
交通运输业	6.8	7.8	6.2	5.3	8.8	5.9	6.0
房地产业	-2.2	-2.7	3.7	4.8	8.6	8.1	7.7
住宿餐饮业	-0.2	0.4	0.7	0.8	2.7	2.3	2.2
教　育	9.7	10.8	11.3	10.1	4.9	5.2	5.2
居民服务业	13.2	4.1	2.4	1.9	0.9	0.9	0.9
卫生、社会保障和社会福利业	10.7	14.5	14.9	12.2	2.6	2.9	3.1
文化、体育与娱乐业	1.9	4.4	5.8	4.5	2.7	2.8	2.6
水利、环境和公共设施管理业	11.4	11.5	11.6	10.5	0.7	0.8	0.6
公共管理和社会组织	-2.6	8.3	8.5	8.4	3.8	3.6	3.2

1．金融业、信息服务业、科技服务业等彰显首都功能、知识资本密集的行业保持快速发展态势，对第三产业增长的贡献持续上升，占第三产业的比重分别为22.4%、12.5%和11.3%，对第三产业增加值增长的贡献率达到83.4%。

金融业呈快速增长态势。在2015年年初资本市场活跃的带动下，前三季度金融业增加值同比增长19%，增速高于2014年同期7.1个百分点；增加值占服务业比重达到21.5%，较2014年同期上升两个百分点。**税收贡献持续加大**，前三季度实现税收同比增速超10%，较2014年同期提升4个百分点左右。从细分行业看，证券、保险、税收增长快速，增速均较2014年同期实现翻番。**银行业盈利能力下行压力较大**，受连续降息、利率市场化等因素影响，北京市上市银行普遍存在“净息差下降，净利润增长率滞缓”的情况，如中农工建国有四大银行营业收入均降至个位数，其中中国银行和农业银行增速分别只有3%和3.3%；除北京银行实现10.8%的增长以外，其余上市银行利润增速均在5%上下徘徊，显著低于2014年同期水平，其中，建设银行和农业银行出现了近年首次的利润同比下滑。**新三板发展强劲**，截至目前，挂牌公司总数达到3600家，总市值突破1.5万亿元，较2015年年初分别增长128%和229%。

延伸阅读：新三板与北京四板市场合作设立“新三板流动审核办公室”

目前，新三板、北京四板市场以及申万宏源、西南证券、中信建投等10家券商的工作人员已正式入驻。此次合作在全国范围内尚属首例，有助于新三板市场缓解物理场地和审核人员的双重紧缺压力，加快审核工作进程，帮助北京市企业特别是北京四板市场企业更便捷地进入新三板市场。

信息服务业呈现向好态势。前三季度增加值增速为11.8%，与2014年同期基本持平，连续两年保持10%上下的增长水平，是服务业中表现较为稳定的领域之一。在信息类消费快速增长的带动下，**龙头企业经营情况普遍向好**，北京市50余家内地上市信息服务企业普遍取得较好经营业绩，营收增速超10%的企业超过六成，营业利润同比增速超10%的企业也接近六成，其中，互联网金融企业中科金财、智能交通企业四维图新、大数据企业腾信股份均取得了收入、利润双高增长的成绩，显示转型升级过程中新兴产业增长态势良好。**信息服务业辐射带动作用持续加强**。商务部最新公布的2015~2016年年度电子商务示范企业中，北京市共有19家企业入选，其中网络零售类9家，电商服务类、综合服务类各3家，跨境电商类2家、生活服务类、创新类各1家。

科技服务业实现稳健增长。前三季度增加值增速为10.9%，2015年年内走势平稳，增速稳定在11%上下，与服务业其他领域相比，科技服务业增加值增速连续8年保持在10%上下，成为服务业中表现最为稳健的领域之一。在京津冀协同发展加快推进、北京市一系列“促创新”“帮创业”“助小微”政策的带动下，科技服务业中的环境生态监测、工程设计咨询、研究开发服务、专业化设计服务等领域表现尤为突出，前三季度营业收入均保持在10%左右的增长水平。

2．随着国内经济增长动力转换、非首都功能疏解、禁限产业政策效果持续显现，商贸流通、住宿餐饮等行业延续调整转型态势。

商贸流通业延续调整下行走势。前三季度，批发零售业和交通运输业增加值增速分别为-2.2%和5.3%，均低于2014年同期。造成商贸流通业低迷的原因主要包括：一是受非首都功能疏解影响，部分区域性批发市场、小商品市场加速清退，加上受进口成本增加和能源价格走低等因素影响，传统批发零售业下行压力巨大，特别是汽车和能源类大型批发企业减收明显。二是交通运输业虽利好于能源价格走低带动成本下降，但运输量下降更为明显，自2015年年初以来，货物周转量持续下降，降幅接近10%，加上阅兵等重大节日限行影响，都对交通运输业带来不小的冲击，总体来看行业下行仍压力较大。**住宿餐饮延续低迷走势。**前三季度增加值增速为0.8%，增速虽摆脱了2014年同期负增长的局面，但“以业控人”力度加大的背景下行业，行业整体延续低迷的运行态势。

延伸阅读：“京津冀区域物流公共平台”落户马坊物流基地

据悉，“95006”区域物流综合呼叫服务中心将入驻马坊物流基地，标志着“京津冀区域物流公共平台”正式落户，该平台是目前全国最大的物流行业车源、货源实时“交易匹配、交易撮合”线上平台。预计一年将产生百亿级营业收入，并将有效解决北京市物流外迁后的城市配送问题。

3．教育、卫生等公共服务业在供给侧改革不断加大的带动下，整体保持稳中向好的运营态势。**教育实现平稳较快增长。**前三季度增加值增速为10.1%，2015年年内走势平稳，增速始终保持在11%上下，为2009年以来最高水平。教育产业走势向好主要得益于供给侧改革深入，教育在线化趋势明显，使得需求端个性化需求不断得到满足，从而带动产业规模快速扩张。**卫生领域呈现积极向好的运行态势。**前三季度增加值增速为12.2%，且各季度增速均保持在12%以上，创2009年以来同期最高值。随着医药卫生体制改革不断深化、与互联网的加速融合，卫生领域产业发展活力不断释放，新的商业模式不断涌现，特别是随着春雨医疗、阿里健康、百度医疗等互联网医疗龙头企业的崛起，北京市在在线轻门诊和挂号模式、医药电商模式、智能穿戴设备模式等新兴业态中均拥有较强的话语权，领跑全国互联网医疗产业发展。

延伸阅读：阿里健康科技（北京）落户朝阳区

由阿里巴巴控股的香港中信21世纪电讯有限公司出资3亿元设立。公司以互联网医疗概念为核心，借助云计算、大数据、移动互联网等技术，通过搭建云医院平台、多点执业医生平台等方式，提升医患互动效率，引导优质医疗资源向资源薄弱地区下沉，降低药品价格。

此外，**房地产业回升态势明显。**在降息降准、首套房认定标准、公积金贷款等一系列利好政策效果叠加下，以及自住型商品住房加快入市、改善型需求加快进场等因素的作用下，前三季度增加值增速为4.8%，扭转2014年同期负增长局面，房地产市场交易保持活跃。

延伸阅读：联合国教科文组织在北京市设立全球首个“国际创业与可持续发展中心”

中心将依托北京“设计之都”，推动发达国家和发展中国家在创意产业领域合作共赢、协同发展，实现社会和经济包容性发展，使中国在发展创意经济、促进“南北合作”与“南南合作”等方面发挥更大的国际影响力。

延伸阅读："十二五"期间北京科技服务业发展成效显著

1. 对首都发展的贡献显著提升。"十二五"期间，科技服务业增加值年均增长13.55%，高于GDP增速4.2个百分点，其中"互联网+科技服务"、"大数据+科技服务"以及面向教育、健康、消费等领域科技服务新业态快速发展。

2. 政策体系不断完善。在科技成果使用处置收益管理等方面，推出了一系列突破性改革举措。其中，扩大税前加计扣除的研发费用范围等6项政策已推广至全国。

3. 市场环境进一步优化。首都创新大联盟现有成员98家，涉及产学研用等创新主体6000余家；成立背景重创空间联盟，发挥社会组织自管、自律发展功能；探索建立面向全国的新技术新产品（服务）采购平台，加强对产品（服务）的展示发布和推广应用；7家科技创新联盟承接国家科技服务业创新发展试点，搭建标准、专利、检测认证、国际交流等共性平台23个。

（三）服务业收入增长分化态势明显

2015年，北京市服务业整体收入规模呈低速增长走势，前三季度收入增速为4.4%，年内走势较为平稳，各月增速均在4%上下波动。但内部分化态势明显，信息、科技、公共服务业收入增长较快，房地产业收入增速回升态势明显；交通、居民服务业受非首都功能疏解影响明显，收入增长乏力。其中，得益于新业态、新模式的快速发展，信息服务业收入延续平稳较快在增长态势，前三季度，50余家内地上市的北京信息服务企业中，实现10%以上增速的数量超过六成。在双创活跃的带动下，前三季度科技服务业收入增速稳定在7%上下。在政策利好下的交易量回升的带动下，前三季度房地产业收入增速达到17.3%，是服务业中收入增长最快的领域之一。教育、卫生、文体娱乐等公共服务业表现稳健，前三季度收入分别同比增长8.5%、7.5%、13.1%。受货运量持续下降影响，交通运输业收入增长缓慢，前三季度增速仅为0.9%，但在石油价格持续走低的利好下，中国外运、中国国航等大型运输企业利润增长明显，增速均超过80%以上。

（四）改革推动服务业活力加快释放

2015年是改革不断深化的一年，前期出台的各项改革措施效果已初步显现。同时，新的改革力度不断积累。这些都成为带动服务业发展活力不断释放的主要因素。**一是"营改增"试点行业税负水平稳中趋降。**试点行业结构性减税效果显著。前三季度试点行业共减税243.2亿元，试点纳税人总体税负下降44.3%，97.3%的试点纳税人税负下降或持平。其中，文化、体育和娱乐业税负下降幅度最大，同比下降12.6%。**二是商事制度改革带动企业创业活跃。**前三季度，北京市新增税源登记户17.63万家，同比增长7.8%。其中，科技服务业新增企业4.44万家，增长46.5%；文体娱乐业新增1.1万家，增长38.4%；金融业新增2230家，增长37.9%。**三是服务业扩大开放试点改革为相关领域注入活力。**前三季度，科学技术服务、互联网及信息服务业等六大试点领域外商投资企业收入仅同比增长5.2%，低于六大领域整体水平5个百分点。预计改革实施以后，试点领域投资环境将得到明显改善。

延伸阅读：国务院批复北京市服务业扩大开放综合试点总体方案

2015年5月5日，国务院批复同意北京市服务业扩大开放综合试点总体方案。北京市在科学技术服务、互联网和信息服务、文化教育服务、金融服务、商务和旅游服务、健康医疗服务六大领域进一步对外开放，降低或取消外资股权比例限制、部分或全部放宽经营资质和经营范围限制，实现投资主体多元化，以开放促进改革和发展，加快服务业的升级和换代。同时深化对外投资管理体制改革，加快企业走出去的步伐。

为依法推进北京市文化服务、商务和旅游服务等重点领域扩大开放措施，为改革落地提供必要的法制保障，针对北京市服务业扩大开放综合试点11条开放措施中部分由行政法规或经国务院批准的部门规章设定的行政审批和准入特别管理措施，此次国务院通过发布《关于在北京市暂时调整有关行政审批和准入特别管理措施的决定》的方式予以调整。

《关于在北京市暂时调整有关行政审批和准入特别管理措施的决定》明确了需要在北京市暂时调整的有关行政法规和经国务院批准的部门规章的规定和涉及的行政审批和准入特别管理措施，包括调整《外商投资民用航空业规定》《营业性演出管理条例》有关股比限制的规定，取消了外商投资飞机维修项目中方控股和设立外商独资演出经纪机构的限制；同时允许在北京市设立符合条件的中外合资旅行社经营中国内地居民出国游业务以及赴香港特别行政区、澳门特别行政区旅游业务。

（五）高端功能区产业总体平稳，各园区发展态势分化

2015年，前三季度北京市高端产业功能区总体保持平稳的运行态势，但受政策、国内外经济环境、非首都功能疏解等因素影响，各园区发展态势分化。总体来看，通过京津冀协同发展的步伐不断加快，大众创新、万众创业的全面推进，以及非首都功能的加快疏解，高端产业功能区发展环境明显提升，产业结构实现调整优化，对优质资源的支撑承载能力显著增强。

服务业比重较高的功能区中，**中关村示范区呈现稳中趋好的运行态势**。前三季度，中关村示范区增加值增速超过10%，规模以上企业实现总收入25205.6亿元，同比增长12.5%，较2014年同期基本持平；实现利润总额2010.4亿元，增长14.9%。**创新创业高度活跃**。新创办科技型企业超过1.8万家，同比增长25%；规模以上企业内部科技活动经费支出837亿元，同比增长17%；中关村企业专利申请3.3万件，同比增长12.9%。**企业并购上市火热**。并购交易274起，同比增长1.8倍；新增上市企业24家；新三板新增挂牌或通过备案企业215家，累计达616家。

金融街保持较快发展态势。前三季度，金融街增加值增速超过10%；实现营业收入同比增速达到26.8%；税收达到0.3万亿元，同比增长约6%。**迎来金融机构落户新高峰**。落户金融机构133家，超过2014年全年总数，新增注册资本1780亿元，创历史新高。其中，不乏承载国家经济外交战略的金融机构，包括丝路基金、中拉产能合作投资基金、国开发展基金，以及富国银行北京分行、VISA国际组织中国总部等国外知名外资机构。**对北京市金融业贡献突出**。金融街占北京市金融业增加值比重超过四成，对北京市金融业增长和经济增长贡献率分别超过30%和14%。

CBD延续低速徘徊走势。受空间约束加剧，及国内外经济低迷等因素影响，CBD延续低速徘徊走势，前三季度增加值增速在5%上下徘徊。其中，中心区实现税收同比增长6.8%，除金融业增速达到30%以上外，现代服务等产业税收增速普遍低于10%。**核心区建设进展顺利**。为破解发展瓶颈，CBD核心区内的公共配套设施、路网建设加快推进，内部道路微循环

系统初步形成。

延伸阅读：为缓解道路拥堵顽疾 北京将建CBD区域专用地铁线

为了缓解道路拥堵顽疾，解决CBD地区交通拥堵问题，交通部门正研究规划短距离区域性专用地铁线。

据介绍，CBD专用地铁线起于6号线东大桥站，经过CBD核心区后继续南行，接入7号线九龙山站。该线全长4.88公里，均为地下线，共设车站8座，未来有望与途经该区域的1号、14号、17号等多条线路实现换乘接驳。届时，CBD地区地下空间将实现互联互通。

CBD的交通可以说是个老大难问题。目前开通的地铁1号线、7号线和10号线，在CBD中心区均有站位。即将通车的14号线中段、正在建设的地铁17号线，也将经过CBD地区。而这些地铁线路的开通，并不能满足CBD地区市民的出行需求。

为此，北京市交通部门曾采取多项措施。2015年5月中旬，北京市交通委路政局启动对八王坟东站（西向东）公交港湾改造。将京通快速南侧辅路由2条机动车道拓宽为3条，自行车道外移，同时，在自行车道外侧再增加两条长达148米的公交车专用道，专门用于10条公交线路的停靠站。之前宽4.5米的步行道也增加至6米。

奥林匹克中心区陷低速增长局面。受国内经济增速放缓、大宗商品价格下降和非首都功能疏解的影响，位于奥林匹克中心区的部分能源类、建工类企业总部经营出现一定下行压力，拖累前三季度奥林匹克中心区增加值增速低位徘徊。

二、服务业发展中需要关注的问题

（一）基础设施建设对新城发展支撑不够，区域性商业商务中心功能未能充分发挥

随着城南行动计划、西部发展议案、通州副中心和新城建设的实施，一批具有区域性商业、商务中心潜质的板块迅速在新城崛起，成为集聚北京市需求的新热点。但也应注意到，在新城区域性商业、商务中心的快速崛起的过程中，城市交通基础设施对新城商业、商务功能在更大范围内有

效释放需求的支撑作用尚显不足。特别是现有轨道交通网络仍以“中心—外围”放射状形态为主，连接新城和重点城镇的环状线路较少，客观上加剧了“职城”和“住城”分离，没有起到将需求向新兴商业、商务中心有序引导的作用。

（二）非首都功能疏解背景下服务业“健体”力道不足

为了更好地落实城市发展战略，2015年以来北京加大了产业功能“消肿”、“瘦身”力度，2015年新出台的新增产业禁止和限制目录，涉及大类25项，中类148项，小类403项，修订幅度之大、涵盖面之广均超过2014版《新增产业的禁止和限制目录》。特别是对制造业、教育、卫生、社会团体、餐饮等领域进一步加大禁限力度。但同时也应看到，随着城市发展进入新阶段，居民的需求从范围、数量到品质都在不断变化、提升，生活性服务、新兴服务领域的供需缺口仍然较大，供给层次仍然较低。因此，在对城市产业功能“消肿”、“瘦身”的同时，也应加大对服务业，特别是对生活服务业、新兴服务业的帮扶力度，建立产业鼓励目录，促进产业加速转型升级。

（三）新兴产业的行业标准和规范措施普遍缺失

以新一代信息技术、大数据、物联网、云计算为支撑，新兴“互联网+”业态不断孕育发展，一些新兴业态蓬勃发展，不断考验着我们的想象力和认知力，现有的行业准入标准和监管措施难以适应新兴产业的快速发展。政府的管理模式也面临挑战，难以适应互联网经济的到来。因此，只有通过加快制定行业标准和法律法规，加大行业规范力度，创新政府管理模式，“管疏”结合、“宽严”相济，才能使新兴业态在良好的环境下健康发展，最终形成城市发展的新支撑。

（四）金融业运行潜在风险的不断积累对北京市经济稳定的影响较大

2015年以来，北京市产业发展出现新的变化，金融业、信息服务业、科技服务业等符合首都发展战略的领域对北京市经济支撑作用越发明显，特别是占服务业增加值22%的金融业，前三季度增速接近20%，创2010年以来的最高，对税收贡献明显，已经成为北京市经济稳增长的关键。但同时也应注意，随着外部发展环境的变化，金融业累积的风险也在加大。一方面，资本市场受股市大幅波动、证券市场整顿力度加大等因素影响，成交量萎缩明显，严重影响了相关企业的投资收益；另一方面，货币市场受多次降息降准、存贷款利率的放开等的影响，银行业面临息差收窄、不良率上升等多重压力，导致整体盈利能力较往年明显收窄。同时，互联网金融、众筹等新兴业态虽然发展快速，但缺乏有效的监管措施，造成行业发展潜在风险正在加剧。这些因素的不断累积已经成为影响金融业保持良好走势的因素，需要给予密切关注。

（五）商务服务业增长持续放缓需引起关注

商务服务业是北京市优势产业之一，担负着彰显首都对外交往中心的重要职能。但从近几年发展走势看，产业整体增长平台持续下移，已由2010年的20%下移至2014年的个位数，2015年更是陷入十年以来首次负增长局面。从对商务服务业发展环境剖析看，商务服务业发展存在以下问题：产业目前尚无明确的发展促进政策措施；商务服务业涉及领域和行业较多，资源难以整合，政策难以聚焦；高端人才流动性较大，引进和留住人才无渠道等，需要引起广泛的关注。

三、2016年北京市服务业将延续稳中放缓走势

2016年，北京市服务业将延续以“新旧动力转换、新旧业态消长”为特征的转型升级走势。**从发展环境看**，2016年是“十三五”规划的开局之年，改革必然加码，开放势必深化，这些因素都将对破除服务业发展体制机制约束、促进大众创新万众创业、发挥市场在资源配置中的决定性作用等起到一定作用。同时，国家战略的深入实施也将带动服务业提质增效，“一带一路”的推进将利于首都科技服务业向外输出，而“京津冀协同发展”则利于首都服务业在更大的空间范围内调配资源、布局产业。此外，北京市成为全国首个服务业扩大开放综合试点城市，这次试点具有覆盖区域范围

更广、配套支持体系更完善等特点，涵盖科学技术服务、互联网信息、金融服务、商务旅游服务等六大领域，将成为北京市服务业在开放中孕育新活力的一剂良方。同时，新技术、新模式的加速应用将源源不断地创出新的服务业态。**从动力看**，一方面受国内经济持续下行、世界经济整体复苏乏力的影响，生产性服务需求恐将进一步放缓；另一方面，消费性需求在新兴业态不断出现、潜在需求不断激发的带动下，有望持续释放。总体判断，动力消长转化之间，短期内生产性服务需求放缓对服务业的负面影响将更为明显。**从服务业成本看**，随着非首都功能疏解的推进，个别领域劳动力供给规模可能面临收缩，势必带动服务业经营成本的上涨，进一步压缩服务业整体的盈利空间。**从结构看**，科技服务业、信息服务业等领域“双创”将持续保持活跃，带动性作用有望继续释放，高技术服务业整体有望保持较快增长态势。区域性物流、批发等业态疏解力度将持续加大，商贸流通业存量规模恐将继续萎缩。教文卫等公共服务领域政策约束将进一步放松，新技术与产业将加速融合，产业整体保持向好走势。此外，受存贷款利率全面市场化影响，金融业盈利空间将进一步收窄；受土地供应持续下降影响，房地产业交易规模将有所下降。综合考虑以上因素，结合服务业各领域发展状况，初步预计2016年服务业全年增加值增速在7.3%左右。

四、重点产业走势分化

（一）供需两端同时发力，带动信息服务业快速增长

信息服务业是北京最具发展潜力和发展优势的产业之一。依托新技术的不断应用，近年信息服务业不断孕育出新业态、新模式，持续刺激着潜在消费潜力的释放，信息消费已经成为北京市消费增长的重要拉动力量。2016年，信息服务业仍将保持较为活跃的发展态势。**一是从设施建设看**，一方面电信资费降费提速的相关政策加快落地，使市民消费信息服务产业的成本不断降低；另一方面，随着“My Beijing”等公共区域服务接入服务的加快推广，交通枢纽等北京市300多个公共场所将陆续提供免费无线接

入服务，也为市民“全天候、无死角”实现网上冲浪带来可能。**二是从创新创业看**，前期积累的发展潜力正在转化为发展动力。商事制度改革以来，信息服务业创新创业、投融资都非常活跃，仅2015年上半年新增的信息服务企业数量已经超过3万家，同时，资本进出活跃，新兴投资热点不断出现，而《“互联网+”行动计划》的具体实施细则的加快落地，也将带动信息服务新兴业态实现快速发展。**三是从龙头企业看**，并购加剧、政策趋好直接带动了互联网龙头企业做大做强。随着58赶集、携程艺龙、土豆优酷、美团大众点评、滴滴快滴等企业间完成合并，在全国范围内北京市的“互联网+”行业集中度明显提高，全产业链控制力显著提升，为实现业绩提升奠定了扎实的基础。同时，从全国范围看，鼓励创新创业的环境正在形成，对新兴产业发展的包容度有所提升，一些困扰新兴产业发展的体制机制障碍正在破除，都为“互联网+”的新兴业态发展提供了保障。

延伸阅读：天猫总部迁至北京，阿里开打全球化

日前，阿里巴巴宣布天猫总部将从杭州迁至北京，并于2015年“双十一”之前完成所有搬迁工作。未来，阿里将实现杭州与北京双总部运行策略。这一举动可谓打入京东商城腹地，与其直面展开更残酷的竞争。

阿里巴巴内部人士表示，由于公司在华东地区，所以很多项目推进在这一区域反响会比较好。实际上这也迷惑了我们自己，很多项目或活动并不是江浙沪接受了，全国人民就接受。而北京是北方市场的核心，要扩大阿里巴巴在这一地区的影响力，必须要走到北京去。

据了解，目前阿里巴巴已有1/3的业务在北京，近1万名员工已在北京工作。旗下UC浏览器、高德地图阿里影业、阿里健康、微博、优酷视频总部都设在北京。

（二）专业化、外向型特征不断凸显，科技服务业保持稳健走势

“改革释放活力，开放提供机遇”，2016年，在国家重大战略加快实施的带动下，北京市科技服务业有望保持稳健走势，专业化、外向型特征将不断凸显。一是京津冀协同发展向前推进，将在高效节能、尾气治理、垃

圾处理等方面带动一批科技服务示范项目的落地，如北京首钢自动化信息技术公司的“面向京津冀协同发展的智能制造综合科技服务”示范项目等，将带动相关领域快速发展。二是一批政策法律的陆续实行，将进一步完善科技服务业的发展环境。其中包括《关于加快科技服务业发展的若干意见》、《促进科技成果转化法》、《关于加快构建大众创业万众创新支撑平台的指导意见》等，以及北京市落实国家相关政策精神出台的《关于加快首都科技服务业发展的实施意见》等实施意见，这些政策措施的实施对加快释放首都科技服务资源潜力将起到积极作用。三是京津冀科学技术协会科技成果转化平台、科技成果转化基地等平台建设的加快，有利于首都高精尖项目、科技成果向河北天津加快转移布局，继而带动相关科技服务领域增长。四是随着“一带一路”基础设施建设的推进，涉及高端装备、铁路运输、建筑建设等领域一批科技服务业有望在沿线国家推广应用，带来可观的经济效益，如北京新联铁科技公司的“兼容CRH系列动车组运维检测工程技术服务”、中冶建筑研究总院的“混凝土安全壳检测技术”等。同时，专业街区的建设也将为科技服务业发展提供空间保障，如“一城三街”建设不断推进，为产业发展提供了必要的空间保证和服务保证，其中中关村软件城2016年将新增53万平方米的产业发展空间；中关村创业大街入驻的创业服务机构有望突破40家；知识产权和标准化一条街入驻的知识产权服务机构有望超过100家；科技金融一条街汇集的金融服务机构有望超过400家。

（三）商贸流通业延续调整下行走势

京津冀协同发展规划的近期目标，即到2017年有序疏解北京非首都功能取得明显进展。预计，2016年，非首都功能疏解力度将进一步加大，商贸流通业将延续调整下行走势。**从传统批零业看**，按照北京市各大区域性批发市场疏解时间表，2016年都是承上启下、能否完成既定疏解任务的关键时间节点，预计大红门、动批、官批、天意、万通等区域性批发市场都将加快疏解脚步。同时，小型住宿、餐饮企业也将加速清退。**从物流仓储业看**，各大物流企业纷纷通过与天津河北合作对接疏解在京物流仓储功能，如中铁现代、中铁联合、京铁实业、长久物流等北京市大型物流企业都已在京唐港、曹妃甸等地建设物流园区，京东、亚马逊也在天津等地建设仓储中心，预计以上园区都将在2016年以后投入运营。

延伸阅读：大红门市场疏解2017年底前完成

2015年11月3日，大红门疏解办相关负责人对市人大代表表示，为疏解大红门地区服装加工、仓储、批发等非首都功能，大红门地区目前已初步形成了整体工作目标，即通过4年（2015~2018）完成疏解目标，预计将于2017年底基本完成市场疏解，实现区域内所有仓储物流业态外迁转移，其他商、市场完成升级调整。

这意味着，目前地区内的45家商、市场，在具体拆除、关停、转型升级等定位都有相应的计划。未来，大红门地区将由主要服务“三北”地区向满足本地市民需求转变，打造一个全新的首都市民生活服务业创新示范区和全新的时尚生态圈。

（四）利率进入全面市场化时代，金融业盈利空间恐将进一步收窄

2016年，金融业发展的不确定性有所增加，行业整体盈利水平将延续低位徘徊走势。**从货币服务业看，**国家货币政策总基调仍将延续“偏宽松”的基调，根据经济发展需要，微刺激、降准降息、多种新型调控工具将成为常态。但鉴于利率市场化的推进、同业业务监管的加强，特别是2016年有望推出的银行业“营改增”改革，都对银行业盈利能力产生一定的影响，盈利空间收窄的趋势势必延续。**从资本服务业看，**证券市场恐难以恢复至2015年年初沪深两市交易活跃局面，资本市场的热度势必转冷，行业盈利水平将呈现震荡下行走势。保险业占金融业比重虽然较小，但随着与互联网、大数据等新兴产业的融合度不断加深，行业竞争力、盈利能力都有望保持向好态势。

（五）量降价升，房地产业整体稳中有降

2016年，房地产业面临一定的回调压力。**一是潜在供应能力可归纳为“量降”。**受北京市加大非首都功能疏解力度等影响，2015年整体经营

用地供应规模有所减少，从出让结构看，受保障类、自住型商品用地挤压，纯商品住宅供应面积进一步减少，造成2015年全年房地产开发新开工面积持续处于低位，受此影响，2016年北京市新建商品住房供应规模将进一步缩水。**二是潜在价格走势将呈现为“价升”。**经营用地供应规模减少和自住房、保障房捆绑开发导致地块总价不断上升，开发商为平衡成本，只能进行两极化的开发，纯商品住房高端化趋势愈发明显，纯商品住房项目定价势必持续走高。**三是从需求端看，存在一些有利于需求进一步释放的因素，**比如说，通过几次降息，房贷利率已经降至近年最低值，以及公积金异地提取、二套贷款首付调整等政策，都有助于“刚需”、“改善”加快进入市场。此外，在国家稳增长压力不断加大的背景下，预计房地产政策环境存在进一步宽松的空间，将有利于自住型、改善型需求的入场。综合以上因素，总体来看，在“量降”和“价升”的共同作用下，预计2016年北京市房地产业总体呈现稳中有降的运行态势。

延伸阅读：两次中央级别会议强调的房地产库存

中共中央政治局12月14日的会议已经指出，要化解房地产库存，通过加快农民工市民化，推进以满足新市民为出发点的住房制度改革，扩大有效需求，稳定房地产市场。要扩大有效供给，保持有效投资力度，着力补齐短板。

在中共中央政治局会议的基础上，中央经济工作会议对去库存化的议题进一步细化，并提出了原则性的去库存方案。

12月18日至21日在京举行的中央经济工作会议，与房地产相关的内容主要包括：化解房地产库存，通过加快农民工市民化，扩大有效需求；允许农业转移人口等非户籍人口在就业地落户；以建立购、租并举的住房制度为主要方向，把公租房扩大到非户籍人口；鼓励开发商适当降低商品住房价格；促进房地产业兼并重组，提高产业集中度；要取消过时的限制性措施。

（六）公共服务加速触网升级，整体延续较快增长态势

“教文卫”等公共服务领域机制改革有望进一步推进，对供需有效对接、需求加速释放、价格机制形成等都具有积极意义。同时，互联网、移

动互联、云计算、大数据等新技术将加速对传统产业的改造，公共服务业触网融合脚步加快，特别是借助信息化平台，长期以来市场供给明显不足、服务结构过于单一的生活类服务业的活力正在焕发，潜在需求正在被激活，行业内一批新兴业态、高成长企业将加快形成，前期已经形成较为稳定商业模式和盈利能力的互联网医疗、在线教育等领域将加快市场扩张规模，对北京市经济的带动作用、对关联产业的示范作用将进一步加大。总体判断，2016年，北京市公共服务业将保持两位数的较快增长态势。

五、功能区将加快业态调整和布局优化

在京津冀协同发展、构建高精尖产业结构的背景下，三地间将加快推进跨区域合作机制的建立，包括产业转移对接企业税收收入分成办法等一批促进产业、科技要素转移机制的相继建立，将有助于北京高端产业功能区加速产业升级、空间优化，打造高端化、服务化、集聚化、特色化园区。2016年，**中关村示范区**将继续加大与津冀合作力度，通过加快制造环节的疏解转移、科技成果异地生根、高精尖项目对外推介、创业服务机构向外辐射等措施，实现三地科技创新和产业创新要素的融合发展。随着京津冀12家国家级开发区和三地开发区协会共同签署的《京津冀开发区创新发展联盟框架协议》的颁布生效，三地间政策、资源交流共享平台初见雏形，在此带动下，“4+N”产业格局有望加快形成，**北京经济技术开发区**将以此为契机，加强与河北廊坊、天津武清等地在生物医药、电子信息、电子商务等领域的互动合作，形成布局合理、分工明确的产业集群。**CBD**将通过加速核心区公共基础配套设施建设，打通内部道路微循环，加快区域循环地铁线建设的手段，改善商务区投资环境，为CBD区域经济结构持续优化和高端人才加速聚集提供有力保障。**金融街**将以引入丝路基金、亚投行总部等重量级金融机构为契机，加大引进国际金融机构力度，优化区域产业结构，巩固提升金融街中国最重要的金融中心地位。

六、对策措施

（一）非首都功能疏解应处理好产业加减关系

一方面要建立激励机制提升区县主动疏解动力。加大制定出台符合各区县实际的差异化疏解政策，修订人口、产业、土地等相关发展指标。可将部分与非首都功能疏解相关的项目审批权限下放到区县层面，并对一些项目实行打捆审批、联审联批。评估各区县产业转移疏解的财政性影响，对产业退出等给予一定的财政转移支付。统筹协调解决产业迁出地与承接地的财税分成机制、企业资质跨区域互认、相应的补偿激励机制等涉及产业转移的体制机制问题。**另一方面**，也要加快制定符合功能定位的鼓励类产业目录。加快编制“十三五”期间，动物园、大红门、南苑等市场搬迁、棚户区改造重点地区的整体发展规划，制定符合首都功能定位的产业鼓励目录，规划用好产业疏解腾退出的空间，打造符合首都功能定位和发展方向的优势产业园区，为首都构建高精尖产业结构提出新支撑。

（二）加快制定新兴产业规范管理办法

针对新兴产业，特别是那些发展潜力巨大，但潜在风险不容忽视的产业，如互联网金融、众筹行业，需要加快制定管理办法，加以引导和规范。建议，**一是**按照互联网金融业务属性，实施分业经营；由市金融部门牵头汇总“一行三会”相关政策，对辖区企业实施混业监管。**二是**完善体制机制，加快研究制定北京市《促进互联网金融健康发展的指导意见》，给予政策支持，加强众筹行业基础设施投资建设。**三是**加强风险防控。落实中央有关文件精神，加强对互联网金融、众筹等行业的支持保障与风险防范。按照《中国人民银行征信管理条例》，对涉案违规的企业纳入人民银行征信系统，并对其工商核准、授信融资等出台特殊规定。成立反洗钱分析中心，甄别、分析辖区内各关联方资金流转情况，发现可疑苗头由公安机关采取措施严厉打击利用互联网金融渠道从事洗钱犯罪活动。**四是**完善行业退出机制。包括完善P2P借贷平台市场退出机制。**五是**加强顶层设计。搭建北京市互联网金融、众筹行业等发展与监管框架，建议行业协会，加强行业自律，完善行业标准，规范行业发展。

（三）加大对商务服务等符合首都功能定位的差异化扶持力度

针对商务服务业扶持政策缺失，资源难以整合，高端人才引进渠道狭窄等问题，应从以下几个方面加以解决。一是重点支持具有明显竞争优势、全国排名50强的行业龙头企业，带动专业服务水平和高端服务能力的提升。二是整合行业优势资源，支持行业协会搭建公共服务平台，建立健北京市场运行和行业发展监测服务体系。三是制定人才稳定发展的政策措施，发挥行业协会在服务企业、诚信自律、标准制定、人才培训等方面的作用。四是组织引导行业协会构建面向众创空间的创业助力器，组建一批以法律、财税、知识产权、企业管理、调查咨询、投融资及资本营业专家为土体的创业助手工作室。五是加大企业走出去的政策支持力度。六是打造各类商务服务业产业园区和专业商务楼宇，引导企业按照首都城市功能定位提高专业化水平。

第九章 高技术产业

创新创业热潮涌动 高技术产业发展总体向好

2015年，北京市上下“大众创业、万众创新”热潮涌动，以“互联网+”为代表的新兴产业发展迅猛，新业态、新模式层出不穷。在这些有利因素的带动下，北京市高新技术产业总体呈现出量质齐升的良好局面，前三季度增加值增速明显快于北京市GDP增长水平，预计全年保持积极良好的运行态势，对北京市经济的支撑作用明显加强。2016年，在全面深化改革开放、京津冀协同发展战略深入实施的带动下，新技术、新模式有望加速带动新的增长点形成，北京市高技术产业保持较快增长态势。

一、2015年北京市高技术产业发展总体情况

2015年，在国家科技创新中心加快建设、科技体制改革深化的带动下，北京市高技术产业总体保持较好的增长态势。高技术服务业实现近四年最快增长，高技术制造业对工业转型作用明显。

（一）高技术服务业实现近四年最快增长，高技术制造业对工业转型带动作用明显

随着“大众创新、万众创业”的深入推进，一系列促创新、助改革政策效果不断显现，高技术产业发展环境总体得到持续优化。高技术服务业产业发展活力不断释放，增加值增速创2012年以来最高水平，且2015年年内走势逐季攀升（见图9~1）。高技术制造业总体保持稳健增长态势，年内走势虽呈稳中略降，但明显高于同期工业增长速度，对工业转型带动作用明显。

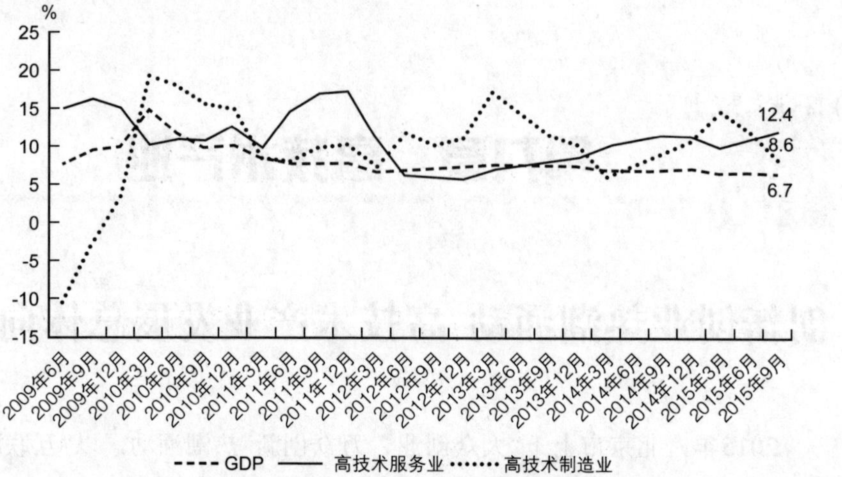

图9~1 2009年6月以来北京市GDP、高技术服务业及高技术制造业增加值增速

1．高技术服务业延续较快增长走势，对首都发展贡献显著提升

2015年1~9月，在创新创业活跃的带动下，高技术服务业实现增加值3071.4亿元，同比增长12.4%，增速分别高于GDP和服务业5.7个百分点和4.3个百分点，是2012年以来的最高值（见表9~1）；占服务业比重达到23.8%，高于2014年同期1.5个百分点，是“十一五”时期以来的最高值；高技术服务业新增企业达到5万家左右，占全部新增企业的三成左右；高技术服务领域财政收入同比增长12.5%。总体来看，高技术服务业已经成为首都经济创新创业最为活跃的领域，对首都发展贡献显著提升。

表9~1　2012以来北京市高技术服务业增加值及同比变化

单位：亿元，%

	2015年				2012年增速	2013年增速	2014年增速
	1~9月增加值	1~9月增速	1~6月增速	1~3月增速			
GDP	16002.4	6.7	7.0	6.8	7.7	7.7	7.3
服务业	12918.2	8.1	7.9	7.2	7.8	7.6	7.5
高技术服务业	3071.4	12.4	11.2	10.2	6.0	8.9	11.4
信息服务业	1614.7	11.8	10.0	9.3	6.2	7.2	11.7
科技服务业	1456.7	13.1	12.5	11.3	5.8	11.2	11.1

信息服务业呈现向好态势。2015年1~9月，在信息消费快速增长的带动下，信息服务业增加值增速为11.8%，与2014年同期基本持平，连续两年保持10%上下的增长水平，是服务业中表现较为稳定的领域之一。在信息类消费快速增长的带动下，**龙头企业经营情况普遍向好**，北京市50余家内地上市信息服务企业普遍取得较好经营业绩，营收增速超10%的企业超过6成，营业利润同比增速超10%的企业也接近6成，其中，互联网金融企业中科金财、智能交通企业四维图新、大数据企业腾信股份均取得了收入、利润双高增长的成绩，显示转型升级过程中新兴产业增长态势良好。**信息服务业影响力不断提升。**商务部最新公布的2015~2016年度电子商务示范企业中，北京市共有19家企业入选，其中网络零售类9家，电商服务类、综合服务类各3家，跨境电商类两家、生活服务类、创新类各1家。

延伸阅读：《2015年中国大数据公司年度排行榜》发布，北京企业领跑全国

该排行榜由中国大数据领域规模最大的非盈利性组织（中国CDO精英俱乐部）推出，以大数据源类、技术类和应用类三位一体共37个维度对企业进行全方位分析，涉及商业场景、行业、物联网、智慧城市、大数据平台技术和大数据社交组织六大领域。北京市中关村企业占已公布入榜企业总数的21.7%，凸显了北京在中国大数据发展和行业创新的领军地位。

科技服务业实现稳健增长。2015年1~9月，在海外项目加快推进的带动下，科技服务业增加值增速为10.9%，年内走势平稳，增速稳定在11%上下，与服务业其他领域相比，科技服务业增加值增速连续8年保持在10%上下，成为服务业中表现最为稳健的领域之一。在京津冀协同发展加快推进、北京市一系列“促创新”“帮创业”“助小微”政策的带动下，科技服务业中的环境生态监测、工程设计咨询、研究开发服务、专业化设计服务等领域表现尤为突出，前三季度营业收入均实现10%左右的增长水平（见图9~2）。

2．高技术制造业加快带动工业转型

2015年1~9月，在北京市加大一般性制造业疏解、加快构建“高精尖”产业结构的带动下，高技术制造业增加值同比增长8.6%，远高于北京市工业0.2%的增长水平。对工业转型带动作用明显，其中，战略性新兴产业对工业增加值增长贡献率超过100%，带动工业综合能耗同比下降10%以上，汽车制造业、医药制造业、通信设备制造业等重点领域均实现较快增长，增速明显高于其他传统工业领域（见图9~3）。

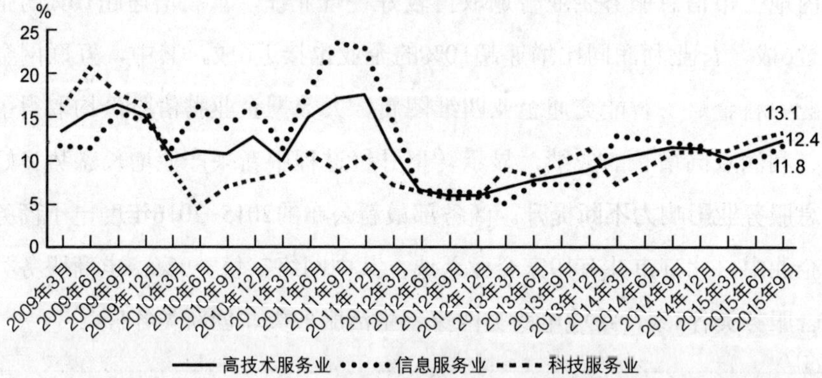

图9~2 2009年3月以来北京市高技术服务业、信息服务业及科技服务业增加值同比增速变化

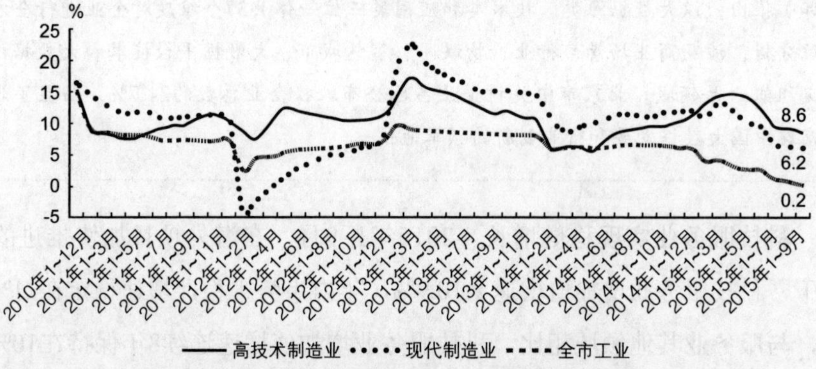

图9~3 2010年以来高技术、现代制造业及全市规模以上工业增加值月度同比增速变化

医药制造业延续调整态势。2015年，北京市生物医药产业继续延续调整转型态势，1~9月增加值同比增长7.1%，增速较2014年同期放缓1.6个百分点。**产业结构加速调整**，一些受环境、资源、土地约束明显的生产环节加速向外疏解，如北京协和药厂等药企生产环节外迁，有效地缓解了长期以来北京市生物医药产业链“中部”大，“两端”相对较小的产业结构。上市

企业快速增长，产业结构调整的同时，龙头企业不断扩张市场份额，效益提升明显，2015年前三季度，9家环保产业上市公司营业收入和净利润分别同比增长57.36%和62.59%。

延伸阅读：药厂外迁沧州解决生产难题 大兴生物医药基地升级改造

近年来，北京生物医药产业因部分生产环节受到环境、资源、土地等因素的局限，成为亟待疏解的产业之一。而坐落于京开高速与南六环交汇处西南侧的大兴生物医药基地，则容纳了北京近一半的医药企业。

北京协和药厂、太阳大地纸制品厂等6家企业的生产环节外迁，对12家未取得国有土地证的项目进行拆除腾退，关停家具钢构等9家传统制造企业，在京津冀协同发展的大环境下，大兴生物医药基地逐步改造升级，优化产业结构。

除此以外，生物医药基地还通过引进涵盖医疗器械、诊断医疗、大健康服务等52家高端产业，承接北京中心城区包括中国食品药品检定研究院在内等33个迁建项目，疏解了中心城区办公面积39万平方米，就业人口11000人。

电子信息制造业实现平稳增长。随着国家对信息产业支持力度不断加大， 在终端信息消费不断加大的带动下，电子信息制造业在工业中整体保持了较为平稳的增长态势，前三季度增加值同比增长13.3%，增速较2014年同期略有提高。**龙头企业对行业带动作用明显，**30余家内地上市的电子信息制造企业中，一半以上实现收入同比增长一成以上，其中，京东方、紫光股份等规模较大的企业收入规模均实现了20%以上的快速增长。同时，龙头企业向外扩张脚步不断加快、核心产品竞争力不断提升。较有代表性的企业包括：京东方中小尺寸面板市场占有率蝉联全球第一；小米可穿戴设备销量排名全球第二等。

延伸阅读：中芯国际第三条12英寸集成电路生产线（B3）项目开工建设

项目总投资为36亿美元，工艺技术水平为28nm~14nm，将于2017年一季度投产，可实现月产能11万片。解释，中芯国际北京地区工厂将成为我国集成电路生产线最高工艺水平的代表，也是全球单厂产能最大的工厂之一。

高端装备制造业增势良好。2015年1~9月，北京市高端装备制造业亮点频出，整体涨势良好。**汽车制造业整体平稳。**其中，高端产品销量喜人，前三季度北京奔驰销量再创新高，同比实现翻番。**大项目频繁走出国门带动高端装备产能输出。**铁路装备和建设项目走向海外脚步没有放慢，先后签下了莫斯科—喀山高铁项目、土耳其伊兹密尔市项目、乌兹别克国家铁路项目、中国香港市区地铁项目；中国核电出口步伐加快，中核集团签下英国巨额核电订单。此外，以国家电网中标巴西美丽山水电特高压直流送出项目为契机，特高压技术也将成为继高铁后的另一重大原创技术领域高端装备出口项目。

节能环保实现快速增长。受多重政策持续发力，2015年1~9月北京市节能环保产业呈现快速增长势头。**政策推动环保上市企业普涨。**随着京津冀及周边地区对大气污染防治工作力度的加大，对节能环保产业服务需求进一步增加，2015年前三季度北京9家环保产业上市公司实现营业收入137.64亿元，同比增长57.36%；实现净利润21.75亿元，同比增长62.59%。其中，节能环保领域的清新环境、污水处理领域的万邦达、尾气治理领域的三聚环保等企业收入、利润均实现50%以上增长。**新能源汽车实现爆发式增长。**在多重政策利好持续发力下，北京市新能源汽车供不应求，前三季度新能源汽车销量同比增长1.5倍，其中，北汽系能源销量同比增长11倍。

延伸阅读：北汽新能源荣获中国汽车工业科学技术一等奖

北汽集团申报的C30纯电动乘用车关键技术集成开发与应用、北京汽车研究总院研发基地大型工程绿色设计、欧曼GTL系列重卡车型开发等3个项目分别荣获2015年度“中国汽车工业科学技术奖”一等奖、二等奖、三等奖。其中，C30纯电动平台是新能源汽车领域首个一等奖项目。

（二）高技术服务业经营效益保持平稳，高技术制造业整体效益波动中下行压力增大

2015年，高技术产业整体经营效益保持稳定，在加大非首都功能疏解力度的背景下，内部分化态势延续。在创新创业活跃、“互联网”+蓬勃发

展的带动下，高技术服务业保持较为稳定的盈利能力。受生产环节加速疏解的影响，高技术制造业整体效益出现一定波动，下行压力较大。

1．高技术服务业经营效益保持稳定

2015年，在信息类消费快速增长、海外技术输出提速等有利因素带动下，信息服务、科技服务业延续市场扩张节奏，经营效益呈稳定增长走势。其中，在新模式、新业态不断成熟、市场潜能加快释放的带动下，前三季度信息服务业收入规模同比增长10.2%；六成以上的上市信息服务企业营业收入和营业利润增速超一成。在专业技术服务龙头企业、一批海外重大项目密集签约的带动下，科技服务业保持较好的效益水平，前三季度科技服务业收入规模同比增长7%左右，环境生态监测、工程技术服务、研究开发服务等子领域收入增长较快，增速分别为15.4%、9.8%和7.7%。

2．高技术制造业整体效益波动下行

2015年，受北京市非首都功能加快疏解，生产性环节加速向外转移的影响，北京市高技术制造业整体经营效益出现一定波动，下行压力加大。前三季度，收入同比下降1.3%，利润同比增长仅2.5%，均远低于2014年同期水平。但随着高技术制造业调整转型，位于生产环节的比重明显较少，而位于两端的总部、研发、销售环节不断做大做强，从产业链整体来看更趋合理，对北京市构筑高精尖产业结构将产生积极影响。

（三）高技术产业功能区在调整中不断释放新的发展活力

2015年，北京市高技术产业功能区加快调整转型力度，在北京市促"双创"政策和京津冀协同创新的带动下，园区特色化高端化特征愈发明显，高精尖产业结构加快构筑，新的发展活力不断释放。

1．中关村示范区呈现稳中趋好的运行态势

2015年1~9月，中关村示范区增加值增速超过10%，规模以上企业实现总收入25205.6亿元，同比增长12.5%；工业总产值6394.2亿元，占北京市50.6%；期末从业人员187.1万人，同比增长9.4%；实缴税费1398.1亿元，同比增长8.8%；实现利润总额2010.4亿元，增长14.9%（见表9~2）。**创新创业高度活跃**。1~9月，中关村示范区企业申请专利33092件，同比增长12.9%，占同期北京市专利申请量的31.6%；获得专利授权21156件，同比增长25.5%，占北京市专利授权量的32.1%。中关村示范区新创办科技型企业超过1.8万家，同比增长25%；规模以上企业内部科技活动经费支出837亿元，同比增长17%。企业并购上市火热。并购交易274起，同比增长1.8倍；新增上市企业24家；新三板新增挂牌或通过备案企业215家，累计达616家。

表9~2　　2015年中关村示范区主要经济指标

	2015年1~9月		2015年其他各月同比增速（%）						
	总量	增速	1~2月	1~3月	1~4月	1~5月	1~6月	1~7月	1~8月
从业人员（万人）	187.1	9.4	7.7	6.0	6.0	4.8	4.2	3.8	7.5
总收入（万亿元）	25205.6	12.5	20.3	15.4	12.8	11.2	10.2	9.4	10.8
工业总产值（亿元）	6394.2				18.0				
实缴税费（亿元）	1398.1	8.8	12.7	10.3	7.7	7.4	6.5	7.2	8.2
利润总额（亿元）	2010.4	14.9	50.5	42.6	30.2	14	12.2	16.4	11.5
出口总额（亿美元）	198.7	-14.5	-3.8	-13		-14.7	-16.1	-14.8	-17.8
R&D（亿元）	837.1	17.0	24	16.8	16.6	14.1	12.3	14.0	17.4

延伸阅读：新华社：中关村三项小指标透露中国经济大信号

创业企业数量猛增、新兴产业规模壮大、企业成本大幅降低，这是记者日前在中国首个国家自主创新示范区北京中关村走访时发现的三项“小指标”。然而，这三项“小指标”却折射着中国经济“新常态”下的动能、结构与活力，透露出经济发展的“大信号”。

指标一：日均孵化4.9家创业团队

开街一年半的中关村创业大街已经被创业者誉为“互联网创业地标”。最新数据显示，街区整理盘活空间3万余平方米中，有40多家专业创业服务机构。仅2015年，街区入驻投资机构2200多家，创业大街孵化创业团队共计1791家，日均孵化4.9家，近400家创业企业获得融资，融资金额约20亿元。

指标二：600家大数据企业、3万亿元产业集群

中关村管委会副主任宣鸿说，到2020年中关村将集聚600家大数据创新企业，培育6000家具有大数据应用能力的企业，带动形成3万亿元产业规模和完整产业链的大数据产业集群。

指标三：改革举措为企业节约成本逾9000万元

不断突破“不可能”的大胆改革措施也成为中国科技创新“试验田”中关村成长的关键保障。仅中关村企业境外并购外汇管理改革、外商投资企业外汇资本金结汇管理改革等举措，一年间便为企业累计节约财务成本约9025万元。

2. 北部研发服务带科技企业加快成长、新模式不断涌现

2015年1~9月，北部研发服务产业带实现快速增长，高精尖产业结构特征更加明显。其中，海淀园战略性新兴产业平均增速保持20%以上，信息服务业、科技服务业等第三产业占比近九成，国家高新企业占全国十分之一，技术合同成交有80%辐射全国。**专业园区高端化、特色化特征明显。**其中，北京纳米科技产业园总计已签约入园46个纳米项目，品牌影响力日益提升，成为北京市战略性新兴产业发展增长极。**中小高科技企业加速发展。**软件园加速打造北京软件与信息服务业的创新引擎和产业亮点，成为具有国际品牌影响力的最活跃的中小软件企业成长“硅谷”。昌平园全年已有中能服等20家企业在新三板市场挂牌，是挂牌企业数量接近以前年度挂牌企业数量总和。**新模式不断涌现带动新动力加速形成。**较有代表性的包括：以小米科技为代表的产品创新，推动了智能硬件产业的变革；以去哪儿网为代表的业态创新，颠覆了传统旅游业的运营模式；以58同城为代表的商业模式创新，改变了生活服务业等。

3. 南部制造业产业带加快转型升级。

2015年1~9月，南部制造业产业带紧密围绕特色产业，加快转型升级，提升产业层次，优化经济结构，增强创新驱动和内生增长的造血机制。其中，北京经济技术开发区实现工业产值同比增长5.0%，生物医药、汽车等主导特色产业分别同比增长12.7%和54.2%。**生物医药产业强中做**

优，生物医药产业是南部制造业的优势产业，亦庄与生物医药基地合计生物医药产值居北京市各园区之首，2015年在京津冀协同的背景下，南部制造业产业带加大生物医药产业链整合力度，制造环节加速向外疏解，进一步做大研发总部及销售等环节，实现生物医药产业发展量质双提升。**新能源汽车产业强势崛起**。受国家、北京市政策双重利好，位于南部制造业产业带的新能源产业发展迅猛，其中，北汽新能源汽车累计销量达11247辆，超过2014年全年销量的两倍。此外，传统汽车制造业保持良好的发展势头，其中，前三季度北京奔驰实现产销两旺，同比分别实现80%以上和70%以上的增速。

4．未来科技城建设成效显著

截至目前，未来科技城已累计完成投资464亿元，完工283万平方米，园区道路桥梁基本实现通车，水电气热供应到位，滨水公园基本建成，园区城市功能初步实现。**入驻央企数量突破百家**，累计落户企业117家，其中央企及其关联企业43家；累计引进科研人才5839人，其中千人计划专家176人。央企服务保障工作基本到位，建立了人才服务、项目培育、生活居住、子女教育等服务体系。

5．中关村科学城战略性新兴产业集聚效应日益增强

2015年以来，中关村科学城产业布局不断优化提升，目前，已分5批组织53家高校院所、中央企业和市属企业与产业共建50个战略性新兴产业特色产业园区项目；共引进转化重大产业项目268个，新创办企业298家。在此带动下，中关村科学城创新增长极逐步显现，依托产业联盟内骨干企业的创新资源，围绕北斗导航、通用航空、生态环保等领域，中关村科学城内共建设研发机构31个，吸引钱学森技术实验室等4家研究所和6家公司入驻。

（四）政策体系不断完善，“双创”效应持续显现

2015年，在诸多政策密集出台、政策效果逐步显现的带动下，北京市不断突破束缚创新的体制机制壁垒，加快激发科研院所和企业主体创新创业活力，推动北京市“大众创新、万众创业”加速发展。

1. 政策体系不断完善

目前，北京市范围内已经形成了国家、北京市和区县三级错位互补、协调联动的全方位、多角度鼓励创新创业的政策支持体系。

从国家层面看，既有对科技成果处置权和收益权、研发费用加计扣除、中央单位股权激励审批方案、科研项目经费管理体制等进行大胆改革的中关村“1+6”系列政策，也有正在逐步落实的以减税为核心的“新四条”政策。这些先行先试政策赋予科研院所自主处置科技成果和分配收益，变审批制为备案制；加大对科研人员的股权激励，将知识贡献量化为经济利益；对高新技术企业研发投入实行税前扣除，引导企业加大研发投入；增加财政投入的科研经费使用的灵活性。在此基础上，2015年中关村示范区又获得了工商总局的19条创新政策支持，主要涵盖简化登记审批流程、下放外资企业登记权限等6个方面，如建立申请人自治的企业名称预查制度、电商配送点可不办理工商登记、探索建立科技类文化创意类企业住所和经营场所分离的登记管理模式等。

从北京市层面看，近年，北京市先后出台的“京校十条”、“京科九条”，发布了《关于大力推进大众创业万众创新的实施意见》，进一步加大了鼓励市属高校科研人员创新创业的力度。其中，“京校十条”政策落实力度不断加大，北京印刷学院率先增设科技成果转化及推广岗位，成立国家绿色印刷包装产业协同创新基地，为高校科技人员和在校学生开展科技成果转化创造条件；北京农学院出台《专业技术人员和学生在大学科技园创办科技企业的若干规定》，提出设立300万元科技园股权投资配套支持资金和100万元入园企业孵化支持资金等6项具体措施，截至目前，该校教师共创办48家企业，学生共创办37家企业，累计获得约361万元资金支持。

此外，各区县在“行政审批制度”、“工商登记制度”、“集中办公区”、“降低创业成本”等方面，也相继提出一系列支持“双创”的服务模式。

延伸阅读：北京市拟设立200亿元高精尖产业发展基金

该基金主要聚焦新兴领域、高端环节和创新业态进行投资运作，首批拟合作8只子基金，计划总规模50.9亿元，母基金计划出资12.2亿元，拉动社会资本4倍以上。子基金包括北京可信开放高端计算系统产业发展基金6亿元、国科嘉和一期并购基金5亿元、乐视智能终端生态并购基金8.1亿元、亦庄生物医药产业并购基金8亿元、北陆药业健康产业投资并购基金8亿元、北京建德国际健康诊疗并购基金8亿元、北京通用航空产业基地发展基金2.75亿元、钢研九鼎新材料并购投资合伙企业基金5.05亿元。

2．"双创"效应不断显现

2015年1~9月，在北京市加快推进"大众创业、万众创新"、实施创新驱动发展战略的带动下，北京市微观主体创新创业热情加快释放。**双创载体加快建设**，随着第二批40家众创空间的挂牌，北京市众创空间总数达到65家，其中包括优客工场、清创空间、超级蜂巢等知名载体，涉及移动互联网、智能硬件、创意设计等领域。北京市共吸引研发机构403家，其中世界500强企业研发机构达23家。**新增企业快速增长**，前三季度，北京市新增注册资本500万元以下中小企业13.05万家，同比增长12%，其中，科技服务业新增企业数量同比增长46.5%。其中，中关村创业大街自开街以来，日均孵化创业企业1.6家，平均每天就有一家企业获得融资，平均每家企业融资500万元。**创新能力显著提升**，前三季度，北京市规模以上高价高新技术企业实现技术收入同比增长14%左右，实现利润总额同比增长18%左右。R&D支出同比增长12%，专利授权数同比增长25%左右，其中发明专利授权数同比增长40%。值得一提的是，新能源和高效节能技术领域创新产出增长相对更快，实现总收入同比增长23%左右，R&D支持同比增速高达42%左右。

延伸阅读：中关村发布32个创新创业平台

这些中关村创新、创业平台主要分为四种模式：

1. 以众创空间为代表的15家创业服务平台，如以“零成本创业+全链条孵化”与“开发孵化平台+组合资源服务”为特色的金种子创业谷。

2. 以众包服务为特色的10家产业创新平台，如易科学主办的中关村科学实验互联平台。

3. 以市场对接为重点的2家新型成果转化平台，如天鹤科技成果转化平台。

4. 以行业大数据分析为依托的5家创新服务平台，如龙信数据主板的企业大数据分析服务平台。

二、值得关注的问题

（一）政府在新兴产业发展过程中“越位”、“失位”、“错位”问题突出

“越位”问题主要是指政府过度干预新兴产业发展方向。良好的环境是技术创新和新兴产业发展的必要条件，需要市场和政府各司其职，共同营造，共同维护。简而言之，**新兴产业发展什么，市场说了算；新兴产业怎么发展，政府说了算。**但是在实践过程中，政府掌握巨大的行政资源，且又是相关领域最大的服务购买商，在“想作为”心态的驱使下，过多地干预了新兴产业的发展。特别是在新兴产业成长阶段，政府意志往往替代了市场意志，政府强行推动一些产业的发展路线，但由于前瞻性、专业性不足等原因，为新兴产业发展埋下了隐患。

“失位”问题主要是指政府未能及时出台规范新兴产业发展的法律法规。新兴产业自身发展特点决定了其与传统产业之间无时无刻不发生剧烈的碰撞，融合和颠覆同时进行，而现行的行业监管体制往往无法适应、难以涵盖新兴产业发展的特点和内涵。一些领域出现“行业范围不清、技术标准不一、适用法律不明、准入障碍过多”等问题。面对发展迅猛的新兴产业，政府未能及时有效地调整或制定相关的法律法规，造成了一些新兴产业发展无法可依、无章可循的尴尬局面，导致一些新兴产业发展乱象丛生。

“错位”问题主要是指政府对新兴产业包容度不高。北京创新资源丰富，创新人才密集，担负着建设全国科技创新中心的重任。但总体来看，北京的创新经济规模虽然巨大，但创新成果就地转化率不高。很多新技术、新模式、新理念虽然源于北京，但却在其它地方得到大力推广，很多优质新兴业态虽然具备环境友好、聚人少、耗能低的特点，但却在其它地方得到了发展的机会。一些行政主管部门对于创新的包容度不高，是造成这种“墙内发芽，墙外开花”现象的主要原因。

（二）科技型中小企业面临人才、融资、政策扶持三大难题

在大众创新、万众创业的热潮下，北京市创业热潮高涨，科技型中小微企业新增活跃。其中，2015年以来科技服务业企业数量同比增长45%以上，互联网服务企业同比增长40%以上。但同时科技型中小微企业也面临着诸多发展问题。值得关注。**一是人才竞争处于劣势**，一方面中小微企业受自身条件所限，人才流失现象严重；另一方面，由于新设单位实力较弱，有九成以上单位用工需求难以满足。据统计局调查显示，科技服务业能招到的员工数量仅占总需求量的8.3%。**二是融资难**，科技型企业项目研发前期投入较高，项目研发周期长、风险高，后期回款较慢，因此需要大量的流动资金用于周转，但由于企业多为轻资产类型，因此难以获得银行等金融机构贷款。据统计局调查显示，在205家企业中，仅有3%的单位能获得大部分或全部融资，且融资成本较高，57.1%的单位融资利息及费用率超过8%，即基准利率上浮30%以上。**三是对企业政策扶持力度不够**，企业享受到的政府优惠政策比例小，且优惠政策源头多，企业难以及时获取信息。此外，申请优惠政策的程序过于复杂，给企业准备申请材料的时间较短，影响了扶持政策的实施效果。

（三）创业孵化器发展质量参差不齐

近年，北京市各类孵化器作为创新创业相关要素聚集、扩散的载体不断涌现，为营造良好的“大众创新、万众创业”环境起到重要作用。但在孵化器发展过程中，由于缺少统一规划和明确的发展目标，相关部门更多偏重于提供空间和硬件环境服务，忽视了根据不同孵化器的商业模式提供相应的软服务工作，导致创业孵化器质量参差不齐，特色化、专业化孵化器严重缺乏。

三、2016年外部影响因素总体有利于高技术产业发展

（一）新技术、新模式加速普及有望带动高技术产业新增长点不断形成

从世界经济格局大势来看，科技竞争力已经成为世界经济竞争的制高点，包括中国在内的各主要国家都将科技创新和新兴产业作为经济转型的突破口，而随着新一代信息技术、云计算、大数据、物联网等新兴技术向传统产业、居民生活渗透融合，新兴产业不断催生，新一轮产业变革正在蓄势待发。北京市作为全国创新、人才、资金等资源最为集中的地区，一直引领全国新兴产业发展，在电子商务、智能交通、互联网医疗、人工智能机器人、新能源汽车、大数据产业等领域孵化出一批高成长企业，创造出一批商业模式。随着新技术、新模式的逐渐成熟，政策扶持措施效果的不断显现，新兴产业有望加快发展脚步，逐渐成为支撑首都经济新的力量。

（二）改革加码、开放深化带动高技术产业提质增效

2016年是“十三五”规划的开局之年，是全面深化改革的重要一年，党的十八届三中全会的各项改革将得到全面深化。财税金融、户籍制度、垄断行业等改革的重要领域和关键环节有望得到突破，混合所有制将得到大力发展，市场在资源配置中的决定性作用将进一步巩固。特别需要关注的：一是随着商事制度改革的不断深化，中关村等区域的创新创业活力将进一步得到激发，一批新的小微企业将加速孵化、成长。二是随着《深化科技体制改革实施方案》的全面实施，人才、技术、资本等创新要素流动更加顺畅，创新资源配置更加优化，科技人员积极性、创造性充分激发，“大众创业、万众创新”氛围更加浓厚。同时，服务业扩大开放试点的实施，有助于降低外资准入门槛，优化企业管理、商务咨询等高端商务业服务发展平台。《加快首都科技服务业发展的实施意见》的发布，对强

化首都全国科技创新中心核心功能定位，推动“大众创业、万众创新”，引领经济发展新常态具有重要意义。三是国家将继续通过对企业的技术创新进行结构性减税、加大创新产品服务采购力度等手段，激发企业创新内生动力。同时，中关村示范区成为首批全国科技服务试点区域，将为北京市打造特色鲜明、功能完善、布局合理的科技服务业集聚区提供了契机。此外，对外经济开放广度和深度不断拓展也为北京市高新技术产业发展提供新的机会。特别是“一带一路”等国际大通道建设的推进，为北京市高技术产业深度参与全球产业分工，促进高附加值产品、服务出口提供了契机。

延伸阅读：北京市发布实施意见 加快首都科技服务业发展

2015年，6月24日，北京市人民政府《关于加快首都科技服务业发展的实施意见》（以下简称《实施意见》）。

《实施意见》提出到2020年，首都科技服务资源潜力充分释放，市场化程度进一步提高，特色突出、支撑有力、创新引领的科技服务体系基本形成，对科技成果转化应用的支撑服务能力明显增强；新增一批具有国际影响力的科技服务业骨干企业、服务机构和知名品牌，形成一批定位清晰、布局合理、协同发展的科技服务业集聚区；全市科技服务业收入达到1.5万亿元，技术合同成交金额达到5000亿元的发展目标。

《实施意见》提出围绕京津冀协同发展重点合作领域，建立一批区域协同创新科技服务站，完善市场化运行机制，推动首都科技资源与区域合作需求有效对接。通过开展科技服务业创新发展试点、启动实施首都科技创新券制度、探索建立新技术新产品（服务）“首购首用”风险补偿机制、设立科技成果转化引导基金、建设一批科技服务产业综合基地等具体举措，促进各类科技资源、政策资源实现整合，激发大众创业、万众创新的活力。

《实施意见》实施以后，将形成促进科技服务业发展的工作合力和政策合力，充分释放首都科技资源潜力，提升市场化程度，完善科技服务体系，对科技成果转化应用的支撑服务能力明显增强，进一步推动首都经济提质增效升级。

（三）京津冀协同发展有助于高技术产业形成梯度有序、布局合理的产业布局

以规划纲要的推出为标志，京津冀协同发展顶层设计已经完成，实施

路径更加清晰，发展速度有望进一步加快。作为京津冀协同发展重要的一环，非首都功能疏解的加快推进，不仅有助于首都功能“消肿”、“瘦身”，更为下一步“健体”、“强体”创造了条件。事实上，通过非首都功能疏解，北京的高技术产业发展的空间资源约束正在缓解，进一步吸纳全国创新资源的能力正在加强，产业发展高端、高效、高辐射特征更加突出；天津和河北通过加快引入北京科技成果，以及一般性制造业、区域性物流基地、区域性批发市场等产业资源，加快形成全国先进制造研发基地和全国现代商贸物流重要基地。总体来看，通过协同发展，京津冀三地逐渐实现了创新、产业资源的最优化配置，带动高技术产业在这一区域形成层次分明、梯度有序、分工明确、布局合理的产业空间布局，对区域创新驱动能力、战略性新兴产业发展的带动作用都十分明显。

四、2016年高技术产业展望

2016年，北京市高技术产业将保持较快增长态势，高技术服务业有望保持两位增长态势，高技术制造业总体保持平稳。**一是行业间整合持续进行，新兴产业逐步走向成熟，龙头企业规模不断壮大。**经过产业发展萌芽阶段的激烈竞争，一些产业已经开始步入快速成长期。龙头企业通过产业链间的整合、企业间的并购，不断提升着自身的产业集中度，并逐渐开始享受规模经济和范围经济所带来的经营业绩提升。近年，多家行业内龙头企业完成合并，直接提升北京企业在智能交通、移动视频、在线旅游等领域的行业份额，为提升整个行业运营效率打下坚实的基础。**二是新兴产业扶持政策力度不断加大，产业发展环境得到优化。**特别是针对互联网新兴业态、节能环保、新能源等领域，国家和北京市扶持政策密集出台，产业发展环境不断完善，从短期看对于这些产业发展的带动作用非常明显。**三是国家开放力度加大，有望带动相关领域“走出去”。**“一带一路”的加快推进，有望带动北京市高技术服务和产品加速向外输出；同时，随着中国与欧美多国达成核电项目协议，相关领域技术服务企业有望共享发展成果。

（一）重点产业总体平稳

1. 供需两端同时发力，带动信息服务业快速增长

信息服务业是北京最具发展潜力和发展优势的产业之一。依托新技术的不断应用，近年信息服务业不断孕育出新业态、新模式，持续刺激着潜在消费潜力的释放，信息消费已经成为北京市消费增长的重要拉动力量。2016年，信息服务业仍将保持较为活跃的发展态势。**一是从设施建设看**，一方面电信资费降费提速的相关政策加快落地，使市民消费信息服务产业的成本不断降低；另一方面，随着“My Beijing”等公共区域接入服务的加快推广，交通枢纽等北京市300多个公共场所将陆续提供免费无线接入服务，也为市民“全天候、无死角”实现网上冲浪带来可能。**二是从创新创业看**，前期积累的发展潜力正在转化为发展动力，商事制度改革以来，信息服务业创新创业、投融资都非常活跃，仅2015年上半年新增的信息服务企业数量已经超过3万家，同时，资本进出活跃，新兴投资热点不断出现，而《“互联网+”行动计划》具体实施细则的加快落地，也将带动信息服务新兴业态实现快速发展。**三是从龙头企业发展看**，并购加剧、政策趋好直接带动了互联网龙头企业做大做强。随着58赶集、携程艺龙、土豆优酷、美团大众点评、滴滴快滴等企业间完成合并，在全国范围内北京市的“互联网+”行业集中度明显提高，全产业链控制力显著提升，为实现业绩提升奠定了扎实的基础。此外，百度、京东等行业内龙头企业，利用开放的服务平台，打造全产业开放生态链，为实现移动互联网全产业链共赢创造了条件。同时，从全国范围看，鼓励创新创业的环境正在形成，对新兴产业发展的包容度有所提升，一些困扰新兴产业发展的体制机制障碍正在破除，都为“互联网+”的新兴业态发展提供了保障。

2. 专业化、外向型特征不断凸显，科技服务业保持稳健走势

“改革释放活力，开放提供机遇”，2016年，在国家重大战略加快实施的带动下，北京市科技服务业有望保持稳健走势，专业化、外向型特征将不断凸显。一是一批政策法律的陆续实行，将进一步完善科技服务业的发展环境。其中包括《关于加快科技服务业发展的若干意见》、《促进科技

成果转化法》、《关于加快构建大众创业万众创新支撑平台的指导意见》等，以及北京市落实国家相关政策精神出台的《关于加快首都科技服务业发展的实施意见》等实施意见，这些政策措施的实施对加快释放首都科技服务资源潜力将起到积极作用。**二是**京津冀协同发展向前推进，将在高效节能、尾气治理、垃圾处理等方面带动一批科技服务示范项目的落地，如北京首钢自动化信息技术公司的"面向京津冀协同发展的智能制造综合科技服务"示范项目等，将带动相关领域快速发展。**三是**随着"一带一路"基础设施建设的推进，涉及高端装备、铁路运输、建筑建设等领域一批科技服务业有望在沿线国家推广应用，带来可观的经济效益，如北京新联铁科技公司的"兼容CRH系列动车组运维检测工程技术服务"、中冶建筑研究总院的"混凝土安全壳检测技术"等。**四是**京津冀科学技术协会科技成果转化平台、科技成果转化基地等平台建设的加快，有利于首都高精尖项目、科技成果向河北天津加快转移布局，继而带动相关科技服务领域增长。同时，专业街区的建设也将为科技服务业发展提供空间保障，如"一城三街"建设不断推进，为产业发展提供了必要的空间保证和服务保证，其中中关村软件城2016年将新增53万平方米的产业发展空间；中关村创业大街入驻的创业服务机构有望突破40家；知识产权和标准化一条街入驻的知识产权服务机构有望超过100家；科技金融一条街汇集的金融服务机构有望超过400家。同时，服务业扩大开放综合试点的加快推进，有助于吸引外资企业进入，为科技服务业发展注入新的活力。

3. 产业链加速拓展，电子信息产业保持平稳走势

2016年，在龙头企业积极拓展业务范围、海外市场份额不断扩张的带动下，北京市电子信息产业将实现较快增长。**一是全球战略下，企业加快海外市场扩张。**联想、小米在保持对印度等新兴国家市场份额的同时，将加快向其他新兴市场及欧美传统市场拓展脚步。其中，小米将以针对欧美消费者的在线商店上线为契机，强化在美、英、德等海外市场的可穿戴产品的营销力度。**二是随着龙头企业控制力、影响力不断提升，在拓展原有产业链触角的同时，积极开辟全新业务链条。**如京东方在巩固全球智能手机、平板电脑面板市场份额第一的同时，通过收购、与专业基金合作的方式，积极开拓健康医疗服务、集成电路、智能银行等全新领域。小米公司也在通过科技园建设巩固自身智能手机的市场份额、提升在可穿戴市场的销量的同时，加快进入互联网金融等新兴领域，积极打造基于小米平台的内容服务产业链。总体判断，2016年电子信息产业增加值增速处于10%左右的较快增长区间。

4. 市场加速细分，生物医药产业量稳质升

2016年，北京市生物医药产业整体仍将延续调整态势，增加值难以呈现“十二五”期间双位数以上的较快增长势头。但通过与互联网的高度融合，生物医药产业市场需求有望不断细分，新需求将不断被激发，在技术升级、政策环境趋好等因素的带动下，生物医药产业将进入稳定增长阶段。**从市场主体看，**互联网巨头加快布局移动医疗产业链。其中，阿里巴巴将以其健康科技总部落户北京为契机，借助云计算、大数据、移动互联网等新技术，通过搭建云医院平台、多点执业医生平台等方式，推动优质医疗资源产业化。百度通过积极推进“健康云”项目，加快布局医疗产业，2016年预计“健康云”项目将建立一个统一的云平台和3个市民体验中心，接入20家智能设备和健康服务企业，覆盖人群将达160万人。**从区域协作看，**随着京津冀协同发展的加快推进，创新链与产业链对接融合将更加充分，三地间生物医药产业链定位更加明确，分工更加合理，涉及生物医药的科技成果将加快在京津冀转化。其中，亦庄生物医药园与天津武清经济科技谷共建的“京津生物技术产业园”，作为跨越京津两地的生物技术产业化科技合作平台的成果转化、企业孵化作用将更加凸显；北京生物医药基地与固安工业园之间也将以签署项目合作协议为契机，加快医药技术转移和项目落地。总体判断，2016年北京市生物医药产业将保持良好发展态势，增加值增速维持在8%上下，产业辐射力不断提升，新兴领域不断壮大，专业化特色化更加明显。

5．发展重点趋于明确，节能环保及新能源汽车产业有望提速

生态环境保护是京津冀协同发展的重点领域，2016年，在政策环境优化、发展重点明确、协同保障有力等因素的作用下，节能环保产业将保持平稳、较快增长态势。**一是政策环境将更加优化。**特别是通过国家及地方不断努力，北京市已经形成了包括《关于组织开展服务业清洁生产深化三年推广计划的通知》、《北京市民用建筑节能管理办法》、《低碳技术产品目录》，以及《清洁空气行动计划》等一系列节能环保政策体系，在污染防治领域的投入也不断加大。总体来看，政策支持的组合拳将更加有力。**二是新能源汽车产业得到了空前的支持。**已经形成了完善的开发纯电动汽车的政策体系。特别是为落实国务院促进新能源汽车发展的相关会议精神，北京市已经全面放开新能源小客车指标，对符合购买条件的申请人将配发指标，成为促进新能源汽车发展的强心剂。此外，电动车充电服务网络更加完善，预计2016年建成充电桩将超过1万个，公用充电网络、自用充电桩建设也将全面铺开，为纯电动汽车发展提供了有力保障。龙头企业市场拓展脚步也将提速，北汽新能源汽车通过向江苏、山东等地项目输出，积极开拓国内电动汽车市场。**三是协同保障更加有力。**随着京津冀生态环境共同体的加快构筑，目前京津冀大气治污工作责任体系已经形成，协同保障更加有力。在此带动下，京津冀三地节能环保等产业发展速度明显加快。同时，预计《京津冀协同发展生态环境保护规划》将加快推出，为三地协同推动京津冀生态环境优化战略提供了保障。基于以上因素，初步判断，2016年北京市节能环保产业发展将有望提速。

（二）功能区转型升级步伐加快

在非首都功能疏解下，北京市专业园区、特色街区纷纷加快转型升级力度，创新驱动、特色引领、辐射带动能力都将持续提升。中关村一区16园向天津河北有序转移项目、转化技术成果的脚步将进一步加快。其中，与滨海、秦皇岛等京外特色分园合作将更为紧密，创新创业要素资源双向流动将更为充分、高技术产业布局将更为合理。同时，中关村创新创业将更为活跃，以“创业社区兴起”、“天使投资+合伙人制+股权众筹的创业模式日趋成熟”、“大企业内部创新更加活跃”、“股权奖励成为吸引人才的主要手段”、“创业生态圈加快构筑”、“尖端技术创业不断涌现”等六大特征为代表的新趋势将更加明显。同时，随着中关村大街发展规划的正式发布，2016年电子一条街转型升级将进入实质阶段，创新创业、科技金融等新兴业态集聚区将加快形成。此外，北京经济技术开发区也将利用京津冀协同发展契机，通过与天津武清共建京津生物技术园、与廊坊共建永清产业园等方式，实现高技术产业向津冀纵深辐射发展的目标。

五、政策建议

（一）加快制定和完善相关新兴产业的法律法规和行业标准

针对政府在新兴产业发展过程中“失位”等问题，应大力推进“大众创业、万众创新”，加快落实国家关于推进“互联网+”行动计划，加快科技服务业发展，加快培育和发展战略性新兴产业等的相关指导意见或决定，尚未出台实施细则的应加快出台，加快建立相关行业标准和产品技术标准体系，优化市场准入的审批管理程序。加强对新兴产业中侵害知识产权等违法犯罪的打击力度。加强对新兴产业的规范管理，明确行业监管内容。鼓励新兴产业建立行业协会，加强行业内部自律发展。建议建立与产业发展相适应的平台责任制度，促进“互联网+”等新兴产业发展。

（二）加大对高新技术中小企业扶持力度

一是进一步扩大税收优惠范围。加大税收优惠力度，可提高享受增值税、营业税免税政策的中小企业销售额、营业额的额度，将所得税半征调整为免征。按照中关村“1+6”政策，对准备上市科技企业进行的股权改革，或将未分配净资产转为股本的企业纳税政策，调整为当股权发生转让取得实际收入后在分期缴纳所得税。对高科技初创企业从业人员实行一定年限内的免缴社保的优惠政策，缓解企业资金压力。**二是建立高新技术中小企业信息平台。**通过平台加强政策法规宣讲，及时为企业提供市场、政策等信息，整合各部门对高新技术企业的优惠政策信息。**三是完善高新技术企业认定办法。**针对目前高新认证标准单一，个别企业为高新认证突击购买专利的乱象，应把对企业的高新认证逐渐引导到对新产品免税或减税政策上来，由现行的给予高新企业税收优惠向给予创新产品税收优惠政策转变，并由相关部门和行业协会对创新产品进行认定。

（三）加强创业孵化器认定、引导与扶持的建议

一是统筹孵化器发展布局，围绕各区域核心产业定位，着力建设专业型孵化器，以创新集群方式培养新兴产业。**二是**参考市级创业孵化器示范基地认定标准，引导各区县、园区建立本级孵化器认定标准。**三是**制定扶持政策，采取政府购买服务或绩效奖励的形式，加大财政对孵化器的专项资金投入，鼓励建立孵化器联盟，促进资源共享和交流合作。**四是**设立政府引导资金，带动孵化器对创业企业开展股权投资，在孵化器和创业企业之间建立共担风险、共享价值的利益纽带，形成规模化信用共同体，放大获取信用额度。

第十章 房地产

政策助力市场回暖 有望进入稳健运行期

2015年，虽然宏观经济仍处于下行时期，但在众多利好政策的刺激下，北京市房地产市场逐步回暖。土地市场量减价增，住宅市场交易逐步升温，商业地产运行整体平稳。2016年，宏观经济仍将持续调整下行，随着房地产调控“去行政化”的推进，国家及北京市仍将动用市场化的调控手段，以配合国家稳增长、调结构、促民生的宏观政策。北京市房地产市场有望平稳运行，资金、土地要素双双趋紧，房地产开发投资增速回落；住房市场和写字楼市场均有望稳健运行，房价和租金涨幅均位于合理区间；商业地产市场相对低迷，租金价格将持续下行；房地产企业进入变革时代，行业增加值增速略缓，对经济的拉动作用减弱。

一、2015年房地产政策调控兼顾市场化和稳增长

2015年年初以来，一方面为发挥房地产对宏观经济的有力拉动作用，另一面为房地产市场长效机制建设做准备，国家及北京市出台一系列释放市场需求、规范市场建设的政策措施，并取得了积极成效。

（一）政策调控侧重保供给、扩需求

1．货币政策持续发力，流动性得到改善

2015年央行已4次降准、5次降息，开展信贷资产质押再贷款试点，解除商业银行存贷比，并多次使用政策宽松工具，市场流动性已经出现小幅改善，个人住房信贷规模稳步攀升。

2．从土地端着手调控，保证合理供应

年初住建部出台《关于优化2015年住房及用地供应结构，促进房地产市场平稳健康发展的通知》，明确指出，各地应合理安排住房及其用地供应规模；住房供求矛盾比较突出的热点城市，应根据市场实际情况有效增加住宅用地供应规模；允许房地产开发企业适当调整套型结构，对不适应市场需求的住房户型做出调整，满足合理的自住和改善性住房需求等。

延伸阅读：《关于优化2015年住房及用地供应结构促进房地产市场平稳健康发展的通知》相关内容

2015年3月25日，国土资源部、住房城乡建设部今日联合下发了《关于优化2015年住房及用地供应结构促进房地产市场平稳健康发展的通知》（以下简称《通知》）。

《通知》指出，房地产业是国民经济的重要行业，房地产市场稳定关系民生和经济社会发展。2014年以来，房地产市场进入调整期，交易量下降，开发投资增速回落，区域性差异加剧。2015年的《政府工作报告》要求，坚持分类指导，因地施策，落实地方政府主体责任，支持居民自住和改善性住房需求，促进房地产市场平稳健康发展。

《通知》要求，对住房供应明显偏多的市、县，或在建住宅用地规模过大的市、县，应减少住宅用地供应量直至暂停计划供应；住房供求矛盾比较突出的热点城市，应根据市场实际情况有效增加住宅用地供应规模。

《通知》还要求，优化住房供应套型，促进用地结构调整。对在建商品住房项目，在不改变用地性质和容积率等必要规划条件的前提下，允许对不适应市场需求的住房户型做出调整，支持居民自住和改善性住房需求。房地产供应明显偏多或在建房地产用地规模过大的市、县，可以根据市场状况，研究制订未开发房地产用地的用途转换方案。

3．出台一揽子政策促进需求释放

一是人民银行、财政部等多部门共同出台“3·30”新政，提出分情况适度降低首付比例、个人住房转让营业税免征年限由5年调降至2年等政策。二是多部门联合出台《关于规范房地产市场外资准入和管理的意见》，提出境外机构在境内设立的分支、代表机构（经批准从事经营房地产的企业除外）和在境内工作、学习的境外个人可以购买符合实际需要的自用、自住商品房等。三是住建部出台《关于调整住房公积金个人住房贷款购房最低首付款比例的通知》，提出对拥有1套住房并已结清相应购房贷款的居民家庭，为改善居住条件再次申请住房公积金委托贷款购买住房的，最低首付款比例由30%降低至20%。四是发改委出台《关于降低房屋转让手续费受理商标注册费等部分行政事业性收费标准的通知》，要求降低住房转让手续费用。上述政策都有利于购房需求，尤其是改善性需求的释放。

（二）关注政策性住房建设，引导规范市场建设

1．全力推进棚户区改造

一是2015年年初国家开发银行公布贷款计划，在支持重点领域薄弱环节建设中，针对棚改贷款将超过4000亿元。二是2015年4月份住建部部长强调，棚改既是重大民生工程，又是经济稳增长的重要拉动力，各地要从战略和全局高度充分认识棚改的重要性。他提出要探索多种融资渠道，拓展棚改资金来源；加大棚改货币化安置力度，提高货币化安置比例等要求。三是2015年6月末国务院印发《关于进一步做好城镇棚户区和城乡危房改造及配套基础设施建设有关工作的意见》，提出加大棚改配套基础设施建设力度，使城市基础设施更加完备、布局合理、运行安全、服务便捷等。

2．支持公共租赁房建设

财政部会同住房城乡建设部等六部门印发《关于运用政府和社会资本合作模式推进公共租赁住房投资建设和运营管理的通知》，鼓励地方运用PPP模式推进公共租赁住房投资建设和运营管理。通知明确了包括财政政策、税费政策、土地政策、收购政策、融资政策等在内的政府支持PPP模式公共租赁住房的政策体系，要求各地区从2015年开始组织开展公共租赁住房项目PPP模式试点和实施工作。

3．支持住房租赁市场发展

2015年年初，住建部发布《关于加快培育和发展住房租赁市场的指导意见》，提出政府要建立好租赁信息服务平台、培育住房租赁经营机构、鼓励开发商将其持有房源向社会出租、鼓励开发商将存量房转型做租赁型的养老或旅游地产、要求推进房地产投资信托基金试点等内容，旨在鼓励、支持、大力发展住房租赁市场。

延伸阅读：《关于加快培育和发展住房租赁市场的指导意见》相关内容

2015年1月14日，住房城乡建设部发布《关于加快培育和发展住房租赁市场的指导意见》（以下简称《意见》）。《意见》涉及面十分广泛，内涵非常丰富。

《意见》提出，政府建设住房租赁的信息服务平台、提供租赁合同文本、培育住房租赁经营机构。信息服务平台可以为租赁双方提供高效、准确、便捷的信息服务，方便租赁双方快速、便捷、高效完成租赁交易；租赁合同示范文本有利于明确双方的权利、义务，有助于快速交易，减少租赁纠纷；培育住房租赁经营的专业机构有利于住房租赁市场的规范与发展。

《意见》提出，支持房地产开发企业将其持有房源向社会出租，支持房地产开发企业改变经营方式，从单一的开发销售向租售并举模式转变。鼓励有条件的房地产开发企业，在新建商品房项目中长期持有部分房源，用于向市场租赁；也可以与经营住房租赁的企业合作，建立开发与租赁一体化、专业化的运作模式。支持房地产开发企业将其持有的存量房源投放到租赁市场，也可以转成租赁型的养老地产、旅游地产等。

《意见》提出，积极推进房地产投资信托基金（REITs）试点，有利于促进住房租赁市场发展，有利于解决企业的融资渠道，有利于增加中小投资者的投资渠道。还提出，支持从租赁市场筹集公共租赁房房源；鼓励和支持符合公共租赁住房保障条件的家庭，通过租赁市场解决住房问题，政府按规定提供货币化租赁补贴。这有利于提高安置工作效率，有利于盘活存量住房，有利于解决公共租赁住房管理难等问题，推动保障性住房逐步从实物保障为主转向建设和租赁补贴并重。

4．推动老楼、危楼排查政治工作

住房城乡建设部部署在全国范围内开展老楼、危楼安全隐患大排查、大整治活动，要求各级住房城乡建设和房管部门要切实担负起责任，定期通报情况，对工作措施落实不到位的要约谈督导。

（三）北京市调控政策松紧有度

北京市在积极落实国家出台的各项调控政策的同时，根据市场供需态势，出台了灵活、精准的政策措施。调控政策松紧结合，既有利于恢复市场活力、完善市场多层次需求、贯穿绿色理念，又及时抑制了区域性价格波动。

1. 上调公积金贷款额度

北京住房公积金管理中心对北京地区住房公积金贷款政策做出调整，借款申请人购买政策性住房或套型建筑面积在90平方米（含）以下的首套自住住房，住房公积金个人贷款最高额度由之前的80万元升至120万元。

2. 全面启动实施113个棚改项目

2015年年初以来，为全面加快棚户区改造，确保完成5.7万户搬迁改造任务，北京市已推进113个棚改项目全面启动实施。为确保任务落实，将这113个棚改项目分解到各区县，并且要求输入区大力支持，尽快开工；提出如果被改造家庭情况特殊，也可以选择货币拆迁安置的方案。

3. 出台公租房市场租金补贴办法

北京市出台《关于完善公共租赁住房租金补贴政策的通知》。该通知在补贴标准、补助比例、特困家庭补助等方面有了更为详尽的规定，以提高住房保障科学水平、加大保障力度。租金补贴档位和标准进一步细化，不仅加大了对公租房承租家庭，特别是中低收入家庭的保障力度，更进一步提高了租金补贴的使用效率；充分考虑承租家庭对居住品质提升的需求，将补贴面积由50平方米上升至60平方米；针对支付房租确有难度的特殊困难家庭，提出建立特殊困难家庭公租房租金补贴机制等。

延伸阅读：《关于完善公共租赁住房租金补贴政策的通知》相关内容

2015年9月11日，北京市住房城乡建设部发布《关于完善公共租赁住房租金补贴政策的通知》（以下简称《通知》），旨在进一步减轻公共租赁住房承租家庭的租金负担，促进公租房租金补贴制度更加合理。

一是统一公租房补贴申请标准。《通知》称，除怀柔区、平谷区、密云县、延庆县外，其余各区实行统一的公租房分档补贴比例。具体标准为：申请当月前12个月家庭人均月收入不高于2400元；除承租的公租房外，无其他住房；3人及以下家庭总资产净值57万元及以下；4人及以上家庭总资产净值76万元及以下；怀柔、平谷、密云、延庆等区县政府自行确定本区县内公租房租金补贴家庭人均月收入和家庭总资产净值。

二是档位细化补贴额度提高。《通知》中明确，人均月收入1200元及以下的承租家庭，补贴比例由50%提高至70%；对于人均月收入1200元以上的家庭，此次《通知》中标准更加细化，由之前的每600元设立一档，变为每400元设立一档。政策调整后，人均月收入在1200元（不含）至1600元（含）之间的承租家庭，补贴比例由25%提高至50%；人均月收入在1800元（不含）至2000元（含）之间的家庭补贴比例由10%提高至25%。

三是补贴上限提高至60平方米。《通知》将对补贴比例95%、90%、70%的家庭补贴面积上限由之前的50平方米上调为60平方米。符合调整后标准的廉租家庭承租的公租房面积超过50平方米但低于60平方米的部分，将纳入补贴范围，其他廉租家庭仍按原有标准予以补贴，补贴力度不降低。

四是建立特困家庭租金补贴机制。《通知》规定了补贴升档制度，加大了对重度残疾等3类家庭公租房租金补贴支持力度。若租金补贴比例低于95%，且申请家庭成员中有重度残疾人员或患大病人员，或家庭成员均为60周岁以上老人且无子女，经区县、街道办事处（乡镇政府）住保部门审核后符合提高条件的，可提高一档租金补贴。

4．提高通州购房门槛

北京市发布《关于加强通州区商品住房销售管理的通知》，决定在通州区实施更严格的商品住房限购政策，旨在合理抑制通州区域的住房投机投资，给过热的当地商品住房市场降温，稳定区域市场。

5．保障性住房实施全装修成品交房

为落实《关于在北京市保障性住房中实施绿色建筑行动的若干指导意见》，北京市下发《关于在北京市保障性住房中实施全装修成品交房有关意见的通知》，明确规定北京市保障房建设投资中新建、收购的保障房项目，将全面推行全装修成品交房。实施范围包括公共租赁住房、经济适用住房、限价商品住房、棚户区改造安置房及自住型商品住房。

二、2015年北京市房地产市场运行特点

（一）开发项目资金到位情况小幅改善

随着市场交易逐步回暖，2015年北京市房地产开发项目资金到位情况出现小幅改善。前三季度，北京市房地产开发项目到位资金4811亿元，同比增长3%。从主要构成看，随着融资模式不断创新，直接融资规模不断扩大，占比三成的自筹资金同比增长9.5%；随着市场交易逐步回暖，在定金及预收款降幅收窄的带动下，占比四成的其他资金来源同比增长4.5%；由于银行采取风险控制措施，惜贷情绪严重，加之开发企业对银行贷款的依赖已逐步降低，金融贷款同比下降4.3%，占房地产开发项目到位资金比重降至30%，比重同比下降2.3个百分点（见图10~1）。

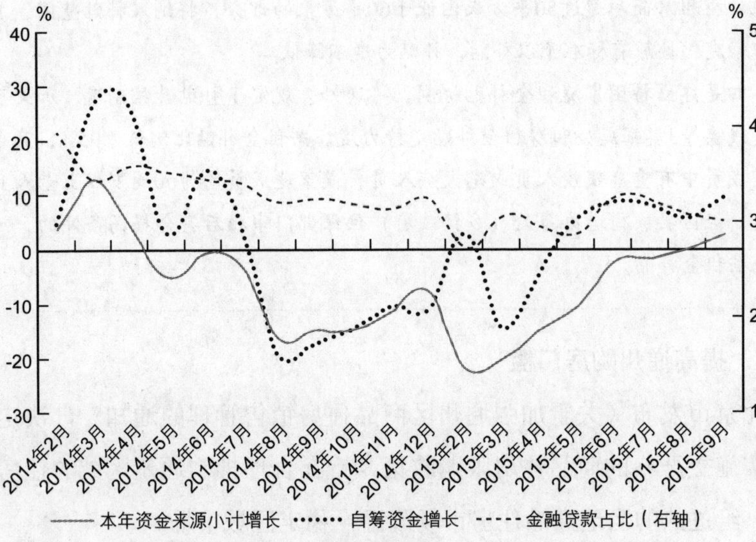

图10~1 2014年以来北京市房地产开发投资本年资金来源增长、自筹资金增长和金融贷款占比

（二）土地市场持续活跃，交易价格不断攀升

受新增建设用地供应总量缩减，开发企业尤其是资金实力雄厚的国企青睐一线城市等因素影响，北京市土地市场交易持续活跃，溢价率普遍较

高，地王再度涌现。前三季度，土地市场共成交经营性用地宗数和面积同比分别下降43%和50%。其中，住宅用地依然是土地供应的主体。前三季度，供应土地中住宅用途，约占总成交面积的67%；住宅用地中各类保障房和自住型商品房占比达到33%。

主要受住宅用地价格带动，北京市综合地价涨幅再度提升（见图10~2）。一方面，为落实国家关于严格控制新增建设用地，存量中求发展，以土地利用方式转变促进经济发展方式转变的要求，北京市提出建设用地供应“减量发展，结构调整”的思路，新增建设用地供应整体瘦身。供给减量增加了土地稀缺性，推动价格上涨。另一方面，受住宅用地供不应求、北京市基础设施等综合服务能力显著提升等因素影响，加之部分优质地段土地开始供应，自2013年起，北京市住宅用地交易持续火爆，平均楼面价不断攀升。截至2015年9月，住宅用地平均楼面价较2012提高了两倍多（见表10~1）。

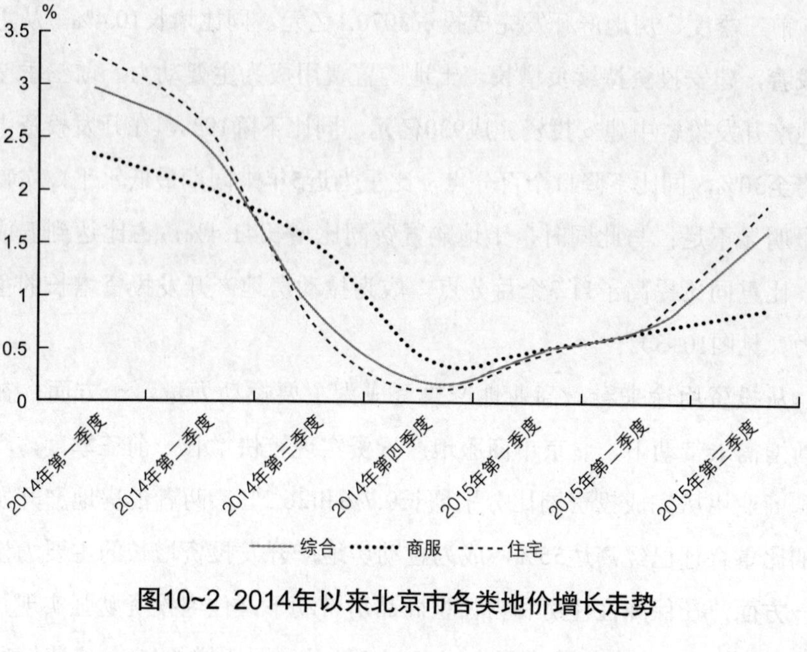

图10~2 2014年以来北京市各类地价增长走势

表10~1　2007~2015年北京市住宅用地交易情况

成交日期	宗数	规划面积（万平方米）	成交金额（亿元）	平均楼面价（万元/平方米）
2007年	55	989.87	345.91	0.35
2008年	56	1134.76	430.66	0.38
2009年	76	1192.95	702.64	0.59
2010年	82	1450.98	1062.51	0.73
2011年	59	929.60	472.97	0.51
2012年	37	608.74	394.73	0.65
2013年	76	1350.63	1309.54	0.97
2014年	52	907.01	1253.17	1.38
2015年1~9月	24	417.49	680.57	1.63

（三）开发投资实现较快增长，实物投资量明显不足

在市场销售逐步回暖、新开工面积大幅增长带动以及费用投资大幅增长的支撑下，2015年年初以来，北京市房地产开发投资实现持续两位数增长。前三季度，房地产开发完成投资3070.1亿元，同比增长10.4%。**从主要构成看**，建安投资持续负增长，土地购置费用成为主要动力。前三季度，房地产开发投资中建安投资完成930亿元，同比下降19%，在开发投资中占比将至30%，同比下降11个百分点，比重为近5年来同期最低水平，实物投资量明显不足；与此同时，土地购置费同比增长41.4%，占比达到五成以上，比重同比提高了11.3个百分点，成为拉动房地产开发投资增长的主要动力（见图10~3）。

从投资用途来看，商业地产投资成为主要拉动力量。**一方面**，在大量新增需求带动下，北京市商服地产投资实现较快增长。前三季度，写字楼和商业用房完成投资同比分别增长9.7%和26.2%，两者占房地产开发投资的比重合计已经高达55%，成为拉动房地产开发投资增长的主要力量。**另一方面**，在保障性住房和自住型商品房带动下，住宅投资勉强实现正增长。1~9月，北京市住宅投资完成1384.5亿元，同比增长1%，增速较2014

年同期下降13.1个百分点，占房地产开发投资的比重下降4个百分点。其中，保障性住房和自住型商品房完成投资同比分别增长21.1%和68.2%，占住宅投资比重合计已高达63.4%（见图10~4）。

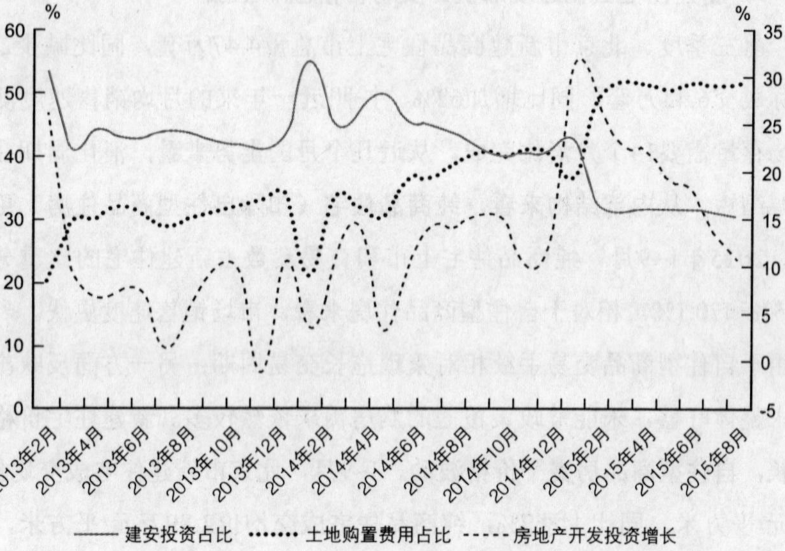

图10~3 2013年以来北京市房地产开发投资增长及主要构成占比

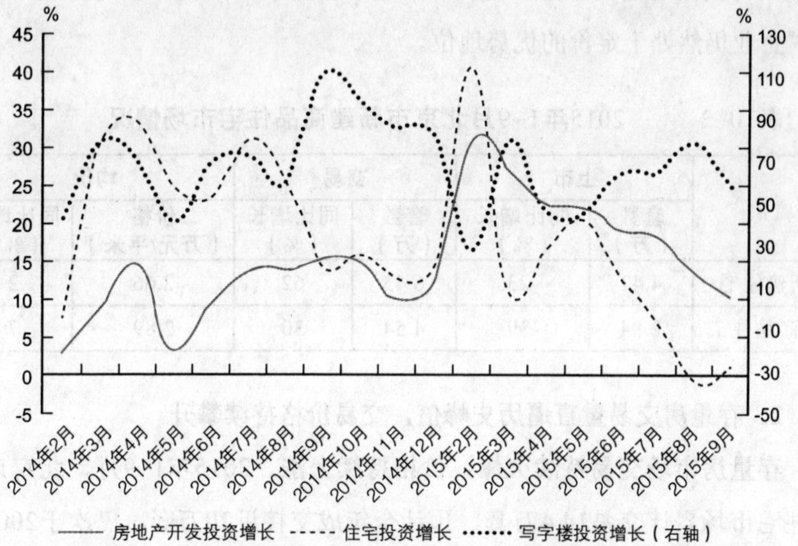

图10~4 2014年以来北京市房地产开发投资及主要投向累计增长

（四）商品住宅市场稳步回暖，交易价格温和上涨

在一系列利好政策刺激下，北京市住房需求稳步释放，住房市场交易逐步回暖。

1. 新建住宅去化速度加快，交易价格温和上涨

前三季度，北京市新建商品住宅上市总量4.47万套，同比减少23%；实际成交6.43万套，同比增加62%。按照近一年来的月均销售速度测算，市场存量需要14个月消化完成，从近几个月的走势来看，消化周期在逐步小幅缩短。**从内部结构来看，纯商品住宅（扣除自住型商品住房）更为抢手。**2015年1~9月，纯商品住宅上市和交易套数占新建住宅的比重分别为63.5%和70.1%，相对于自住型商品住房来看，市场销售速度更快。一方面是由于自住型商品交易手续相对繁琐拖长交易周期；另一方面反映出市场需求整体旺盛，未能被政策覆盖的购房需求依然较多。**新建住宅价格稳步增长，自住型商品房熨平价格波动。**1~9月，北京市新建住宅成交均价2.66万元/平方米，同比上涨2%，纯商品住宅成交均价2.89万元/平方米，同比上涨7%（见表10~2），涨幅位于近五年来的高位。从政策效果看，销售均价相对较低的自住型商品房有助于缓解价格波动，但并没能影响市场预期，企业仍然处于定价的优势地位。

表10~2　2015年1~9月北京市新建商品住宅市场情况

	上市		交易		均价	
	套数（万）	同比增长（%）	套数（万）	同比增长（%）	价格（万元/平米）	同比增长（%）
新建住宅	4.47	-23	6.43	62	2.66	2
纯商品住宅	2.84	-39	4.54	30	2.89	7

2. 存量房交易量直逼历史峰值，交易价格持续攀升

存量房市场交易持续火爆，价格持续上涨。2015年1~9月，北京市存量住宅市场累计交易14.4万套，预计全年成交接近20万套，仅次于2009年的23万套，有望成为历史第二峰值（见表10~3）。二手房供需两旺，一方

面是由于不断宽松的货币政策给予改善性需求有力支撑；另一方面是源于房产税、遗产税等立法的政策预期影响。在交易增长的带动下，9月份，存量住宅成交均价达到3.64万元/平方米，环比上涨1.9%，同比上涨12.2%（见图10~5）。

表10~3　　2015年存量住宅成交套数及套均面积

日 期	存量住宅成交套数（套）	二手房套均面积（平方米）
2015年1月	12737	103
2015年2月	8672	91
2015年3月	11659	91
2015年4月	17191	88
2015年5月	16627	97
2015年6月	18576	91
2015年7月	21473	98
2015年8月	19088	91
2015年9月	17888	94

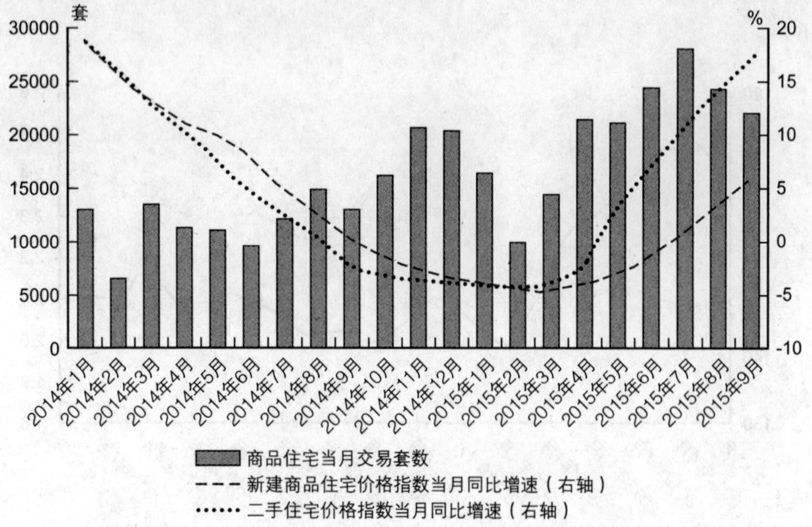

图10~5 2014年以来北京市商品住宅交易及价格走势

90平方米左右的次新房更契合改善性需求。从中介门店反映的成交情况看，针对存量房，北京市改善性需求主要集中在前些年“7090”政策执行期推出的，3年左右的90平方米上下的次新房。与此同时，交易数据也显示，2015年1~9月，北京市存量房交易平均套均面积为93平方米。主要原因包括：一是大多数具有改善性需求的家庭，还无法负担新房市场上动辄上千万元的豪宅，而这类产品总价在200万~300万元之间，比较容易接受。二是这类产品大都位于五环路附近或五环路以内城区，交通、市政、商业、教育等生活配套齐全。

3．租赁市场平稳运行，租金价格稳步上涨

在北京市疏解非首都功能以及人口调控等政策背景下，北京市租赁需求受到一定影响；但在国家鼓励通过租赁住房解决居住问题，北京市出台完善公共租赁住房租金补贴政策引导下，以及存量房市场交易火暴导致由租转售，致使租赁房源供应量减少等因素影响，北京市住房租赁市场整体运行平稳。租金价格逐月上涨，9月份，二手住宅租金指数达到168.6，创出历史新高。虽然租金价格稳步上涨，但涨幅低于住宅交易价格，因此住宅的租售比小幅回落，二手住宅的租金回报率也出现小幅回落（见图10~6）。

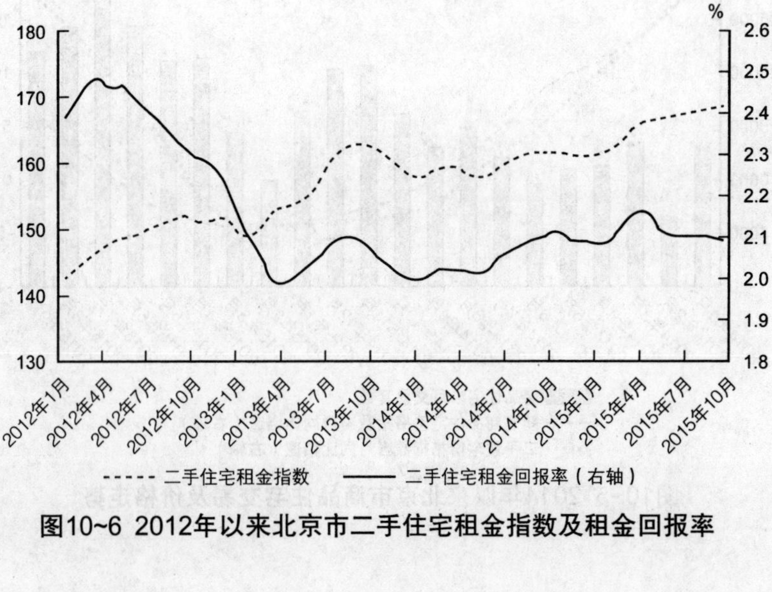

图10~6 2012年以来北京市二手住宅租金指数及租金回报率

（五）商业地产迎来供应高峰，整体运行平稳

1. 写字楼市场运行良好，投资租赁需求走势分化

在新增写字楼供应面积同比大幅增长50%、新兴商圈陆续入市高品质散售物业带动下，写字楼市场投资交易较为活跃，高品质产品增加推动均价持续上升。2015年前三季度，北京写字楼市场成交面积为44.1万平方米，同比上升66.7%，成交均价为26149元/平方米，同比上升62%。

租赁活动放缓，租金小幅回落。受制于新增供给相对偏少、世界经济复苏缓慢、国家及北京市经济下行压力不减等因素影响，北京市租赁活动整体放缓，内、外资企业的需求仍在增长，但较为谨慎。由于新入市的项目区位因素影响，租金整体偏低，拉低北京市写字楼平均租金水平（见图10~7），但现有项目租金运行平稳，空置率持续保持平稳。

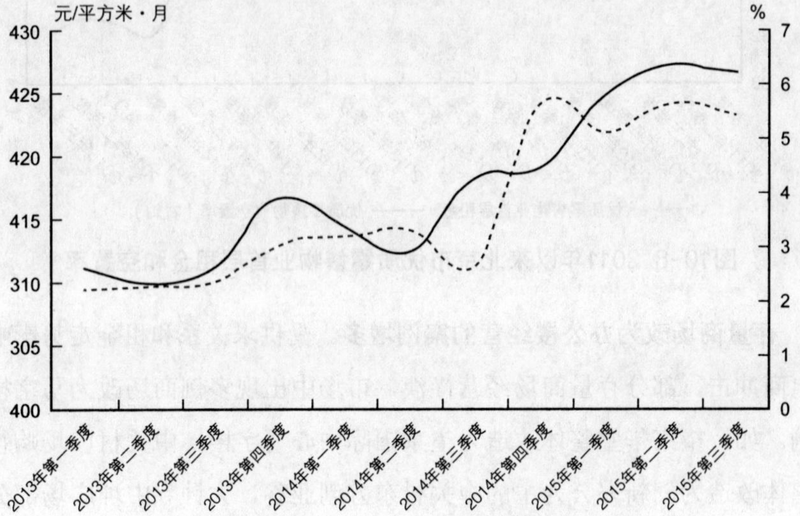

图10~7 2013年以来北京市优质写字楼租金和空置率

2. 商业用房市场交易疲软，租赁市场相对平稳

主要受宏观经济和零售环境整体疲软影响，2015年北京市商业用房销售市场持续低迷。前三季度，商业用房新增供应面积同比增长11%，但销

售面积下降23%，凸显市场需求不足。年内新增零售物业主要集中在零售物业发展相对滞后的丰台、通州等京南地区。但是，由于有大量的居住人口支撑消费需求，部分租售需求较旺盛的项目甚至小幅调高租金报价。三季度末，北京市购物中心首层商铺平均租金环比上涨了0.7%，至每天每平方米35.8元（见图10~8）。

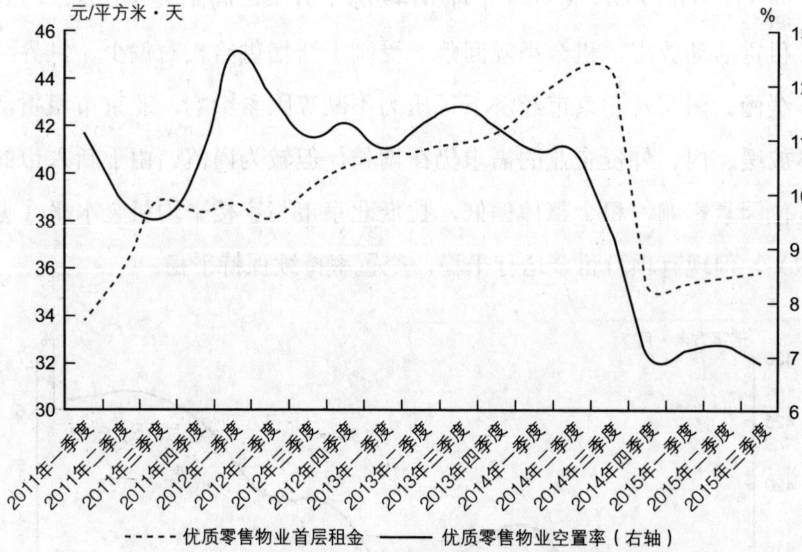

图10~8 2011年以来北京市优质零售物业首层租金和空置率

存量商场改为办公楼经营的案例增多。受供求关系和租金走势影响以及电商冲击，部分存量商场经营惨淡，市场中出现多例商场改为写字楼的案例。如，望京华堂整体改造为望京国际中心写字楼，中关村广场购物中心整体改造为创新办公为主的中关村东方创业谷，大钟寺中坤广场部分改造为写字楼等。**快时尚品牌持续扩张。**英国快时尚品牌Topshop在老佛爷百货开出中国首店，法国珠宝品牌Mauboussi和西班牙时尚珠宝品牌Tous也首次进入中国，分别在金融街购物中心和西单大悦城开出首店；英国快时尚品牌Ne Look和瑞典快时尚品牌H&M及其集团旗下Monki均在朝阳大悦城开出新店。在城市中心外围区域快时尚品牌出现下沉式扩张，New

Look、Old Navy以及Hollister等品牌在通州和丰台均有新店开张。

三、房地产领域需要关注的问题

（一）房地产市场出现价格倒挂现象

近年来，随着土地价格快速上涨、新建住房交易郊区化、商品住宅高端化等因素影响，北京市房地产市场出现了多个价格倒挂现象。一是“面粉”贵于“面包”。2015年前三季度，北京供应的住宅用地楼面价高达3.7万元/平方米，而新建住宅市场成交均价只有2.9万元。多个地王楼盘楼面价格也均超过了周边在售的新建和存量住房交易均价。二是环线房价倒挂。近年来随着郊区新城发展提速，区域环境配套日益完善，土地价格的逐日攀升，五环、六环的房价正在向二环、三环的房价靠拢。通州新楼盘已经轻松破4万元/平方米，北五环也卖到“5万+”；由于建筑年代社区环境和配套相对较差，三环附近的二手房价格也仅此而已。三是住宅和商业地产价格倒挂。一般来说，商业地产的单位价格应该是住宅价格的1.5倍到2.5倍，然而由于北京市商业地产景气度较低，住宅市场交易持续升温，商住价格倒挂的现象日益显现。这些价格倒挂的现象，一方面能反映出，虽然宏观经济不景气，但北京市房地产市场较好的前景，以及人们对住房品质及生活环境的追求；另一方面，也反映出市场被扭曲、老旧小区亟待更新等问题。

（二）商业住宅被高端化带来多重风险

随着2013年拍出的地王项目陆续上市供应，加之土地市场不断拍出新地王，2015年被称为北京楼市“豪宅元年”。近两年来，北京已经出现楼面价超过3万元的地块38宗，其中楼面价超过6万元的有5宗，超过5万元的有5宗，超过4万元的有11宗。众多豪宅项目的集中推出，并不符合市场规律，将带来众多隐患。一是2015年前三季度，北京单价10万元以上豪宅成交总量刷新了有网签记录以来的历史最高纪录，但其中80%以上由盘古大观整体转手带来，其他豪宅销售寥寥。在限购政策没有放松的背景下，高端需求难以释放。二是宏观经济下行压力不减，居民收入增长放缓，购买能力不会显著提升，对豪宅的需求不会大幅增加。数据显示，对于新建住房，北京市改善性住房需求主要集中在总价300万~500万元/套的区间，消费升级还未达到动辄上千万甚至上亿的豪宅级别。在北京市坚持限购政策的背景下，未来几年预期大量入市的豪宅，能否被市场消化，将成为悬在开发企业头上的一把利剑。三是住宅市场两极化，将形成新的“夹心层”。一面是政策性住房；一面是高端住宅，面向广大需求群体的普通商品住房供给日益减少，为改善型需求奔波的中等收入群体或将成为新的夹心层。

延伸阅读：住宅“被高端化”原因分析

住宅被高端化的原因主要是：一是地价高。住宅用地交易价格过快上涨，房价随之水涨船高。**二是制度不合理。**由于土地出让制度不尽合理，保障性住房和自住型商品房均采取配建方式，导致相关建设成本转嫁至纯商品房，住宅就这样被高端化了。**三是区位环境优势。**这些豪宅大都位于中心城区，在减量发展和非首都功能疏解的影响下，除棚改外北京市中心城区新增住宅用地将会越来越少，这种稀缺性也将进一步助推豪宅形成。2015年前三季度，位列北京市高端住宅成交排行榜前十的楼盘，集中于朝阳、海淀、丰台等中心城区。例如：紧邻CBD商务中心的泛海国际楼盘，由于其近邻朝阳公园的288公顷绿地和68公顷水系，畅享红领巾公园和森林生态公园的天然绿肺，占有城市核心区域最为稀缺的自然生态资源，平均售价达到每平方米6万多元。

（三）警惕企业寡头联合形成价格垄断

近年来，在北京市土地交易市场上，交易价格持续攀升，随着门槛提高，中小房企参与竞争的能力越来越弱，资金实力强大、本地资源丰富的“国字号”房企，以及近年来通过兼并重组不断提升综合实力和话语权的大企业，逐步成为土地市场的主力军，逐步形成垄断竞争市场。理论上讲，由于在垄断竞争市场不仅存在着价格竞争，还有非价格竞争，虽然无法像自然竞争市场那样形成平均价格，却也不会形成价格垄断。值得关注的是，近年来大房企联合拿地的趋势愈发明显，寡头企业之间相互依存和相互勾结，极易形成寡头垄断，对市场价格的话语权将越来越多，对土地市场和新建商品住宅市场的价格把控能力将显著提高，可能会在一定程度上形成价格垄断。

四、2016年北京市房地产市场运行走势判断

（一）宏观经济持续低迷，房地产仍将是资本关注重点

2016年，世界经济仍处于深度调整期，在美联储加息预期影响下，游资回流美国将成趋势，我国流动性将处于“紧平衡”状态。国内宏观经济仍处于三期叠加阶段，经济下行压力依然存在。落实京津冀协同发展和首都城市战略定位，北京市将继续推进非首都功能疏解、人口调控等政策。在上述环境背景影响下，企业和个人进行不动产投资的能力和意愿会受到一定影响，但综合考虑历经多次降息后我国已进入负利率时代、股票市场持续动荡、北京市土地供应逐步减量、通州行政副中心建设加速推进、购房优惠政策频出等因素影响，土地和房屋等不动产投资依然是资产配置的优化选择，房地产仍将是“吸金海绵”。

（二）房地产调控手段市场化，政策目标侧重稳增长

2015年9月28日，《人民日报》发文“时评：房地产市场是稳住宏观经济环境重要之锚”，旗帜鲜明地阐明房地产市场仍然是中国经济的支柱产业，为当前宏观经济下行时期启动房地产拉动经济提供了重要支撑。2016年，投资仍将是“稳增长”的重要抓手，房地产更是重要抓手中的关键，国家及北京市将继续出台促进房地产业和房地产市场稳健运行的政策措施，与以往不同的是，政策手段将更加注重市场化运作。**一是货币政策将积极稳健**。在2015年4次降准、5次降息的基础上，央行仍将通过双降、公开市场逆回购等其他政策，以增加信贷扩张空间，房地产开发投资和运营的资金环境整体有望持续小幅改善。**二是部分限制需求的行政性政策有望陆续松绑**。中央将通过刺激市场交易，提振房地产开发投资信心，达到促投资、稳增长的政策目标。有望进一步降低房贷首付，尤其是二套房首付比例；进一步降低房屋交易环节的税费，尤其是存量房交易费用；严厉的限购政策有望

适度调整。**三是综合配套改革将稳步推进**。在经过2015年的过渡期后，不动产统一登记制度将全面实施；房地产税法已正式进入全国人大的立法规划；随着房地产业"营改增"的实施，房地产税改革将全面推进。

延伸阅读：全国房地产市场走势判断

1998年住房制度改革以来，房地产市场得到快速发展，房地产供求数量和关系变化巨大。时至今日，已经形成体量巨大，结构复杂的房地产市场。国家信息中心报告分析称，2012年我国城镇户均住房套数约为0.94套，预计到2020年将达到户均1.05套左右。届时市场供需将基本平衡，但区域间的分化走势仍然明显。对于各城市房地产走势判断，短期主要看库存情况，长期主要关注人口流向。

中金公司研究报告预测，2016年中国房地产市场将整体较为平淡，分化的走势还将继续；改善型住房和存量房交易将成为市场争夺的主要对象。**一是**由于库存水平下降和新增供应减少，加之土地成本较高的新增供应入市将结构性推升销售均价，一线城市、二线城市房地产销售均价将上涨10%，而销量将持平。**二是**在宏观经济低迷的背景下，面临着高库存和弱需求的双重压力，三线城市、四线城市房地产销量将下降10%，销售均价将下跌5%。**三是**虽然2016年新房市场整体很可能将不温不火，但中期前景并不悲观。五大都市区和高铁沿线中心城市的房地产市场将受益于产业升级和人口流入，继续有优于其他城市的表现。**四是**一线城市、二线城市的改善型住房需求有望占主导地位。一方面，由于现有的住房普遍户型较小（平均面积80平方米，三居或以上的户型占比不到40%），20%左右的住房质量很差。加上二孩政策的全面放开，改善性住房需求有望表现强劲。另一方面，约有45%的住房存量是1999年以前建造的，当时房地产市场并没有商业化，这些住房的居住者很有可能还从未购买过住房，因此将有更强的动力去改善居住条件。

（三）融资压力难有改善，融资模式创新将加速推进

2016年，虽然资金环境整体有望改善，但受银行强化房地产风险控制、股权再融资难以重启、企业销售回款放缓等因素影响，融资压力难有改善。与此同时，随着REITs破冰和房地产众筹的加速发展，将开启新的房地产融资模式。

1．开发贷款增长受限，更关注品牌房企和棚户区改造

2016年，北京市房地产企业获得银行贷款规模将平稳增长。一是由于宏观经济景气度下降，银行将继续强化房地产风险控制，放款将更加谨慎，放款规模难以扩大。二是为降低风险，抵押和担保贷款的比重将大幅上升，信用贷款的规模将减少。三是为防御系统性风险，银行将严格执行名单制，重点支持有国企背景、综合实力强或区域发展潜力突出的品牌房企，部分企业还有望获得银行的大额授信。四是重点支持棚户区改造等政策性住房项目，降低项目融资成本。2015年1~9月，全国保障性住房开发贷款同比增长61.7%，增量占同期房产开发贷款的80.1%，比2014年同期增量占比高31.6个百分点。上半年，北京市70余个棚户区改造项目获得银行支持，授信规模1125亿元，贷款利率从5.9%下调至4.5%。2016年，是北京市棚改的攻坚时期，中国工商银行北京分行、北京银行、北京农商银行等在京商业银行已达成意向，将积极为棚户区改造提供融资支持。

2．直接融资规模将出现下降

2016年，主要受股权再融资规模预期大幅回落、定金及预收款难以实现增长等因素影响，直接融资规模整体将出现下降。一是信托融资规模保持稳定。北京身为全国房地产信托项目规模集中度最高的城市，信托融资仍将是房企主要融资方式之一。在适度宽松的货币政策影响下，房地产信托融资成本将稳中有降，但主要受再融资方式挤占市场的影响，加之2015年三季度房地产企业迎来集中兑付期，信用违约风险加大，信托融资规模增长难以提速。二是受金融市场持续动荡影响，2016年，证监会难以重启IPO和再融资审核，2015年上半年曾出现爆发式增长的股权再融资规模注定回落。三是随着资本市场政策逐步放开，银行间发债条件不断放宽，加之企业通过股权再融资受限，债券融资将持续发力，但考虑到2015年较快增长的高基数等因素，2016年债券融资有望实现稳步增长。四是预计房屋销售面积较2015年会出现适度回落，而且政策性住房销售周期较长，均会影响企业营销回款，定金及预收款难以实现增长。

3．房地产融资模式创新加快推进

一是REITs推动房地产金融进入新阶段。2015年6月，房地产首只公募REITs——鹏华前海万科REITs正式获批，意味着房地产投融资进入新高度。2016年房地产REITs有望进入推进阶段，既为持有型物业打开资产证券化通道，又为公众投资人增添一条投资房地产的新途径。二是房产众筹等金融产品将加速发展。2015年年初以来，包括绿地、万达、万科、远洋等大牌房企相继公布了众筹战略，5月29日，中国房地产众筹联盟在上海成立，碧桂园联合中国平安共同推出中国房产行业首个房地产众筹产品。2016年，在互联网+时代和国家鼓励金融产品创新的背景下，在龙头企业携手推动下，P2P、房产众筹等金融产品将实现较快发展。

（四）供地布局契合城市功能，高地价将成为常态

2016年，土地供应将配合首都城市战略定位调整进行布局，新增建设用地供应整体将继续减量，土地市场供不应求，高地价将成为常态，企业通过联合拿地，减轻资金压力。

1．土地供应将围绕城市战略定位展开布局

为落实首都城市战略定位，2016年北京市土地供应将围绕城市空间布局以及功能布局展开。一是中心城区各类用地都将减量，特别是为了配合人口调控目标，除了棚户区改造项目外，新增住宅用地将大幅减少；与此同时将增加公共基础设施及公共服务用地。二是重大项目和重点建设区域土地供应有保障；新机场、通州环球影城等重点项目用地将适度增加；通州行政副中心和其他新城建设用地供应将适度增加，在供地结构上将着重考虑职住平衡，以实现产城融合发展。

2．土地价格持续走高，房企联合拿地成为主流模式

（1）北京市土地价格逐年攀升，住宅高地价将常态化

2016年，北京市新增建设用地供应整体将继续减量，土地市场持续供不应求，价格将继续走高。**一方面，住宅用地价格持续攀升。**2013年以来，北京市成交的住宅用地实际楼面价高于3万元/平方米的超过30宗，其

中楼面价超过6万元的有5宗，超过5万元的有5宗。从区位来看，不仅有夏家胡同、农展馆、西局等核心区地块，还包括亦庄、黄村、长阳等郊区地块。2016年，住宅用地楼面价将攀至新高，六环以内新拍出的住宅用地楼面价将普遍超过3万元/平方米。**另一方面，产业用地价格走势分化。**虽然国土部要求提高工业用地价格，北京市也提出要适度降低工矿仓储用地规模及比例，但考虑到北京市非首都功能疏解等政策影响，工业用地价格将稳步上涨。商业用地供需整体平衡，用地价格将保持平稳。

（2）2016年，房企与金融机构1+N联合拿地将成为北京土地市场的主流模式

随着土地价格节节攀升以及房地产企业经营模式的转变，自2006年起就有房企间联合拿地的现象出现。近年来，这种合作模式愈加成熟并逐步演化，金融保险机构参与联合拿地也成为一种趋势。1+N的联合模式，既有利于减轻资金压力，共担项目风险；又有利于充分发挥各联合成员自身优势，提升联合体实力，尤其是针对产品多样化的土地混合利用项目更为重要。例如，2015年年初，擅长运营商业的华润地产，擅长住宅开发的招商地产，擅长商业写字楼开发的九龙仓，以及资金充足的平安不动产有限公司，形成了实力雄厚的联合体，在丰台区成功竞得两宗优质地块。

（五）开发投资增速回落，商业写字楼是主要增长动力

2016年，北京市房地产开发投资增速将出现回落，从主要构成看，商业用房和写字楼投资将是主要增长动力；住宅投资主要靠政策性住房建设支撑，在开发投资中的占比将回落。

1. 新增建设项目较少，续建投资增速将回落

一方面，新开工建设面积增长乏力。2014年以来，北京市土地交易面积已连续两年大幅下降，在其他资金来源、自筹资金和土地要素供给均出现趋紧走势的影响下，新增建设需求难以回升。2014年和2015年前三季度，北京市土地交易面积同比分别下降29%和50.5%，影响2016年新开项目。**另一方面，续建投资后劲不足。**虽然2015年1~9月新开工面积同比增

长14.5%，但主要由建设周期较长的商业用房和销售周期较长的高端住宅增长带动，加之宏观经济走弱以及对未来预期的不确定性，房地产开发企业已经开始拉长建设周期延后销售，这都将导致续建投资逐步回落。

2. 商业用房和写字楼投资仍将是主要动力

2016年，写字楼和商业用房投资仍将是拉动房地产开发投资实现增长的主要动力。2015年前三季度，北京市写字楼和商业用房投资同比增长近20%，占房地产开发投资的比重达到55%，较2014年同期提高4.2个百分点，已经成为推动房地产开发投资增长的主要动力。同时，前三季度写字楼和商业用房新开工面积大幅增长34.7%，高于房地产平均水平20个百分点。综合先行指标和建设周期判断，未来1~2年写字楼和商业用房投资仍将实现稳步增长。

3. 住宅投资建设仍将重点关注政策性住房

2016年是"十三五"开局之年，住建部对"十三五"时期房地产业的发展思路定为增加有效供给、改善住宅质量、提升人居环境。随着房地产，尤其是商品房调控逐步回归市场化，政府将加大对政策性住房，尤其是棚户区改造的关注。**一方面，政策性住房仍将是住宅投资的重要支撑。**2015年前三季度，北京市保障性住房和自住型商品房完成投资占住宅投资比重合计已高达63.4%；保障性住房新开工面积同比增长20.7%。结合先行指标和政策因素判断，政策性住房投资有望保持稳步增长。**另一方面，棚户区改造项目将加速推进。**棚改意味着城市功能的再造和城市资源的重组，既是重大的民生工程，也是重要的"稳增长"工程。虽然前期拆迁难度较大，但综合效益不可小觑。由于有政策支持和信贷优惠，棚改项目的基金收益率高达20%，从另一个侧面反映出社会资金对棚改项目的认可，以及棚改项目能带来较为可观的综合效益。2016年北京市将加大对棚户区改造和环境整治的投资力度，重点实施天坛周边65栋简易楼改造，西忠实里、宝华里、白塔寺及什刹海旧城保护等建设项目，以确保到2017年底前完成15万户棚户区改造任务。

（六）住宅市场稳健运行，房价整体温和上涨

2016年，北京市住宅交易市场和租赁市场整体都将保持平稳运行态势，房价和租金将温和上涨，涨幅均处于合理区间。

1. 住宅交易市场运行整体平稳

2016年，由于住宅需求整体旺盛，市场交易量将主要由供应量决定。综合考虑新增和存量住宅供应情况和2015年预期28万套的高基数，初步预计2016年住宅交易规模在25万套左右，同比下降10%左右，市场运行整体平稳。

（1）北京市住宅需求仍将持续旺盛

一是投资环境和政策均持续利好。在我国已进入负利率时代、股票等金融投资产品收益率下降的背景下，下调二套房首付比例、降低住房转让手续费、公积金实施异地贷款、北京市公积金最高贷款额度提升至120万元，一系列政策均有利于推动住房消费释放。**二是购房需求整体旺盛**。从北京市来看，虽然非首都功能疏解和人口调控会带来一定影响，但北京市仍属于人口净流入地区，这就决定了购房需求不会下降；加之限购政策已满五年部分需求将陆续释放、全面开放二孩等政策影响，整体购房需求仍将持续旺盛。

（2）北京市住宅供应整体保持稳定

一是新建住宅供给下降。2015年前三季度，北京市新增住宅供应4.8万套，为近10年来同期最低水平。综合考虑北京市住宅用地供应、新开工面积、施工面积均出现下降等因素影响，2016年北京市新建住宅供给将持续下降。由于北京市住宅交易中新建房占比不足25%，对供应总量影响偏小。**二是存量房供给有望稳中有升**。在优惠政策支持下，考虑到房产税、遗产税等立法的政策预期影响，以及限购政策背景下改善性需求规模释放带来的“卖多买一”行为增加，存量住宅供应有望稳步增加。

2. 房价温和上涨，高端项目影响日趋显著

从市场供需来看，供不应求的局面没有改观，住房价格仍将持续上涨，整体涨幅预计在10%左右。从内部结构看，将呈现出两大特征。一是高端产品对均价的拉升作用日趋明显。2015年北京市预期入市交易的，价格高达10万元/平方米的高端住宅项目超过20项，对住宅均价的拉升作用加剧。考虑到近年来土地价格整体攀升，地王不断涌现，以及人工成本不断上升、融资成本难以下降等因素影响，2016年，高端产品将不断涌现，售价将不断创出新高，高端产品对住宅交易均价的拉升影响将更加显著。二是政策性住房将有助于平稳价格涨幅。结合2015年政策性住房占北京市住宅投资建设比重高达60%以上，而市场交易占比只有三成，以及政策性住房销售周期较长等因素判断，2016年，北京市住宅交易市场交易中政策性住房占比将大幅增加。由于整体价格相对较低，政策性住房将有助于熨平价格波动。

3．租赁市场交易将更加规范，长租化趋势逐步显现

2016年，北京市住宅租赁市场整体将平稳运行。受非首都功能疏解、人口调整等政策影响，租赁需求会受到影响，但在政策鼓励以及高房价挤出下，租赁需求整体保持稳定。主要受房屋交易价格整体上涨影响带动，北京市住宅租金仍将持续上涨，涨幅在10%左右。在平稳运行的同时，北京市住宅租赁市场有望呈现出新特征。

（1）多项政策支持住房租赁、增加房源，市场交易将更加平稳

2015年年初，住建部出台《关于加快培育和发展住房租赁市场的指导意见》，提出将建立住房租赁信息政府服务平台，积极培育经营住房租赁的机构，支持房地产开发企业将其持有房源向社会出租，要求用3年时间，基本形成渠道多元、总量平衡、结构合理、服务规范、制度健全的住房租赁市场。北京市出台《关于市场租房补贴申请条件及市场租房补贴标准有关问题的通知》，对于通过市场租房解决住房困难的低收入家庭，给予政府补贴。多项政策促进住房租赁市场健康有序发展。

（2）长租公寓+REITs模式将成为新趋势

近年来，随着人们对高品质居住生活的需求越来越迫切，长租公寓市场开始萌芽。2013年起，长租公寓市场开始得到资本的关注，包括国际

青年公寓、寓见、优客逸家等一批新兴互联网创业公司纷纷举资进入。作为传统中介行业的代表，链家地产推出“自如系”产品进入长租公寓市场，即资产管理业务；我爱我家也宣布将房屋管家业务启动向资产管理业务全面转型升级。从国际经验看，在美国华盛顿等各大商业城市，近半数的出租公寓为长租公寓，且都掌握在REITs手中，不仅具有长期稳定的租金收益，也能为市场提供更为优质的房源。随着我国房地产REITs破冰，长租公寓市场有望实现较快发展。

（七）写字楼市场平稳发展，商业地产出现走弱迹象

1. 写字楼市场平稳运行，去中心化态势进一步明朗

（1）2016年，写字楼市场将整体平稳运行

一方面，从供给来看，由于写字楼市场供应以期房为主，从2015年前三季度写字楼新开工面积和施工面积同比分别增长35.3%和2.8%判断，2016年写字楼市场供应有望增加。另一方面，从需求来看，主要受世界经济复苏乏力，全国及北京市经济下行压力不减，北京市实施非首都功能疏解和人口调控等政策影响，北京市写字楼需求将出现下降。甲级写字楼空置率将会上升1~2个百分点，租金涨幅将适度趋缓。

（2）由于核心区新增供给量相对有限，场去中心化态势将进一步明朗

《北京市新增产业的禁止和限制目录（2015年版）》将禁止和限制的范围进一步扩大，北京东、西、北五环路和南四环路以内，禁止新建酒店、写字楼等大型公建项目，北京市城六区正式进入写字楼存量房时代，市场去中心化态势将进一步明朗。2015年望京—酒仙桥商圈凭借新入市的高品质写字楼和相对较低的租金水平，成为许多核心商圈企业租户外溢的首选。2016年，随着通州行政副中心、石景山CRD商圈、定位为“国际商贸中心”的东坝商圈第四使馆区全面建设加速，相应地区有望成为新增供应的主要区域。

2. 商业地产稳中趋降，积极探索新模式以实现突围

（1）2016年，北京市商业地产市场整体低迷

从供给来看，由于商业用房市场供应以现房为主，从2015年前三季度商业用房施工面积下降1.8%，以及2014年全年新开工面积大幅下降等因素判断，2016年商业用房市场供应将缩减。从需求来看，综合考虑宏观经济不景气、流动性趋紧、人民币存在贬值预期的背景；部分有影响力的企业不断抛售我国内地不动产，选择“脱亚入欧”的影响；以及北京市落实首都城市战略定位、实施非首都功能疏解和人口调控等政策影响，北京市商业地产需求将出现下降。在电商及海外代购冲击下，零售市场需求结构变化显著，中高端购物中心的出租率和首层平均租金均将继续下降，尤其是位于丰台、大兴等非核心区的新增物业面临的形势更为严峻。

（2）融入互联网+时代，提供增值服务将成为商业地产突围关键

一是购物中心试水O2O将出现实质性的进展。2015年，万达“飞凡网”在通州万达广场进行了试点，西单大悦城联手腾讯进行了“智慧beacon飞”的产品发布。2016年，将有更多购物中心握手互联网+，推广智能服务，完善会员制度，及构建大数据库，以增加综合竞争力。二是百货业态应更加注重提供增值服务。日本的电商一直比较超前，但百货一直在商业里面占比较重要的位置，主要由于日本的百货有很好的服务和增值，如搭配建议等贴心的人性化服务等。北京市百货业态可以尝试提供“送货”服务、“上门试衣”服务、提供专属导购服务、推出线上购买的便捷服务等。

（八）房地产企业进入变革时代，房地产业增速下降

1. 开发企业行业集中度加强，寡头竞争格局初显

房地产开发企业并购重组呈现出成倍增长趋势。数据显示，截至9月末，2015年房地产行业并购案宗数为176宗，涉及金额为1600亿元，几乎相当于2014年全年的并购交易价值。在此之前，2013年和2014年涉及并购标的物价值同比增速均超过100%，并购浪潮加速提升地产开发业集中度。近两年，销售规模千亿元以上的企业加速发展；2014年，销售额排名前十

位的企业占市场份额从2012年的10%提升至18%，与此同时，在行业整体融资压力较大背景下，金融机构愿意给大房企贷款，不仅利率会有优惠还对其周转有保证，在金融贷款有力支持下，地产寡头竞争格局正日益形成。

2．房地产经纪业将进入O2O模式时代

北京市房地产经纪业正处于发展模式变革时期。无论是以传统门店模式起家的链家、中原、我爱我家，还是以电商模式起家的Q房网、爱屋吉屋、房多多、安居客等，都面临需要实现线上线下两种模式协同发展的情况，互联网开始对房地产经纪业进行重塑。链家是先行者，早在2009年，在不断整合线下资源的同时，就开始在互联网密集投入，跟IBM合作，开展基础性建设以及互联网改造等项目。通过改革薪酬制度，提高经纪人佣金，鼓励核心员工持股；构建大平台，收集分析大数据等方式推动模式变革，房地产经纪业将整体进入O2O模式时代。

3．房地产业增速下降，给宏观经济带来的波动将减小

2016年，在住房市场稳健运行、商业地产稳中趋降的共同作用下，在财务成本和人力资本不断上升，持续挤压企业利润；新建房屋交易规模下降，营业收入难以持续高增长的影响下，北京市房地产业增加值增速将出现下降。

随着综合改革深入推进、房地产市场长效机制逐步建立，房地产市场自我完善机制将日益成熟。虽然为实现“稳增长”的宏观目标，政府仍将适度刺激房地产市场，但调控手段是市场化，政策措施多以去行政化为主，顺势而为的松绑有利于促进房地产业稳健发展。2016年，北京市房地产业有望整体稳健发展，房地产业给宏观经济带来的波动将减小。“十三五”期间，如果宏观经济运行相对平稳，没有政策干扰，房地产业稳健发展，房地产市场平稳运行或将成为常态。

五、政策建议

（一）政府合理规划引导，提升房地产开发融资能力

一是结合城市发展定位合理规划建设用地。房地产开发布局和类型在土地“招拍挂”的时候就已确定，而土地储备和一级开发完全由政府主导。因此相关部门要结合城市功能定位、城市总规等多因素，按照着力推动中心城区非首都功能疏解，加强新城、新区综合配套水平，实现职住平衡的目标，合理调整建设用地规划，优化房地产业布局，使之与城市规划相匹配。**二是调整相关政策。**应适时取消二手房交易20%个人所得税征收政策，提前着手设计限购政策逐步退出等，增强市场自主调节能力，促进市场稳健发展，提升产业融资能力。

（二）注重品质，提升产品投资吸引力

房地产开发企业要融入时尚气息，丰富产品类型，引入新技术、新材料、新工艺，让房屋更加智能化、更加环保节能、更加人性化。通过提升产品品质和建筑质量，来吸引投资。**一是对于住宅来说，**无论是面向自住型需求的小户型还是面向改善型需求的大户型在品质、配套设施等方面，都应投入精细化、人性化的户型设计，房屋建筑质量应更加有保障，相关配套的物业服务应该更加优质，配套的公共服务和商业设施应该更加便利。**二是对于商业地产来说，**在注重产品质量的同时，更要关注需求变化。在网络时代，要更加注重体验性消费服务、企业定制化生产开发。探索城市运营商角色等，在提升产品品质的同时，注重提升企业综合实力，以增强融资能力。

（三）积极探索房地产开发融资新模式

一是探索房地产众筹模式。自2012年12月在美国诞生以来，“房地产众筹”模式已经在多个国家成功实践。我国的房地产众筹仍处于起步阶段，无论是宣传型众筹、销售型众筹还是投资型众筹，都能有效为企业提供融资机会，降低融资成本。**二是促进房地产和金融保险业互哺。**近两年万科、保利、绿地等众多地产企业纷纷入股商业银行，2015年上半年又

出现新华保险、中国平安保险等多家保险企业成为地产企业的大股东的现象。这种相互入股的方式，有利于房地产企业通过与金融业深度融合，反哺企业房地产业务，也有助于金融保险业能够拿到相对收益较高、又比较安全的投资渠道。**三是尝试住房抵押贷款证券化。**2014年9月30日，央行等部门提出"鼓励银行业金融机构通过发行住房抵押贷款支持证券（下称MBS），发行期限较长的专项金融债券等多措施筹集资金，专门用于增加首套普通自住房和改善型普通自住房贷款投放。虽然目前在无风险利率较高的特殊环境下，由于MBS期限较长、收益偏低而导致融资吸引力较低；但长期来看，随着国家金融体制改革的不断深化，住房抵押贷款证券化将成为养老基金、退休基金、保险基金等被限制投资领域的资金和40多万亿元的居民储蓄开辟新的投资渠道。

第十一章 就 业

就业持续平稳增长 总量矛盾有所显现

2015年，在经济形势放缓、高校毕业生规模持续高位、人口规模调控持续加强的背景下，加之大众创业、万众创新鼓励就业新业态和新动力的发展，北京市主要行业和群体就业仍然保持了平稳，就业结构也有所优化。2016年，伴随京津冀协同发展规划纲要的落实，非首都功能疏解进度会加快，力度也将加大，北京市就业面临一定压力，就业总量矛盾突出，但总体形势仍有望保持平稳。

一、2015年北京市就业形势变化的主要特点

2015年以来，尽管面临经济形势放缓、新增劳动力规模保持高位、人口规模调控持续加强的形势，北京市就业总体上仍延续了平稳增长态势，城镇登记失业率持续稳定在1.5%以下的较低水平（见图11~1），与全国就业总体稳定的形势保持一致。伴随非首都功能疏解推进，就业结构有所优化；高校毕业生京外就业比重上升、创业逐步成为引领就业的发动机等就业新现象开始显现。

（一）伴随非首都功能疏解逐步推进，就业结构有所优化

截至2015年9月末，北京市法人单位就业同比增长2.5%，保持近四年以来的稳中有降态势。受非首都功能疏解因素带动，北京市行业就业结构进一步优化。截至9月末，《北京市新增产业的禁止和限制目录（2015年版）》涉及行业中规模以上法人单位从业人员减少约4.2万人；居民服务业、住宿餐

饮业、批发零售业等吸纳外来人口较多的传统行业从业人员有所下降，同比分别下降3.7%、2.2%和1.1%；符合首都功能定位的金融业、租赁和商务服务业、信息服务业从业人员增加较多，同比分别增长16.8%、14%和7.3%。

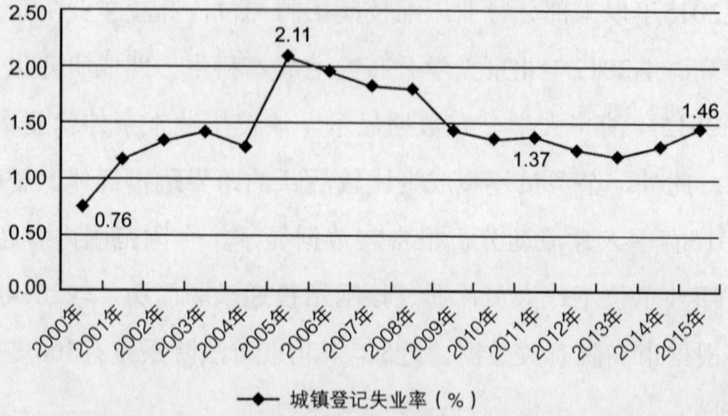

图11~1 2000年以来北京市城镇登记失业率变化趋势

注：2015年城镇登记失业率为1~9月数据。

延伸阅读：2015年全国就业形势总体稳定

中国社科院近日发布的《社会蓝皮书：2016年中国社会形势分析与预测》中指出，就业形势总体保持稳定，创新创业促进就业，对经济增长具有显著倍增效应。

2015年就业形势总体保持稳定。蓝皮书指出，城镇新增就业在波动中逐步趋稳，一季度，城镇新增就业出现多年来的首次同比减少，且最高减少28万人，但之后减幅逐步收窄，二季度基本企稳，三季度持续回暖，同比增加3万人，累计减幅收窄至16万人。1~9月，全国城镇新增就业累计1066万人，提前完成全年1000万人的目标任务。同时，失业状况仍保持在较低水平，三季度末，全国城镇登记失业率为4.05%，同比下降0.02个百分点，环比上升0.01个百分点。9月份，31个大城市调查失业率为5.2%，虽环比略有上升，但总体仍处于较低水平。

2015年就业的突出亮点体现在国家大力推行“大众创业、万众创新”的背景下，创业带动就业出现了新的局面，取得了令人瞩目的就业促进效应。调查显示，创新创业在带动就业的同时，对经济增长也具有显著倍增效应。72.16%的创业项目的资产总额实现了不同程度的增长，其中，43.90%的企业资产总额在2012年底比创业初期翻了一番，主要集中在批零业，信息传输、计算机服务和软件业，居民服务和其他服务业；15.63%的企业资产增长了50%以上1倍以下；12.63%的企业资产增长了50%以下。

（二）高校毕业生群体就业保持平稳，京外就业比例逐年上升

截至2015年9月末，北京地区高校毕业生就业率约为95%，与历年同期水平基本持平。同时，受留京户籍指标减少、生活成本居高不下等因素影响，加之2015年以来部分行业压缩校园招聘岗位，高校毕业生京外就业比例逐步提高。继2012年北京大学公布约七成本科生、四成研究生选择京外就业外，2015年清华大学公布数据显示，该校毕业生京外就业率连续3年突破50%。此外，公务员逐步成为比较活跃的跨界跳槽群体。智联招聘发布的《2015春季人才流动分析报告》数据显示，全国范围内有超过1万名公务员、事业单位工作人员，通过该网站投递求职简历，较2014年同期增长34%。根据市高院有关数据，近5年来北京市法院系统有500多人辞职调动离开法院。

延伸阅读：清华、北大毕业生京外就业比例逐年提高

2015年清华大学公布数据显示，该校毕业生京外就业率连续3年突破50%。2013年，在签订三方就业协议的毕业生中，有50.6%前往京外地区就业，比例首次突破50%。而在十年前，80%左右的清华毕业生选择留在北京。而2012年北京大学公布约七成本科生、四成研究生选择京外就业，显示京外就业比例上升的现象并非个案。

最新数据显示，2015年全国高校毕业生达到749万，再创历史新高。在此背景下，天之骄子们少了一份曾经“宁要大北京一张床，不要中西部一套房”的豪情壮志，多了一份开阔的视野和规划。与一度因一线城市压力过大导致的“逃离北上广”热潮不同，此番京外就业更趋理性和务实。

高校毕业生京外就业比重逐年提高，有三个方面的原因：一是近年北京市落户政策逐步收紧，国企、事业单位等户口指标也明显缩减；二是新一代年轻人更加关注生活质量，认为去上海、广州或者其它二、三线城市，工作、生活环境相对更惬意，而北京的生活成本太高，尤其是房价，竞争激烈，工作压力大，并且雾霾日益常态化，因此北京的“性价比”正逐步减小；三是北京政府机关集聚等体制内单位的优势正在逐步减小，而上海、广州集中更多的是外企，城市更加国际化，深圳的创业氛围浓厚也具相当吸引力。

此外，随着企业内迁，二、三线城市的发展进程加快，加上国家对二、三线城市人才吸引和招商引资方面的利好政策，使得二、三线城市的人才争夺继续升温，薪资相较北京、上海、广州、深圳等一线城市呈现更高幅度的增长。

（三）就业增减新因素轮番上场

一方面，部分行业出现招聘岗位减少或裁员现象。由于国内经济面临下行压力，实体经济下滑给互联网行业带来消极影响，加之互联网企业此前高度扩张的业务形式面临调整，百度、阿里巴巴、联想等部分行业企业出现减少招聘岗位、裁员等现象。**另一方面，创业创新正成为引领就业的发动机。**2015年以来，北京市发布了《关于大力推进大众创业、万众创新的实施意见》，积极搭建创业创新平台，完善创业创新支持政策，做好创业创新公共服务，鼓励新业态、新动力的成长和发展，对稳增长、促就业起到了重要作用。截至2015年6月，中关村示范区企业的归国留学人员超过13000人，累计创办企业超过5000家；中关村创业大街开街以来日均孵化创业企业1.6家。据测算，每1人创业成功并稳定经营1年以上，可平均带动5人以上就业，创业正在成为引领就业的发动机。

延伸阅读：北京市发布《关于大力推进大众创业万众创新的实施意见》

为贯彻落实国务院《关于大力推进大众创业万众创新若干政策措施的意见》（国发[2015]32号）和国务院办公厅《关于发展众创空间推进大众创新创业的指导意见》（国办发[2015]9号）精神，10月19日，《北京市关于大力推进大众创业万众创新的实施意见》正式发布实施。

【主要目标】

到2017年，率先建成创新创业要素集聚、服务专业、布局优化的国家级新兴产业"双创"示范基地，在产业核心技术和关键环节涌现出一批创新创业企业，形成一批服务体系完善、发展成效明显的众创空间，初步形成京津冀协同创新、互利共赢的局面，使北京成为全国高端创新创业的核心区与发源地。到2020年，创新创业政策体系更加健全，创新创业生态全面优化，覆盖全市的创新创业服务体系基本建成，各类创新创业主体高度活跃，创新创业国际合作水平显著提高，创新创业促进经济转型升级的作用更加明显，高技术产业全员劳动生产率进一步提升，使北京成为具有全球影响力的创新创业地区。

【重点任务】

《实施意见》围绕创新创业服务体系、发展形态、空间布局以及保障机制明确四大重点任务，提出了推动大众创业万众创新的具体意见和主要举措。聚焦强化人才服务、金融服务、公共平台服务以及知识产权服务等四个方面服务，形成多元化、多层次、多渠道的创新创业服务新体系。从推进众创空间集约发展、推进“高精尖”领域创新创业、推进科技文化融合创新、推进提升国际化发展水平等四个方面入手，推动创新创业模式升级。

通过打造高端创新创业核心区、打造南北创新创业发展带、打造郊区县特色创新创业特色园区、打造京津冀协同创新创业体系等四个方面布局安排，推进中关村一区十六园统筹发展与京津冀协同发展。通过完善公平竞争市场机制、政府创新服务机制、科技成果转化机制、财税政策扶持机制等四个方面机制安排，为各类创业创新活动提供支持。

摘自首都之窗官网。

延伸阅读：“十二五”时期北京市就业完成情况

“十二五”时期，北京市深入实施就业优先战略，坚持统筹城乡和各类群体就业，形成了城乡统一的就业格局。全市就业规模不断扩大，就业结构持续优化，就业形势基本稳定。5年来，实现城镇新增就业约210万人，就业总量达1157万人，第三产业就业比例占77.3%，城镇登记失业率一直控制在1.5%以内的较低水平。具体来看，主要呈现以下几个特点：

一是城乡劳动者实现更加充分稳定就业。实现了鼓励用人单位招用补贴、职业培训补贴等政策城乡一致；将社会公益性就业组织补贴延伸到农村，为城乡就业困难人员提供托底安置；把城市化建设地区农村劳动力纳入城镇促进就业范围。探索建立预防失业政策体系，开展在职职工培训补贴试点和稳岗补贴试点，惠及职工98万人次。开展充分就业地区创建工作。

二是创业创新环境进一步优化。建立创业工作联席会议制度，提高创业担保贷款额度，扩大创业培训补贴范围，推进集“项目推介、培训指导、跟踪服务”一体的创业服务体系建设。5年来，扶持失业人员、农村转移劳动力和高校毕业生等群体创业5.5万人，带动就业16万人。

三是重点群体帮扶力度持续加大。实施大学生就业促进计划和创业引领计划，深入推进大学生村官等基层就业项目，北京地区高校毕业生就业率连续多年保持在95%左右。实行就业援助规定，帮扶城乡就业困难人员就业约75万人，动态消除城乡“零就业家庭”。实施绿色就业行动计划，扶持一产员工制，帮助约30万农村劳动力转移就业。

四是劳动者就业能力全面提升。出台实施进一步加强职业培训工作的意见（“京十条”），面向全体劳动者、全职业生涯、全过程衔接的职业培训体系初步建立。5年来，培训企业在职职工、失业人员、农村劳动力等200余万人。

二、当前北京市就业面临的宏观环境

（一）首都面临的人口增长压力仍然较大

2000年以来，我国城镇化率几乎成直线上升趋势，到2014年已经达到54.8%。按照《国家新型城镇化规划（2014~2020年）》要求，到2020年，我国城镇化率有望突破60%。新型城镇化过程中，有上亿规模的人口要从农村向城镇转移，以及大量人口在不同城市间流动，势必会导致各城市尤其是超大城市普遍面临人口膨胀的压力。未来一段时间，我国还面临着解决好现有“三个1亿人”问题的任务，即促进约1亿农业转移人口落户城镇，改造约1亿人居住的城镇棚户区和城中村，引导约1亿人在中西部地区就近城镇化。北京作为首都，是人口城镇化最高端的吸附点，具有强大的磁吸效应，必然成为人口流动和人口聚集的重要节点，未来北京仍将面临较大的人口增长压力。

延伸阅读：《国家新型城镇化规划（2014~2020年）》亮点

《国家新型城镇化规划（2014～2020年）》于2014年3月16日正式颁布。这是中央颁布实施的首份城镇化规划，也是今后一个时期指导全国城镇化健康发展的宏观性、战略性、基础性的规划。该规划具有如下亮点。

1. 有序推进，量力而行

规划提出，积极稳妥扎实有序推进城镇化，目标为常住人口城镇化率达到60%，户籍人口城镇化率达到45%，实现1亿左右农业转移人口和其他常住人口在城镇落户；要量力而行，严防城市“摊大饼”式扩张。

2. 以人为本，注重质量

规划最大的亮点是强调以人为本，推进以人为核心的城镇化，提出了保障随迁子女平等享有受教育权利、完善公共就业创业服务体系、扩大社会保障覆盖面、改善基本医疗卫生条件、拓宽住房保障渠道等一系列举措。

3. 回应关切，差异落户

规划提出，全面放开建制镇和小城市落户限制，有序放开城区人口50万～100万的城市落户限制，合理放开城区人口100万～300万人的大城市落户限制，合理确定城区人口300万～500万人的大城市落户条件，严格控制城区人口500万以上的特大城市人口规模。大中城市可设置参加城镇社会保险年限的要求，但最高年限不得超过5年。特大城市可采取积分制等方式设置阶梯式落户通道调控落户规模和节奏。

4. 市场主导，成本分担

规划提出推进城乡统一要素市场建设，加快建立城乡统一的人力资源市场、建设用地市场，鼓励社会资本投向农村建设；建立健全由政府、企业、个人共同参与的农业转移人口市民化成本分担机制。企业要落实农民工与城镇职工同工同酬制度，依法为农民工缴纳职工养老、医疗、工伤、失业、生育等社会保险费用。

5. 强调生态，注重人文

规划突出城镇化要体现生态文明、绿色、低碳、节约集约等要求，明确提出将“密度较高、功能混用和公交导向的集约紧凑型开发模式成为主导”，人均城市建设用地严格控制在100平方米以内；绿色生产、绿色消费成为城市经济生活的主流，节能节水产品、再生利用产品和绿色建筑比例大幅提高。

规划提出，加快发展中小城市，有重点地发展小城镇，加快培育成渝、中原、长江中游、哈长等城市群；推进智慧城市建设，发掘城市文化资源，强化文化传承创新。

摘自中华人民共和国中央人民政府门户网。

（二）全国就业形势不容乐观

世界经济复苏进程缓慢，发达国家及新兴经济体的外贸需求疲弱影响国内企业出口增长，这些因素都将对国内就业构成威胁。我国经济仍处在调结构、转方式的关键阶段，新旧动力的转换也在进行之中，新动力还难以对冲传统动力下降的影响，经济下行的压力依然较大，对就业的滞后影响将逐步显现。多家机构预计2016年可能继续放缓至6.5%左右，城镇新增就业人数可能保持稳中略降。同时，受劳动力成本上升等因素推动，国企改革重组启动，将释放一定数量的劳动力，可能进一步加大就业压力。上述因素均将通过对北京市经济增长施加影响，进而影响就业增长。劳动力供给方面，受人口红利逐步消退影响，我国劳动年龄人口占比自2011年以来呈持续下降态势。同时，延迟退休方案有望加快研究出台，有可能加大青年就业困难，加上全面放开二孩生育政策后，怀孕及照料孩子会使劳动力减少或劳动力的有效劳动时间减少，未来我国劳动力供给问题将更加突出。

延伸阅读：2016年全国就业问题突出

根据相关机构学者研究，2016年全国就业压力将上升，就业问题突出。

（1）**城镇新增就业人数将保持稳中略降**。当前我国每年城镇新增就业人数持续处在历史高位，在经济增速缓慢下行的情况下实现这样的成绩实属不易。由于经济增长对就业存在滞后效应，2013年和2014年连续两年的经济增长率降低已经影响到2015年城镇新增就业人数的增长。随着经济增长率的进一步降低，未来城镇新增就业人数必将出现下降。并且，随着我国适龄劳动人口比例的降低，每年需要解决的新增就业人数也将逐步减少，为此只需要根据经济增长水平的变化维持一定的就业规模就能保持社会就业的稳定。初步预计，2016年我国城镇新增就业规模维持在1000万人以上，但低于2015年约1300万人的水平。

（2）**劳动力市场将总体保持宽松局面**。自2010年四季度以来，我国就业市场总体的求人倍率始终高于1，说明我国就业市场已经由供过于求转向供不应求的状态，出现了根本性的转折。这主要是两方面原因造成的：一是我国经济总量不断增加，产业结构向服务业转型，新经济业态的不断出现使得就业机会和岗位都增加了；二是由于总和生育率降低，使得适龄劳动人口持续减少，由此也缓解了就业市场上的供求压力。预计2016年我国就业市场继续维持宽松局面，求人倍率仍然将大于1。

（3）**适龄劳动力短缺问题将更加突出。**国家卫计委数据显示，自2013年11月十八届三中全会启动实施“单独”二孩政策以来，截至2015年5月底，全国有145万对夫妇提出再生育申请，139万多对办理了手续。从2014年实际生育情况来看，截至2014年底，全国共有106.9万对“单独”夫妇申请再生育，但2014年的出生人口仅比2013年增加了47万人。人口红利是一个长波效应，新生人口增加在短期内可以对经济起到促进作用，但更明显的作用要等到15年甚至更长时间以后才能显现。预计2016年我国适龄劳动人口比例将继续下降至67.3%上下，加上全面放开二孩生育政策后，怀孕及照料孩子会使劳动力减少或劳动力的有效劳动时间减少，未来我国劳动力供给问题将更加突出。

（4）**重点群体就业难问题依然不容忽视。**虽然我国劳动力市场总体维持宽松局面，但是重点群体的就业难问题依然不容忽视。虽然统计数字表明当前我国农村外出务工劳动力增长明显放缓，但农民工的大部分仍然在城市的非正规部门工作，面临频繁转换工作岗位的问题，就业质量较低。

摘自中研网。

（三）户籍制度改革对人口规模调控将产生双重影响

2014年发布的《国务院关于进一步推进户籍制度改革的意见》中提出，要落实放宽户口迁移政策，全面放开建制镇和小城市落户限制，有序放开中等城市落户限制，合理确定大城市落户条件，严格控制特大城市人口规模。目前北京市已经审议了《北京市居住证管理办法(草案)》、北京市居住证公共服务配套政策及积分落户管理办法。作为户籍制度改革的重要内容，全面实施居住证制度将助推以人为核心的新型城镇化和农业现代化，同时进一步促进社会公平正义。居住证制度及积分落户政策对北京市人口规模调控将产生双重影响。一方面，户籍制度改革将加大户籍迁移人口增长压力。北京市已沉淀大量外来常住人口，无论积分落户制度如何设计，都将有部分常住外来人口符合积分落户条件，成为户籍人口，加之这部分人群的配偶、子女、父母也将随之落户，必然会使户籍迁移人口较改革前增长更快；居住证制度和积分落户制度的建立将让常住人口产生稳定预期，导致其定居北京的可能性进一步增大。另一方面，全国户改加快背景下，其他城市落户政策的放宽，可能会分流部分北京市常住外来人口或潜在来京人口。北京市相对严格的人口积分落户条件，可能促使部分人群去往落户条件相对较为宽松的城市落户，从而减轻北京市人口规模调控的压力。户籍制度改革从严一定程度上将影响北京市劳动力供给，尤其是高端人才供给状况。

（四）非首都功能疏解力度加大将对就业规模及分布产生影响

京津冀协同发展背景下，北京市将持续加强人口规模调控，重点疏解一般性产业特别是高消耗产业，区域性物流基地、区域性专业市场等部分第三产业，部分教育、医疗、培训机构等社会公共服务功能，部分行政性、事业性服务机构和企业总部等四类非首都功能，伴随此类产业和功能向北京市郊区、天津和河北省市疏解转移，伴随就业岗位的减少，各区域之间的人口迁移规模将加大，步伐将加快，对就业规模、就业布局、就业的行业结构也均会产生影响。同时疏解过程中可能存在的“业走人留”现象又将进一步加大劳动力供大于求的总量矛盾。

此外，良好的生态环境作为宜居城市的关键指标，也对人口的流动产生重大影响。当前北京市雾霾呈现常态化趋势，生态环境治理压力持续加大。各级应急响应启动，污染企业关停并转，交通限行限号等举措密集实施，但结果多是“等靠熬”。雾霾等生态环境持续得不到有效改善，将很大程度上影响首都城市的宜居宜业水平。目前部分跨国公司外派中国高管因此出现成本增加乃至退出中国等苗头。根据相关调查，欧盟商会三分之一的成员企业表示空气污染增加了人力资源成本，外派中国的员工要求更好的医保、更高的工资或者空气净化设备；美国商会调查显示，大约48%的受访者表示空气污染让他们很难在中国招到或留住高管。

三、2016年北京市就业形势展望

展望2016年，在北京市经济增长继续放缓、人口规模调控逐步加强的背景下，不同行业就业置换特征将日益明显，服务业吸纳就业的能力进一步增强，促使北京市就业总体持平稳。人口调控背景下北京市就业仍有望保持稳定，同时就业总量矛盾比较突出。

（一）高素质劳动力供给减少与非首都功能疏解后产生的“业走人留”加剧就业总量矛盾

近年来不断压缩中央和北京市留京户籍指标引导北京市高校毕业生更多流向京外就业，一定程度上减少了高素质劳动力供给。同时，非首都功能疏解中可能存在的“业走人留”现象将进一步释放低端劳动力，促使劳动力供大于求的总量矛盾较为突出。相关调研显示，城六区动物园、大红门等批发市场搬迁过程中，在就业岗位压缩外迁的同时，从业人员未随产业的外迁而疏解，反而大多数滞留城六区或郊区，进一步加大就业总量矛盾。此外，北京市用人单位的劳动力需求与求职者的知识结构和技能结构存在偏差等就业结构性矛盾仍然突出。

（二）“双创”背景下，服务性行业新业态置换传统行业就业的特征日益明显，就业新增长点逐步显现

一方面，大众创业、万众创新逐步拓展就业空间，服务业、新兴产业加快发展扩大就业容量。科技服务业、信息服务业等领域“双创”将保持持续活跃，教育、健康医疗、文体等公共服务领域政策约束将进一步放松，新技术与产业将加速融合，有望保持向好走势，带动劳动力需求稳定增加。另一方面，近年随着网购、互联网生活服务、互联网金融等网络创业就业新业态的不断涌现，由此带来的新增就业不断置换传统商业和服务业就业，促使服务业内部的就业结构发生明显变化，既增强了服务业吸纳就业的能力，也提升了服务业就业质量，有助于保障整体就业的平稳。据中国信息经济学会统计，2013~2014年，微信带动直接就业人数192万人，间接就业人数815万人。2015年北京市统计局有关调查结果显示，51%的被调

查者本人或者周围有亲戚朋友正在利用互联网创业，11.8%的被调查者表示将来有创业计划。

（三）就业新增长区域逐步形成

一是非首都功能疏解加快，促进就业新增长区域形成。市级行政事业单位明确向通州搬迁，城六区学校、医院等社会公共服务功能和产业向通州等新城转移，将进一步推动就业布局加快调整。市行政副中心等建设本身将创造一定的就业岗位，搬迁后行政事业单位等配套服务需求旺盛，需提前规划建设，将促使通州等成为新的就业增长区域。二是新机场、环球影城等重大项目建设在其本身建设创造就业机会的同时，新机场临空经济、环球影城等后期配套设施及服务完善，将促使大兴等新城就业新增长点不断涌现。

延伸阅读：北京贯彻落实京津冀协同发展规划纲要

7月11日，中共北京市委十一届七次全会通过了《中共北京市委北京市人民政府关于贯彻<京津冀协同发展规划纲要>的意见》。意见呈现如下亮点。

【主要目标】

近期到2017年，有序疏解北京非首都功能取得明显进展，在符合协同发展目标且现实急需、具备条件、取得共识的交通一体化、生态环境保护、产业升级转移等重点领域率先取得突破，深化改革、创新驱动、试点示范有序推进，协同发展取得显著成效。

中期到2020年，北京市常住人口控制在2300万人以内，北京“大城市病”等突出问题得到缓解;区域一体化交通网络基本形成，生态环境质量得到有效改善，产业联动发展取得重大进展。公共服务共建共享取得积极成效，协同发展机制有效运转，区域内发展差距趋于缩小，初步形成京津冀协同发展、互利共赢新局面。

远期到2030年，首都核心功能更加优化，京津冀区域一体化格局基本形成，区域经济结构更加合理，生态环境质量总体良好，公共服务水平趋于均衡，成为具有较强国际竞争力和影响力的重要区域，在引领和支撑全国经济社会发展中发挥更大作用。

以近年来0.3的平均就业弹性估算，按照2015年GDP增长6.8%，预计北京市从业人口将达到1180万人。按照2016年GDP增长6.5%，考虑非首都功能疏解因素影响，预计2016年从业人口达到1200万人，同比增长1.7%，增速略有回落。

四、政策建议

（一）实施更加积极的城乡统一就业政策

一是创新整合就业补贴政策。研究制定城乡统一的鼓励自主创业的社会保险补贴政策，扩大补贴范围，加大补贴力度。研究城六区以外交通安全、停车管理、物业服务、养老助残等行业招用北京市人员特殊岗位补贴政策，促进北京市劳动力就近就业。整合现有稳定就业岗位补贴和在职职工职业培训补贴试点政策，将政策实施范围扩大到所有符合条件的企业。**二是加强重点群体就业帮扶和创业创新服务。**加大对就业困难人员、农村转移就业等重点群体就业帮扶力度。完善并落实鼓励劳动者创业的税收优惠、小额担保贷款、财政贴息、资金补贴等扶持政策，以创业带动就业。拓展高校毕业生就业空间。促进招生培养就业一体化，不断提升毕业生就业能力。深化高校创新创业教育改革，主动对接行业产业需求，健全课程体系，强化创新创业实践，加快培养大众创业、万众创新生力军。全面落实各项帮扶政策，鼓励更多高校毕业生到基层从事公共管理和社会服务，到中小微企业就业，到部队效力。**三是提前谋划国企改革涉及的减员就业政策。**市属国企改革重组涉及人员分流需要提前谋划、稳妥推进，分类施策，必须在构建重新就业培训与支持平台，完善有关社会保障参保政策，加大补偿力度等基础上有序推进，争取成熟一类、推进一类，避免出现新一轮职工下岗潮。

（二）不断规范调整收入分配政策

一是加强企业工资分配指导调控。发布企业和行业工资指导线、劳动力市场工资指导价位和行业人工成本，进一步完善工资水平决定机制、正常增长机制、支付保障机制，促进职工工资合理有序增长。**二是落实机关事业单位工资制度改革。**研究贯彻基层机关公务员职务与职级并行方案。进一步完善机关事业单位的薪酬制度和绩效考核体制，提高业务岗位人才的薪酬；激励体制内专业性人才，提高行政事业单位基层人员工资待遇，保持提升基层劳动者的工作热情和动力。**三是稳步推进收入分配的"提低、扩中、限高"。**着力提高城乡低收入群众的基本收入。稳步提高职工最低工资、企业退休人员基本养老金和城乡居民最低生活保障标准。呼吁加快实施个人所得税综合与分类征收机制，合理调整税率结构，切实减轻中低收入者税收负担。有效调节过高收入，加强对收入过高行业工资总额和工资水平的双重调控，严格规范国有企业、金融机构高管人员薪酬管理。切实执行《中央管理企业负责人薪酬制度改革方案》，促使中央管理企业负责人的薪酬水平进一步降低，央企负责人与职工薪酬差距明显缩小。

（三）加快产业和功能疏解，优化就业布局

通过落实人口规模调控各项措施，加快疏解非首都功能，促进产业升级调整，促进职住平衡，优化就业布局。**一是多措并举，推动产业和功能疏解，降低城区就业容量。**加快疏解非首都功能，严控人口总量。严格执行最新的新增产业的禁止和限制目录，坚决退出一般性制造业，推动区域性物流基地、区域性专业市场、社会公共服务功能、非紧密型行政辅助功能等有序疏解。加强城市综合管理，充分运用法律、经济、行政等手段，持续推进地下空间综合整治、拆违打非、城乡结合部改造等重大行动，推动北京市存量人口特别是城六区人口转移外迁，降低城六区就业容量。**二是千方百计利用相关政策，提升新增劳动力素质。**前瞻应对全面二孩等对常住自然增长人口的推动作用，充分利用市场化手段，创新户籍管理政策，促进城六区就业人口、居住人口大致匹配。尽快出台落实居住证制度和积分落户制度，兼顾高精尖人才引进。**三是逐步提升新城人口承载能力，促进就业新增长区域形成，逐步实现职住平衡。**推动城六区部分高端制造业、服务业向新城转移，建设用地规模、土地开发强度向新城倾斜，以提升其承接城六区产业的基础条件，进而稳步增加新城就业岗位。促进城六区优质教育、医院等社会公共服务功能向新城转移，构建比较发达的连通新城与城六区的交通基础设施，优化调整水电气热等市政基础设施规划布局和建设，适度改善城市发展新区的住宅配套条件，逐步提升就业新增长区域的吸引力，促进新城职住平衡。

第十二章 人民生活

居民收入稳步增长 生活品质有望提升

2015年，在经济放缓形势下，北京市陆续实施各项惠民利民举措，推进各项民生领域改革，确保城乡居民收入和消费稳定增长，就业基本平稳，各项社会公共服务水平稳步提升，居民福利水平不断提高。但城乡居民增收主要依赖政策因素、服务性消费受到供给侧强约束、交通拥堵和空气污染仍然突出等问题严重制约着居民生活品质的改善。展望2016年，北京市将适应经济发展新常态，坚持稳增长、调结构、惠民生、防风险，加快疏功能、转方式、治环境、补短板、促协同，居民收入和消费有望保持稳定增长，各项公共服务水平持续提升，城乡居民生活的幸福感有望进一步增强。

一、2015年北京市人民生活领域运行的主要特点

（一）居民收入增长依然稳定，实际增速与GDP增长基本同步

2015年，城乡居民收入保持稳定增长（见图12~1）。1~9月，北京市城镇居民人均可支配收入39142元，收入水平在全国省和直辖市中仅次于上海，同比增长8.5%，扣除价格因素，实际增长6.6%，略低于近五年平均水平；农村居民人均可支配收入16450元，同比增长9.3%，扣除价格因素，实际增长7.4%，略低于近六年平均水平。预计2015年城镇、农村居民人均可支配收入实际增速在7%左右，与GDP增速同步。

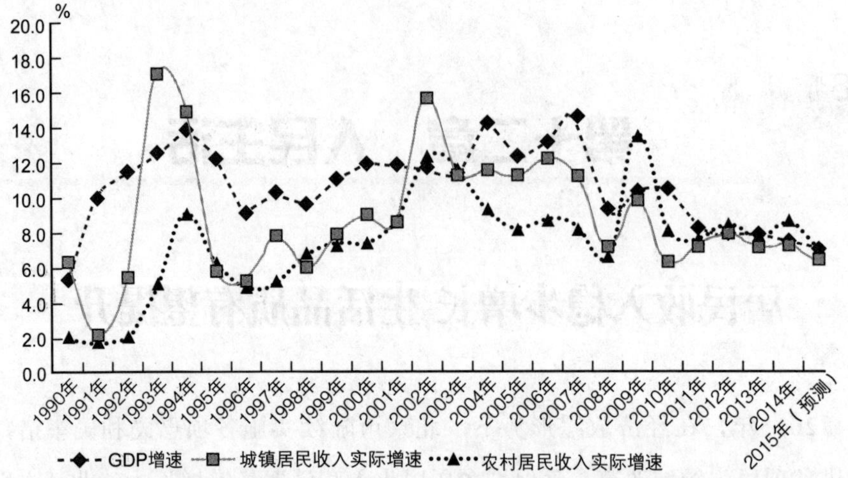

图12~1 1990年以来北京市城乡居民收入实际增长与GDP增长

城镇居民四类收入“三升一降”，占比约八成的工资性收入和转移性收入是城镇居民收入的主要来源（见表12~1、图12~2）。**政策性因素推动工资性收入较快增长。**最低工资标准由每月1560元提高至1720元，企业工资指导线引导企业合理确定职工工资增幅，中央及国家机关、北京市相继启动机关事业单位养老保险制度改革并完善机关事业单位工资制度，加上采暖费和物业费的货币化发放，促进工资性收入较快增长。1~9月，城镇居民人均工资性收入达到24165元，同比增长9.8%，占总收入的61.7%。**社保标准提高推动转移净收入稳步增长。**2015年，北京市各项社会保障标准增幅继续提高10%左右，惠及市民314.2万人，其中城镇低保标准上调9.2%，促进了居民转移净收入稳步增长。加之市级机关事业单位、中央单位在去年四季度也相继提高离退休金标准，带动1~9月城镇居民人均转移净收入达到7717元，同比增长7.9%。**经营性收入有所萎缩。**1~9月城镇居民人均经营净收入保持下降态势，达到1120元，同比下降5.5%。**财产性收入稳定增长。**1~9月城镇居民人均财产净收入6140元，同比增长6.8%，其中人均红利收入、人均出租房屋净收入同比分别增长29.5%、22.6%。

延伸阅读：就业平稳有力保障了城乡居民收入的稳定

2015年，尽管面临经济形势放缓、新增劳动力规模保持高位、人口规模调控持续加强的形势，但伴随北京市继续深入实施就业优先战略，坚持统筹城乡和各类群体就业，进一步优化创业创新环境，持续加大重点群体帮扶力度，不断加强职业培训，总体就业仍延续了平稳增长态势。截至9月末，北京市法人单位就业同比增长2.5%，保持近四年以来的稳中有降态势；同时受非首都功能疏解因素带动，行业就业结构进一步优化。

就业形势总体平稳，有力支撑着城乡居民工资性收入的稳定。"十二五"时期以来北京市实现城镇新增就业约210万人，就业总量达1157万人，第三产业就业比例占77.3%，城镇登记失业率一直控制在1.5%以内的较低水平。与此同时，城镇、农村居民收入实际增速分别持续稳定在7%、8%左右。

表12~1　2010年以来北京市城乡居民收入结构（%）

	2010年	2011年	2012年	2013年	2014年	2015年1~9月
城镇居民收入结构：						
工资性收入	69.24	67.77	68.03	66.87	66.45	61.74
经营性收入	3.51	3.21	3.48	3.28	3.36	2.86
财产性收入	1.97	1.88	1.75	1.27	1.31	15.69
转移性收入	25.28	27.14	26.74	28.58	28.88	19.72
农村居民收入结构：						
工资性收入	60.38	65.00	65.81	65.63	64.63	73.14
经营性收入	14.00	9.25	8.00	4.54	4.29	11.05
财产性收入	11.99	10.43	10.42	18.79	12.12	6.88
转移性收入	13.63	15.32	15.77	11.03	18.96	8.92

注：2015年城乡居民收入数据均为人均可支配收入，2014年及之前则城镇居民收入数据均为城镇居民家庭总收入，农民收入数据为人均纯收入。

农村居民四类收入增长态势与城镇基本一致，占比超过九成的工资性、经营性和转移性收入是农民增收的主要动力。工资性收入增长受政策因素驱动作用明显（见表12~1、图12~2）。农村改革和就业保障措施继续发挥对农村居民工资收入的拉动作用，1~9月，农村居民人均工资性收入达到12032元，同比增长11.8%，占总收入的73.1%。**转移净收入有所回落**。1~9月，农村居民人均转移净收入达到1468元，同比下降4.5%。**经营性收入持续萎缩**。受传统种养业持续调减、经济结构调整和产业疏解压缩二产就业空间影响，1~9月农村居民人均经营净收入继续萎缩，达到1818元，同比下降9%。**出租房屋收入与红利增加带动农民财产性收入较快增长**。近年来新型集体经济组织不断强化集体资产管理，资产经营收益提高，村集体股份分红水平逐年增长，加上房屋租赁市场稳定，农民出租房屋净收入稳步增长，带动1~9月农村居民人均财产净收入达到1132元，同比增长50.3%，其中人均红利收入是2014年同期的2.1倍，人均出租房屋净收入同比增长32.0%。

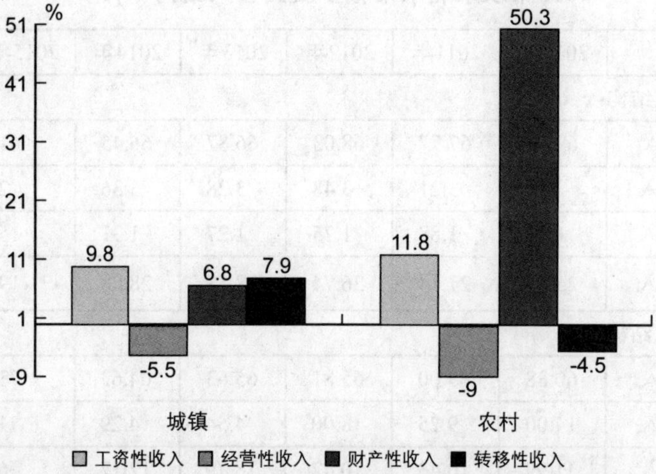

图12-2 2015年北京市城乡居民四类收入增速对比图

增收政策倾斜等因素带动低收入群体收入增长快于平均水平。在增收政策向低收入群体倾斜、企业工资增长侧重一线员工等因素的带动下，近两年来北京市城乡低收入居民收入持续较快增长，低收入居民收入增速持续高于居民收入平均增速。1~9月，城镇20%低收入户人均可支配收入同比增长8.7%，农村20%低收入户人均可支配收入同比增长12.5%，增幅均高于城乡居民人均收入的平均水平。城镇20%高收入户与20%低收入户收入差距较2014年有所扩大，农村20%高收入户与20%低收入户收入差距进一步缩小至4倍以下。

延伸阅读：北上广中间阶层收入比较

12月24日，由中国社会科学院及社会科学文献出版社共同举办的《社会蓝皮书：2016年中国社会形势分析与预测》在北京发布。蓝皮书指出，在北上广三地，同样是中间阶层，收入存在着较大的差距。

北京的中间阶层收入最高，年收入为256016元，其次是上海中间阶层的年收入219770元，广州的中间阶层年收入最低，为170037元，工资性收入也呈现相似的状况。而在经营性收入方面，广州的中间阶层年收入最高，为39925元，这也反映了广州的商业氛围较为浓厚，有较多的中间阶层从事生产经营活动。而财产性收入和其他收入则没有表现出显著的地区差异。

北上广三地中间阶层的支出也不尽相同。北京的总支出最高，约为126012元，其次是上海，每年的支出约为115646元，而广州最低，为95213元。饮食消费支出占总支出的比例最高，各地没有显著差异。北京的中间阶层除了在娱乐、教育两方面的支出稍低于上海以外，其余各项支出均为最高。对比北京和上海，广州的中间阶层各项支出都相对较少。

摘自新华网。

（二）居民“住行”消费特征明显，消费结构延续升级态势

伴随消费理念和消费模式的日益更新，北京市城乡居民消费支出平稳增长，消费结构延续升级态势。2015年1~9月，北京市城镇居民人均消费支出26783元，同比增长8.7%，保持自2014年10月以来的持续上升态势；农村居民人均消费支出11572元，同比增长10.4%，是五年来历史同期的次高水平。

从城乡居民八大类消费支出结构来看，**居民“住行”为主的消费特征明显，“康乐”消费已露端倪**。居住、食品、交通和通信、教育文化娱乐、医疗保健、衣着等方面支出均为城乡居民家庭的主要消费项目，城乡居民家庭消费结构升级特征总体保持一致。**城镇居民消费以居住、食品、交通和**

通信、教育文化娱乐支出为主（见表12~2）。其中，居住支出占比接近三成，是城镇居民首要消费项目；食品支出占比达到22.7%，交通和通信支出占比接近13%，教育文化娱乐支出占比为11%，同时城镇居民人均交通和通信支出、医疗保健支出、居住支出保持较快增长，彰显“住行”消费为主、“康乐”消费发力的结构特征，食品、衣着支出同比增幅相对较低。**农村居民以食品、居住、交通和通信、医疗保健为主要消费项目**（见表12~2）。其中，食品支出比重达到28%，明显高于城镇5.5个百分点；受农民自购房屋支出持续增长带动，其居住支出占比接近食品支出，是农民的第二大消费类别；受智能手机APP应用等信息消费向农村拓展等因素带动，通信支出占比达到14%；受农村居民医疗保险报销比例仍高于城镇等因素作用，农民医疗保健支出占比超过城镇，达到8.9%。

表12~2　　2015年1~9月北京市城乡居民消费支出结构

指标名称	城镇居民		农村居民	
	比重（%）	增速(%)	比重（%）	增速(%)
人均消费支出	100.0	8.7	100.0	10.4
其中：服务性消费支出	49.0	12.9	37.9	15.4
食品烟酒	22.7	1	28.2	8.5
衣　着	7.3	2.4	6.1	8.6
居　住	29.8	10	28.1	8.6
生活用品及服务	6.4	2.5	6.4	0.1
交通和通信	13.0	27	14.0	24.8
教育、文化和娱乐	11.0	9.7	6.9	4.3
医疗保健	6.6	14.2	8.9	23.2
其他用品及服务	3.3	6.3	1.4	-14.2

消费热点方面，**在商品性消费需求日益满足、增速有所放缓的情况下，以旅游、信息、教育、文化等为代表的服务性消费保持较快增长。**2015年1~9月，北京市城乡居民人均服务性消费占比持续上升，分别达到49.0%和37.9%，同比分别增长12.9%和15.4%，增速均高于商品性消费。

主要表现在交通、通信、医疗、文化娱乐等类别的服务消费增长较快。一**是交通、通信消费快速增长**。在公交地铁票价调整、购车档次提升带动汽车维修保养费用增加等因素作用下，加上信息消费延续近两年来快速增长的态势，1~9月城镇居民和农村居民人均交通和通信支出分别增长27.0%和24.8%。**二是旅游消费持续火热**。十一国庆长假期间，北京市乡村旅游共接待游客396.6万人次，与2014年同期持平，乡村旅游收入约4.1亿元，同比增长6.8%。其中怀柔区慕田峪、雁栖湖、红螺寺、青龙峡、黄花城水长城等五个品牌景区共接待游客40.5万人次，实现旅游综合收入2213.7万元。出境游市场持续火爆。伴随居民收入不断提高、出境旅游产品不断丰富以及旅游目的地国家签证手续不断简化等因素影响下，市民出境游意愿不断增强，出境游市场持续火爆，出境旅游人数屡创新高。1~9月，北京市拥有出境经营许可权的401家旅行社共组织公民出境游411.5万人次，同比增长36.6%。泰国、日本、韩国稳居出境游前往地前三甲，出境游客均超过50万人次。**三是网络消费持续高热**。“6•18”、“双11”、“双12”、“黑色星期五”等购物节越来越多，“扫一扫”、全球购、出门用打车软件、APP订餐、网购电影票、手机预约健身和教育培训课程等消费新模式、新内容层出不穷，堪称动动拇指就能购物的“新消费时代”。以天猫“双11”为例，当天北京地区交易额达到53.4亿元，在城市排名中仅次于上海，北京从交易额、用户增长量、无线交易占比到顾客平均交易金额，各方面指标都优于全国大盘。此外，空气净化器、防霾口罩等消费保持旺盛，智能手机、新能源汽车等智能绿色消费均在快速扩张和推进。

（三）各项公共服务水平稳步提升，居民生活质量逐步改善

优质教育资源分布均衡程度有所上升。普惠性学前服务资源进一步扩大，办园主体和投入体制逐步多元化，一批幼儿园、中小学新建、改扩建，一定程度上缓解了适龄幼儿的入园需求。就近入学成为首都义务教育新常态，2015年小学就近入学比例、初中就近入学比例均超90%。来京务工人员随迁子女义务教育问题得到妥善解决。加快建设一体化学校、组建

教育集团、名校办分校、教育联盟合作办学等，促使优质教育资源总量不断扩大。北京城市学院、北京建筑大学、北京工商大学 6600余名学生乔迁顺义、大兴、良乡校区，高校办学空间扩大，高校教育科技资源惠及郊区。**居民获得更加便捷的医疗卫生服务。**分级诊疗和社区首诊不断推进，医疗服务模式逐步完善和创新，家庭医生式服务继续提升，医联体建设进一步加快。新增120家医保定点医院，定点医疗机构总数达2200多家，满足了居民基本医疗需要。初步实现30家以上医院和8个区县的互联互通，实现患者就诊的化验、影像、诊断等信息共享，居民看病便利化程度进一步上升。**公共文化服务更加惠民。**现代公共文化服务体系不断完善。在全国率先出台了《北京市加强基层公共文化的意见》，明显要求文化场馆的开放时间每周不少于56个小时，并应当和居民的工作时间有所错位；建设四级文化公共服务体系，从市一级到区县、乡镇、村一级，公共文化服务体系覆盖率达到98%。政府购买公共文化服务范围进一步扩大，社会力量参与公共文化服务体系建设规模加大。**居民居住条件有所改善。**截至9月底，新开工各类保障房约9万套、基本建成（含竣工）约6.6万套，配租配售各类保障房约3.1万套；截至目前，老旧小区综合整治面积约1150万平方米，农民住宅抗震节能改造7.5万户，中低收入群体居住条件进一步改善。**社区服务水平逐步提升。**截止到2014年底，北京市累计建成"一刻钟社区服务圈"1029个，覆盖社区1973个，覆盖率达到68%，惠及居民1260万。预计2015年城市社区覆盖率达到80%。**养老服务持续改善。**累计建成养老床位12万张，百名老人拥有养老床位38张。养老照料中心加快建设，投入资金5720万元，支持照料中心辐射社区开展照料、助餐、助洁、助浴、助医等居家养老服务项目；投入资金4495万元，在东城、西城、朝阳、海淀等8个区开展养老助餐服务体系建设试点，培育特色品牌。投入市级补助和评估资金近1亿元，针对失能老年人的专业服务，为特殊困难失能老人提供每月不少于300元的康复护理服务；开展居家养老护理员培训，养老服务品质得到逐步提升。

表12~3　　社会保障待遇标准主要指标对比

单位：元/月

项 目	2014年	2015年	增加
企业退休职工基本养老金	3050	3355	305
城乡居民基础养老金	430	470	40
城乡居民福利养老金	350	385	35
工伤保险定期待遇（伤残津贴）	3370	3702	332
职工最低工资标准	1560	1720	160
失业保险金标准	1012~1121	1122~1231	110
城市最低生活保障标准	650	650	70

延伸阅读：“十二五”时期以来北京经济社会发展成果惠及民生

“十二五”时期，北京市坚持以人为本，把保障和改善民生作为根本出发点和落脚点，努力提高城乡居民收入水平，深入推进基本公共服务均等化，使发展成果更好地惠及全体人民。

就业保持稳定。“十二五”以来，北京市继续坚持积极的就业政策导向，特别是党的十八大之后，以改革促进大众创业、万众创新，在经济增速放缓的背景下就业规模稳步增长。2014年末从业人员达到1156.7万人，与2010年末相比，年均增长2.9%。职工工资水平进一步提高。2014年城镇单位在岗职工平均工资达到10.3万元，比2010年提高3.8万元，年均增长12%。

居民收入差距进一步缩小。就业的稳定和工资水平的提高为居民收入增长奠定了坚实的基础。城镇居民人均可支配收入由2010年的29073元提高至2014年的43910元，年均增长10.9%；农村居民人均纯收入由2010年的13262元提高至2014年的20226元，年均增长11.7%。收入差距进一步缩小。城镇居民高低收入比由2010年的3.92:1缩小至2014年的3.67:1；农村居民高低收入比由2010年的4.92:1缩小至2014年的3.84:1。

社会保障体系不断健全。“十二五”时期，北京市加快推进城乡一体化的社会保障体系建设，各项社会保障待遇标准逐年提高，参保人员逐年增加，覆盖面不断扩大。2014年末参加城镇职工基本养老保险、城镇职工基本医疗保险、失业保险、工伤保险、生育保险的人数比2010年末分别增加410.1万人、367.6万人、

282.9万人、137.2万人和543.4万人。农村居民参加城乡居民养老保险的人数达到173.4万人，比2010年末增加14.1万人；新农合参合率达到99.6%，比2010提高2.9个百分点。

教育、卫生等社会事业继续推进。2014年末各类学校数达到3437所，在校学生数达到377.5万人，分别比2010年末增加107所和47.5万人。办学条件继续改善。2014年末基础教育（包括普通中学和小学）校舍建筑面积和图书藏量分别比2010年末增长19.2%和8.8%；普通高校校舍建筑面积和图书藏量分别比2010年末增长18.1%和19.2%。卫生事业健康发展。2014年末各类卫生机构10265个，卫生技术人员24.3万人，病床数（不含驻京部队医院）11万张，分别比2011年末增长5.8%、33.5%和15.9%。居民健康状况继续改善。婴儿死亡率由2010年的3.29‰下降到2014年的2.33‰，孕产妇死亡率由12.14/10万下降到7.19/10万。

摘自首都之窗官网。

二、影响人民生活品质提升的主要问题

伴随经济社会发展水平的提高，北京市居民生活品质也在逐步提升。但是，影响居民生活品质提升的一些长期性和新生的问题仍然存在，如收入增长主要依赖政策因素、空气污染短期内难以根除、交通依然拥堵、居民个性化和多样化的服务性消费需求难以得到满足等，影响了居民生活品质的有效提升。

（一）收入增长主要依赖政策性因素，制度性保障欠缺

一是面向企业劳动者的工资指导线标准降低且效果有限。近年北京市市确定的企业工资指导线基准线均在12%以内，2013年、2014年为12%，2015年为10.5%，标准有所降低。并且由于企业工资指导线仅具有“指导”作用，不具备强制性，缺乏有效的监督检查机制，不少企业未按照工资指导线要求安排企业员工工资增长。特别是在外资、合资、私营企业中知晓率低、执行力度弱。2014年，北京市私营单位、港澳台商投资、外商投资法人单位从业人员平均工资比2014年分别增长10.2%、9.7%和8.5%，均低于12%的工资指导线基准线。**二是工资的市场调节机制不健全，劳方在工**

资议价中仍处于弱势，近年来企业职工工资集体协商工作的总体进展较为缓慢。三是机关事业单位职工工资正常增长机制尚未形成。2015年北京市进行机关事业单位工作人员养老保险制度改革并完善机关事业单位工资制度，但实际增资幅度较低，工资正常增长机制仍有待完善，机关事业单位职工工资增长对临时性增资政策的依赖性较强。同时机关事业单位职工工资水平、增速均低于社会平均水平。2009~2014年，公共管理、社会保障和社会组织行业的在岗职工平均工资年均增长7.0%，比城镇在岗职工平均工资增速低5.2个百分点；2014年，北京市公共管理、社会保障和社会组织行业的职工平均工资为81288元，比城镇在岗职工平均工资低21.4%。

（二）服务性消费潜力释放受供给侧约束，难以满足居民个性化多样化的消费需求

目前，北京的消费市场正处于由商品性消费主导向服务性消费主导转变的阶段，服务性消费需求潜力巨大。1~3季度居民人均服务性消费支出增速高于商品性消费7.8个百分点，其中交通、通信、医疗、文化娱乐等类别的服务消费支出增长较快。但是，目前北京市服务性消费还存在供给性约束，部分服务消费领域供给不足、供给质量不高，一定程度上抑制了服务消费需求的释放，难以满足城乡居民个性化多样化的消费需求。以医疗服务机构为例，公立医疗机构集中了85%以上的卫生资源和90%的市场份额，而民营医疗机构比重不足1成，且以妇婴、美容、体检、口腔等专科为主，规模小、监督不到位、社会信誉度不高，难以适应不同层次的医疗服务需求。

（三）交通拥堵和大气污染并存，严重影响城市宜居品质

近年来北京市交通拥堵、大气污染等“大城市病”集中显现，尽管在一系列综合调控措施和行动计划作用下，首都城市交通拥堵、大气污染等问题略有改善，但仍然严重影响首都城市的宜居水平。**一是道路拥堵形势仍然严峻，中心城的拥堵问题长期化。**公共交通服务水平较低、吸引力弱导致居民多元化、多层次的公共交通出行需求难以满足，执法不严导致差别化停车收费政策调节作用有限，加上职住分离带来居民出行需求向中心城集中的格局进一步加剧，潮汐交通现象严重，进出中心城地铁压力加大，进出中心城通道社会车辆拥堵严重。**二是空气污染问题日益常态化。**尽管2015年前十个月北京PM2.5累计浓度同比下降21.8%，空气质量整体有所改善，但12月当月两次启动空气重污染红色预警，严重强化居民空气污染常态化直观感受，社会舆论批评声浪接踵而来。大气污染防治是北京发展面临的一个最突出的问题，在其日益常态化现实下，必须坚持标本兼治和专项治理并重、常态治理和应急减排协调、本地治污和区域协调相互促进，全社会共同行动。

延伸阅读：北京通勤族每月"拥堵成本"居全国之首

高德近期发布的《2015年第三季度中国主要城市交通分析报告》显示，2015年第三季度，北京通勤族高峰每出行1小时，就有30分钟耗费在严重堵车上。报告指出，若按每月22个工作日，每天通勤2小时，并根据社保部门公布的北京2014年度平均工资6463元，北京通勤族每月因拥堵造成的时间成本有808元，居于全国之首。

报告还显示，经济越发达、基本工资越高的城市，因拥堵造成的损失越大。每个月因拥堵造成时间成本超过600元、排在北京之后的依次是广州（753元）、深圳（728元）、上海（649元）、大连（628元）、天津（601元）。

延伸阅读：全球雾霾报告显示北京是中国五大污染最严重的城市之一

世界卫生组织公布的全球雾霾报告调查显示，在中国的城市中，污染最严重的是兰州，PM2.5达到年均每立方米71微克，排名第36，其次为乌鲁木齐、西宁、西安和北京。不过，从全球范围来看，新德里空气中的PM2.5年均值高达每立方米153微克，位居第一，这一数据是北京的近三倍、伦敦的十倍。该报告涵盖了全球91个国家1600个城市的空气质量。

在世卫组织发布的报告中，空气质量排名前十的城市都来自美国和加拿大。而空气污染最严重的城市都来自发展中国家。除了印度外，还有巴基斯坦、孟加拉国、阿富汗等。

三、2016年北京市人民生活主要领域展望

2016年是“十三五”规划的开局之年，北京市将适应经济发展新常态，坚持改革开放，坚持稳中求进工作总基调，坚持稳增长、调结构、惠民生、防风险，加快疏功能、转方式、治环境、补短板、促协同，加快建设国际一流的和谐宜居之都，居民收入和消费稳定增长，各项公共服务水平将持续提升，城乡居民生活的幸福感将进一步增强。

（一）居民生活领域重大改革加快推进，为民生改善保驾护航

2016年，全面落实中央改革部署，全面对接北京发展所需、基层所盼、民心所向，推动改革精确发力精准落地。聚焦重点领域和关键环节，促使与民生改善相关的制度改革将进一步细化落实。具体来看，涉及教育、医疗、社保、收入、养老、人口等方面的改革有望细化落实，逐步释放改革红利，促进居民生活质量进一步提升。**一是公共服务方面**，学前教育领域行动计划持续推进，免试就近入学深入实施，积极推进中小学教育质量综合评价改革和教学方式改进，引导优质医疗卫生资源向郊区县和资源薄弱地区扩散，严格控制大医院规模扩张的冲动，重点加强儿科、妇产、康复护理、精神卫生、医养结合等薄弱环节，养老服务产业化、市场化加快发展，将为首都居民提供优质、便捷的教育、健康、养老等公共服务。**二是收入分配方面**，机关事业单位养老保险制度改革继续推进，公务员职务与职级并行制度稳步实施，机关事业单位工资制度改革扎实推进。贯彻落实中央《深化农村改革综合性实施方案》，研究制订实施方案，扎实推进大兴区集体经营性建设用地入市试点并力争取得突破性进展，继续开展盘活农村闲置房屋发展休闲养老、乡村旅游试点。进一步完善精准帮扶机制，全力推进经济薄弱地区发展和低收入农户增收，为北京市城乡居民生活水平改善提供有力支撑。**三是人口管理方面**，居住证、积分落户等管理办法将逐步落实，首都人口规模受到严格控制，既有利于保障人口的有序流动，也有利于实现城市人口、资源与环境的协调发展。

延伸阅读：北京积分落户细则

近期《北京市积分落户管理办法（征求意见稿）》对外征求意见。积分落户指标体系由基础指标和导向指标构成。基础指标包括合法稳定就业、合法稳定住所、教育背景。导向指标包括职住区域、疏解行业就业、创新创业、专业技术职务、纳税、信用记录、守法记录。

1．合法稳定就业指标及分值。合法稳定就业是指与在京用人单位签订正式劳动合同并连续工作满1年及以上，或在京投资办企业并连续经营满1年及以上，或在京注册登记为个体工商户并连续经营满1年及以上。以连续缴纳社保年限作为合法稳定就业年限的计分标准，每连续缴纳社保满1年积3分。

2．合法稳定住所指标及分值。合法稳定住所是指取得本市房屋所有权证的自有住所；签订正式房屋租赁合同，符合登记备案、依法纳税等有关规定的合法租赁住所；用人单位提供的拥有合法产权的宿舍。申请人需连续居住满1年及以上。在自有产权房每连续居住满1年积1分，在合法租赁房屋和单位宿舍每连续居住满1年积0.5分。

3．教育背景指标及分值。申请人取得国民教育系列及教育部认可的国内外学历（学位），可获得相应的积分。其中大学专科（含高职）9分，大学本科15分，硕士27分，博士39分。

4．职住区域指标及分值。居住地由城六区转移到本市其他行政区的申请人，每满1年加2分，最高加6分；就业地和居住地均由城六区转移到本市其他行政区的申请人，每满1年加4分，最高加12分。居住地由本市其他行政区转移到城六区的申请人，每满1年减2分，最高减6分；就业地和居住地均由本市其他行政区转移到城六区的申请人，每满1年减4分，最高减12分。

5．疏解行业就业指标及分值。在区域性专业市场、一般制造业、《北京市工业污染行业、生产工艺调整退出及设备淘汰目录》范围内就业的申请人，就业每满1年减6分。

此外，该办法还在创新创业、专业技术职务、纳税、信用记录和守法记录等方面设立指标及分值。在本市因违反有关法律被处以行政拘留处罚的申请人，每条行政拘留记录减30分。

（二）居民收入将平稳增长

2016年，各项收入分配改革有望得到继续落实，北京经济保持稳定增长，就业保持稳定，各项社会保障待遇稳步提高，为北京市城乡居民收入的平稳增长提供有力支撑。**一是工资性收入增长有望稳定增长。**经济保持稳定，有利于稳定和扩大企业劳动力需求，伴随网购、互联网生活服务、互联网金融等网络创业就业新业态的不断涌现，由此带来的新增就业不断置换传统商业和服务业就业，将增强服务业吸纳就业的能力，确保整体就业平稳，将有力保障居民工资性收入的稳定。**二是经营性收入将有所改善。**针对小微企业的税收减免优惠政策持续推进，注册资本登记制度改革深入落实，京郊乡村旅游持续火热将推动乡村酒店、合作社加快发展，加上“双创”政策效果持续释放，居民创新热情和创造活力将得到充分激发，一定程度上都有助于改善居民经营性收入的萎缩状况。**三是财产性收入将继续改善。**国家及北京宏观经济形势总体稳定，反腐持续、金融监管加强、股票发行注册制授权获通过等多项改革政策促进股市逐步健全，加上新型理财方式日益普及，同时农村土地经营权流转有望加快，新型集体经济组织分红收益保持增势，将保障居民财产性收入的继续改善。**四是转移性收入有望稳定提高。**企业退休人员基本养老金、最低工资、失业保险金、工伤职工伤残津贴等社会保障待遇标准将保持制度性上调。综合来看，预计2016年北京市城乡居民收入实际增速分别为6.2%、7%。

（三）居民消费有望保持增长态势

2016年，北京市城乡居民以“住行”消费为主，“康乐”消费初露端倪的阶段特征仍将持续，80后、90后正成为重要消费群体，个性化消费将继续发展。伴随居民收入的平稳增长，消费模式不断更新，消费内容不断完善，加之国家及北京养老、健康、家政、信息、节能环保等消费政策逐步落实，均将助推城乡居民消费保持平稳增长。**一是新兴消费有望进一步提升。**网络消费持续加快。社区电子商务应用体系建设加快推进，“互联网+”形态的社区商业服务新模式大力发展，电子商务、连锁经营和共同配送等新型流通方式蓬勃发展。电商企业和传统企业不断创新模式，传统产业加速转型升级，线上线下逐步融合发展，网络消费购物节稳健运行，促进网络消费规模持续扩大。**二是服务性消费进一步扩大。**服务业扩大开放综合试点全面推动，提高生活性服务业品质行动计划加快实施，家政、洗染等相关行业规范和标准继续完善。养老服务业加快发展，文化消费加快推动，职工带薪休假制度逐步落实，将释放居民健康养老、教育培训、文化娱乐、文化体验、旅游休闲等发展型享受型消费需求。

（四）各项公共服务水平有望持续提升

教育服务水平稳步提升。《北京市第二期学前教育三年行动计划（2015~2017年）》持续落实，学前教育学位供给进一步扩大。《关于推进义务教育优质均衡发展的意见》全面落实，农村学校、薄弱学校和参与改革学校办学条件进一步改善，义务教育优质逐步均衡发展。**公共卫生服务能力持续增强。**分级医疗、急慢分治、双向转诊的诊疗模式逐步完善，群众就医更加方便。在所有综合医院建立产科、产科医务人员“多点执业”等方式疏解孕产妇前往二级、基层医院生产，在所有三级医院开设儿科，逐步缓解“全面二孩”带来的医疗资源紧张形势。**公共文化服务体系更加完善。**公共文化服务的信息化、数字化水平有望持续提升。公共文化服务运行机制创新将逐步推动，政府购买公共文化服务范围进一步扩大，社会力量参与公共文化服务体系建设规模有望加大。基层文化机构管办分离试点将逐步推行，公共文化设施运营主体多元化将不断推进。**社会福利覆盖范围进一步扩大。**养老服务业大力发展，推动居家、社区和机构养老协调发展。208个街道乡镇养老照料中心实现全覆盖。养老床位建设继续加强。国家级养老服务业综合改革试点区建设有序推进。将65岁以上老人免费乘车、逛公园的老年优待卡以及80岁以上老人每月领取养老津贴的养老助残卡整合为“北京通—养老助残卡”，增加老年人社会福利和优待功能，使之成为推动居家、社区和机构养老整合服务的数据纽带。

四、政策建议

2016年，北京市将深入贯彻习近平总书记系列重要讲话精神，认真贯彻落实中央及北京市重要文件精神，加快实施“十三五”国民经济和社会发展规划，牢固树立和贯彻落实创新、协调、绿色、开放、共享的发展理念，千方百计增加居民收入，进一步释放居民服务性消费潜力，持续推进人口规模调控、交通和大气污染治理，最大限度提升城市宜居宜业品质。

（一）加快创新创业和各项改革，促进居民增收

一是简政放权引导自主创业，工资协商激发创新热情。通过降低创业门槛、完善管理措施、降低税费负担、提供融资渠道等方式，进一步优化民营经济发展环境，鼓励小微企业发展，鼓励和引导城乡居民自主创业，努力提高居民家庭经营净收入。积极指导企业加强薪酬协商，增强企业薪酬制度的引导性、激励性，保障职工的创新性劳动获得合理报酬、提高收入水平，激发居民创新创造热情，推动发展创新型经济。**二是以改革促增收，分享改革红利。**完善落实采暖补贴改革、公务用车改革和物业费货币化发放，改革住房补贴发放方式，激活“沉睡”账户资金，建立补充住房公积金制度，提高整体缴存比例。**三是稳定物价水平。**居民消费价格涨幅直接关系着居民收入的实际增速。密切关注天气变化对蔬菜生产和供应的影响，做好肉类储备工作，完善应急预案，稳定生活必需品的价格和住房租金水平，确保物价总水平保持稳定，保障居民尤其是低收入群体生活水平。

（二）努力增加供给，充分释放居民服务性消费潜力

进一步增加服务性消费供给的数量，提升质量，释放居民服务性消费需求潜力。一是建立政府保障基本公共服务，市场提供高层次服务的综合服务体系，完善相关政策、维护市场秩序，满足多样化消费需求。二是借助北京成为全国首个服务业扩大开放综合试点城市的重大契机，加快研究落实鼓励民间资本和外商资本进入文化教育服务、健康医疗服务等的实施意见和优惠政策，扩大行业准入范围、降低准入门槛，在土地使用、人才引进等方面予以支持，调动民间资本和外资进入的积极性，不断丰富服务供给层次。三是促进新兴消费快速发展。吸引和集聚优秀电商企业在京拓展业务，鼓励电商发展社区O2O服务、农村电商，加快发展基于互联网的

医疗、健康、养老、教育、旅游、社会保障等新兴服务。支持电商企业和传统企业创新模式，带动传统产业加速转型升级。持续扩大信息消费，支持移动互联等产品和服务创新发展。四是落实“节能产品进超市”、推广新能源汽车，研究实施节能家电补贴政策，促进绿色消费。

（三）持续推进人口、交通、大气污染治理，努力改善城市宜居条件

一是严格控制人口规模。发挥疏解非首都功能、调整经济结构的牵引作用，总结推广以业控人、以房管人、以证管人的成功经验，综合运用经济、法律、行政等手段调控人口规模。实施居住证制度，稳妥推进在京稳定就业和生活的常住人口落户工作。加强流动人口服务管理，推进基本公共服务常住人口全覆盖。严厉打击违法用地违法建设，开展城乡结合部重点地区综合整治，持续推进群租房、地下空间治理，维护居民生产生活安全。二是全面推进绿色交通发展战略。注重交通需求管理，实施道路使用空间向步行和自行车倾斜政策，实施公交优先发展，加快轨道交通建设，优化地面公交系统，建设完善接驳换乘体系，倡导绿色出行。推进公共自行车建设和运营管理。2016年新增公共自行车3万辆，总量达到8万辆。推进路侧停车管理改革，开展路侧停车电子收费试点。推进停车秩序严管街和示范小区建设，有效解决“停车乱、收费乱”问题。完善管理体制机制，强化违章停车处罚执法力度。三是持续攻坚大气污染治理。落实《关于全面提升生态文明水平促进国际一流和谐宜居之都建设的实施意见》，全面落实清洁空气行动计划，以统筹治理PM2.5和臭氧为重点，持续推进控车节油、压减燃煤、治污减排、清洁降尘，力争出台第六阶段机动车排放标准和车用燃油标准，加快公交、环卫、邮政等行业车辆更新为新能源车。逐步消除重污染天气，实现空气质量持续改善。

※ 专题研究

——2015年北京市居民关注热点变化及2016年期盼

《北京市居民关注热点调查》是了解北京市居民关注热点问题、热点领域，及时把握居民关注热点问题的现状和变化趋势的一项专门研究。该调查自2006年北京市经济信息中心委托北京中观经济调查有限公司（以下简称“中观调查”）对北京市居民关注的热点问题进行连续性监测，并在此基础上设计了《北京市居民关注热点问题调查（PCR，Public Concern Research）》。

2015年北京市居民关注热点调查共涉及教育、文化、医疗、交通、环境、社区建设、就业、健康、养老为老服务、社会保障与福利、住房、城市管理以及其他问题等13个领域中116个方面，共800多个居民关注的具体问题。

一、2015年北京市居民关注热点领域的变化情况

2014年，随着医改工作的不断推进，“医疗”领域蝉联北京市居民最为关注的领域，“交通”、“住房”、“教育”、“环境”领域分列第2位、第3位、第4位、第5位；其他依次是“养老为老服务”、“就业”、“社会保障与福利”、“健康”、“城市管理”、“社区建设”、“文化”和“其他”领域。

与2013年、2014年度相比，2015年，“医疗”领域仍蝉联居民最关注领域的冠军（见图12~3），2015年度年中及年末两次调查中，居民关注度提及率分别为20.3%和24.4%。受本年度冬季持续出现的雾霾天气及空气重污染预警等相关措施的影响，“环境”领域自2015年年中调查的第6位直升至第2位，提及率比年中的7.7%提升13个百分点，年末达到20.7%。2015年教育领域改革持续推进，“幼升小”和“小升初”仍坚持免试、就近入学、非京籍需提供“五证”等政策的严格执行，不断提升了教育资源的公开、公正、均

等程度，使得居民对“教育”领域的关注度从2013年的最关注领域，到2015年中及年末调查均位居第3位，提及率分别为19.7%和16.6%。本年度“交通”领域排位均位居第4位，两次调查提及率为11.2%和14.1%，2014年公共交通票制票价调整带来的影响日趋平稳。受2015年“3 · 30”公积金新政等因素影响，“住房”领域2015年年中调查从2014年末的第3位直升至首位，但年末调查迅速下降至第4位。“社会保障”领域排位一直稳居第6位，“健康”领域排位则有所上升，从第11位攀升到第7位，“就业”领域关注度稳中有降，排在第8位。“社区建设”、“城市管理”、“文化”和“社会保障与福利”领域分别排在第9位至第12位，“其他”领域排在第13位。

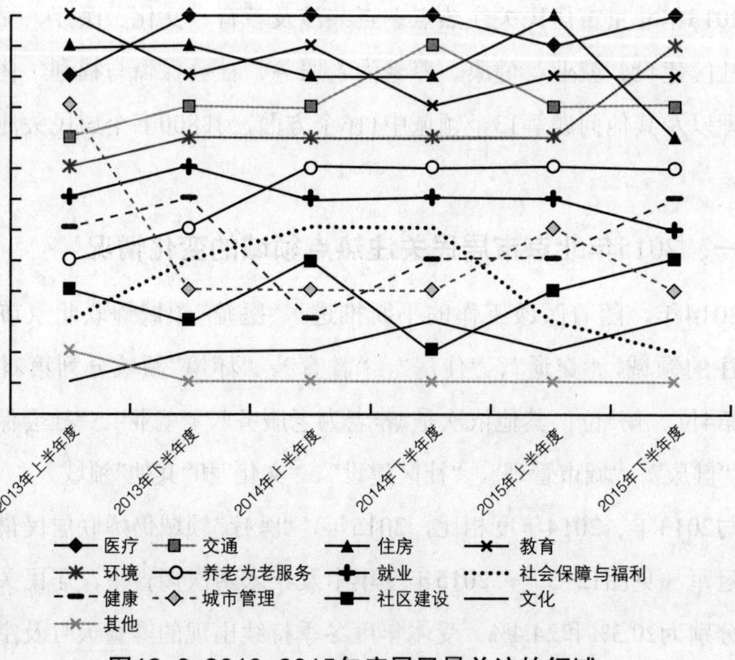

图12~3 2013~2015年度居民最关注的领域

二、2015年北京市居民最关注的热点问题

（一）“污染问题”成为2015年度北京市居民最关注的热点问题

伴随北京市《北京市大气污染防治条例》出台及《北京市2013~2017

年清洁空气行动计划》的强力推进，2015年前十个月北京市空气质量改善较为明显，PM2.5累计浓度为69.7微克/立方米，同比下降21.8%。空气质量达标天数同比增加31天；发生空气重污染天数同比减少16天。2015年12月，受空气重污染影响，北京市两次启动空气重污染红色预警，并采取了机动车单双号限行、中小学及幼儿园停课、企事业单位可实行弹性工作制、关停重污染企业、施工工地停止室外施工作业、周边省市区域联防联控等措施。年末雾霾的肆虐及相关应对措施，使得“污染问题”从年中居民最关注热点问题的第5位（提及率48.1%）跃升至年末的首位，提及率高达83.9%。同时，**“污染治理”问题从年中调查第7位升至年末的第3位**，提及率为41.6%和58.3%。居民对上述问题的高度关注凸显出对整治环境卫生、治理污染，重现蓝天白云、青山绿水宜居环境的强烈期望。

（二）“医疗费用”升至居民最关注热点的次席

2015年医疗改革进一步深化，全面深化公立医院改革、取消大多数药品政府定价、进一步完善分级诊疗体系、提高基层医疗卫生机构服务能力等多项措施直指医疗领域中的痼疾，但医疗改革作为世界级难题，如何协调各方利益关系，让居民需求落到实处仍需较长时间的努力。2015年“医疗费用”在年中及年末调查中均居第2位，提及率为51.3%和60.5%。涵盖挂号难、看病费时费力、预约挂号等待时间长及医院服务水平的“就医环境”问题也备受关注，年中和年末调查分别排在第6位和第5位，提及率为43.8%和50%。“医保报销”和“医疗资源均等化”也跻身居民关注热点问题的前15位内，年末调查时分别排在第11位和第14位。

（三）“交通拥堵”位列第四位

“交通拥堵”问题排在2015年北京市居民最关注热点的第4位，年中和年末调查提及率为49.4%和53%，说明北京市交通持续拥堵状况未产生明显变化。年末针对2015年交通运行状况评价调查中，62.2%的居民认为

2015年交通更堵了，31.9%认为2015年交通运行的总体情况跟去年差不多，仅5.9%认为2015年交通比去年顺畅了。2015年底，北京市公共交通票制票价已调整近一年，居民对“公交问题”和“地铁问题”的关注度较2014年有所下降，但“公交问题”年中及年末调查中仍排在第8位和第10位，提及率为36.5%和30.7%。“地铁问题”年中及年末调查排在第11位和第13位，提及率为26.8%和23.4%。针对公共交通票制票价调整政策实施效果的评价结果显示，74.8%的居民认为加大了交通支出负担；29.3%认为改变了居民出行方式；21.9%认为提升了公共交通的乘车舒适度；21.7%认为有效缓解了北京市交通拥堵；16.4%认为使地面公交更加准时准点。另外，有59.7%的居民认为没有看到明显的改变。

（四）“房价”的居民关注度较为平稳

近年北京出台了一系列放宽住房贷款的措施，比如贷款利率下调、首套房贷款还清后二套贷款可享受利率优惠，公积金贷款利率下调、额度限制放宽等，但是受到房价高居不下，房产限购政策等因素的影响，居民对“房价”的热情有所减退，从2011~2013年的稳居前三甲，到2014年排在第5位，2015年年中及年末调查中排在第4位和第7位，关注度明显下降，提及率为49.2%和39%。

（五）“食品安全”问题严峻，居民关注度大幅攀升

随着居民生活水平的提高，食品资源和食品种类越来越丰富，但是食品造假制毒手段愈来愈多样、深入、隐蔽，食品安全事件此起彼伏，甚至出现了“种者不食其产”的社会怪像。居民对“食品安全”问题的关注从2014年年中及年末的第47位和34位，蹿升2015年的19位和8位，提及率为17.2%和32.6%。

此外，居民对“老年人养老问题”、“老年人福利”、“教育资源均等化”等问题也比较关注。

表12~4　　2015年居民最关注热点问题变化

关注热点问题	2015年			2014年	
	下半年提及率	下半年	上半年	下半年	上半年
污染问题	83.9%	1	5	1	1
医疗费用	60.5%	2	2	4	4
污染治理	58.3%	3	7	8	23
交通拥堵	53.0%	4	3	2	3
就医环境	50.0%	5	6	9	6
公共场所卫生	42.8%	6	1	10	2
房价	39.0%	7	4	5	5
食品安全问题	32.6%	8	19	34	47
老年人养老问题	31.8%	9	13	13	9
公交问题	30.7%	10	8	3	8
医保报销	27.9%	11	9	11	15
教育资源均等化问题	23.7%	12	10	14	12
地铁	23.4%	13	11	7	14
医疗资源均等化问题	23.3%	14	12	12	11
老年人福利	22.8%	15	18	19	22

三、2016年北京市居民的十大期盼

伴随北京市经济社会发展水平的提高，居民对改善生活品质的需求日益强烈。2016年，“改善空气质量”、“解决交通拥堵”、“解决看病难”等仍高居北京市居民十大期盼前列（见图12~4），显示解决此类城市发展过程中的痼疾仍然任重道远。此外，“保障食品药品安全”、“降低房价”、“实现教育资源均等化”、“社区增绿”等也仍然是普通居民期盼改善的重点。

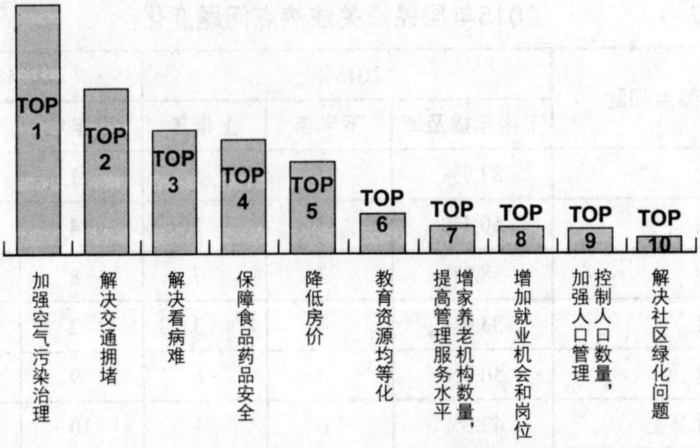

图12-4 2016年北京市居民的十大期盼

（一）"加强空气污染治理"成为2016年居民的首要期盼

尽管2015年北京市空气质量改善明显，"阅兵蓝"、"北京APEC蓝"频现，但对全年空气质量的评价结果显示，仍有72.7%的居民认为北京市的空气质量更差了，雾霾天更多了；12.8%认为与往年差不多，没有变化；仅14.5%认为空气质量有所改善，雾霾天有所减少。展望2016年，改善空气质量，加强对空气污染治理成为居民十大期盼中的首要期盼目标。居民最认可的空气质量保障措施分别为限产、停产、外迁高污染排放企业（83.8%）、加强对北京周边省市污染企业治理（78.6%）、加重对违规排放等污染行为的处罚（77.7%）、控制机动车上路总量（76.1%）、鼓励绿色出行（75%）、推广节能家电、新能源汽车等（57.4%）、加大对风、地热、太阳能等清洁能源使用（56.3%）。

（二）"解决交通拥堵"是2016年居民的第二大期盼

2015年北京市公共交通线网布局及线网密度进一步优化，公共交通服务能力不断提升，但是人多、车多、用车成本偏低、城市功能过度集聚、职住分离等多重因素的影响，使得北京的交通拥堵指数仍高居不下。"解决交通拥堵"成为居民2016年的第二大期盼。居民最认可的缓堵措施依次是限制外地车上路或限制上路时段、施行机动车单双号限行、公车封存禁用、对进入主城区的车辆征收车辆拥堵费、根据地上与地下、城区与郊区等差异实施差别化停车收费、征收燃油附加费和实施差别化油价。

（三）“解决看病难”是2016年居民的第三大期盼

2015年北京市出台了多项有力措施继续深化医疗卫生体制改革。通过增强社区医院服务能力及扩大药品供给、扩大新农合基层医疗机构首诊试点等措施推进分级诊疗；通过推进医生多点执业，促使医生资源使用最大化；通过公立医院改革，放开药品政府定价，助推解决看病难、看病贵的根源问题；通过引入PPP模式，鼓励社会资本办医；通过电子病历共享，完善居民健康服务。展望2016年，居民期盼“看病难”问题能够进一步缓解。针对2015年开始实施的取消绝大部分药品政府定价、药价由市场竞争形成的医药改革政策，41.2%的居民认为对药品价格不会产生太大影响，10.4%认为市场竞争有助药价优涨劣降，9%认为会挤掉药品价格虚高水分，促使药价下降，另有39.4%的居民担心药价失去政府调控，价格会全面上涨。

（四）“保障食品药品安全”是2016年居民的第四大期盼

近年来，北京市不断加大食品药品安全监督检查力度，2015年未发生重大食品药品质量安全事件。食品药品安全水平总体较高，但是受到利益驱动，强力监管的背后仍存在不少漏网之鱼，舌尖上的安全频遭挑战，人们对食品药品安全的担忧不断增加。展望2016年，居民期盼食品药品安全更有保障，特别是加强食品从产地到餐桌的全过程食品链监管，落实食品安全监管属地责任管理，通过“最严谨的标准、最严格的监管、最严厉的处罚和最严肃的问责”来保卫食品药品安全。

（五）“降低房价”成为2016年居民的第五大期盼

2015年北京市房价的关注热度呈现出稳中有降态势，等待和观望仍是主流心态，特别是不动产登记条例的实施以及房产税开征的预期，让急于买方的刚需居民再次燃起“降低房价”的真正期盼。居民2014年至2016年对来年房价预期的调查结果显示，居民对房价的预期呈现出“看涨不看跌”、

"跌涨预期平分秋色"和"看跌不看涨"三次截然不同的分水岭。2013年末对2014年房价的预期调查中，认为来年房价有望回落、和2015年差不多、会有小幅上涨和会有明显上涨的比例分别为3.5%、19.1%、29.3%和48.2%，2014年末该调查比例则为34.6%、25.6%、22.1%和17.8%，2015年末该调查比例则为41%、37.1%、16.6%和5.3%。应该说，居民对房价的心态降温，既是近年来抑制房价快速上涨相关政策发力、业界和媒体大力宣传房地产"拐点"等的影响，更是居民购房消费理念转变的结果。

（六）"教育资源均等化"是2016年居民的第六大期盼

2015年，北京市进一步深化教育领域改革，延续并进一步严格了就近入学、划片入学、非京籍儿童入学等政策。针对这一政策的实施效果，66%的居民认为使得教育资源的享有更加平等了，36.5%认为有利于进一步公开透明化入学过程，杜绝违规操作；25.3%认为明显杜绝了"择校风"、"捐资入学"等问题。但是，31.6%的居民认为针对非京籍儿童需要提供"五证"的政策，减少了非京籍儿童入学的人数；20.4%认为提高了非京籍儿童的入学门槛,增加新的教育资源不平等。展望2016年，居民期盼进一步深入落实各项教育政策，逐步实现"教育资源均等化"，给予更多的人文关怀，打破城市和资源壁垒，让更多的孩子在"阳光"下读书。

（七）"增加养老机构数量，提升服务管理水平"是2016年居民的第七大期盼

在人口老龄化持续加剧背景下，北京市60岁以上老年人每年大概增长15万人，而北京市老龄配套机构和设施的建设速度远远赶不上老年人的增长速度，加之养老保障资金压力进一步显现，不断加大了居民养老忧虑，2016年，居民希望增加更多的养老机构数量，同时提升养老服务机构人员的服务水平和管理能力。目前，北京市400家养老机构中仅有62家内设医务室，其中36家纳入医保定点，北京市近4000家托老所和街乡镇养老照料中心，只有极少数具备医保定点资格。针对北京市养老机构仅实现了"养"，但在"医"上还有欠缺的现状，未来需进一步推进医疗卫生与养老服务合作的医养结合模式，要着力提升机构养老的服务品质（44.6%）、解决老年人养老和医疗分离问题（43.1%）、加快社会资本进入养老服务业（35.5%）。

（八）"增加就业机会和岗位"是2016年居民的第八大期盼

2015年，北京市就业形势比较稳定。特别是"大众创业，万众创新"的号召，让普通人有了更多创新创业机会，成为拉动就业、增加居民收入的又一强力引擎。在这种形势下，居民期盼2016增加就业机会和岗位的愿望不难实现。针对2015年热议的延迟退休政策，86.9%的居民认为延迟退休意味着老年劳动力的增加，会加大年轻人的就业压力；59.6%认为延迟退休应该分行业分情况实施，"一刀切"方式有失偏颇；36.4%认为延迟退休将助于缓解养老压力；21.2%认为延迟退休政策符合我国人口结构及就业情况的变化；19.2%认为每两年延迟1岁退休的渐进式方式对个人的影响不大。

（九）"控制人口数量，加强人口管理"是2016年居民的第九大期盼

人口无序过快增长带来的"大城市病"成为制约北京未来可持续发展的重要因素，2015年北京市采取了多项措施调整产业结构，推动京津冀一体化发展，疏解非首都功能，控制人口规模。2015年4月发布的《京津冀协同发展规划纲要》中明确提出，未来五年北京市将积极推进疏解一般性产业特别是高消耗产业、区域性物流基地、区域性专业市场等部分第三产业、部分教育、医疗、培训机构等社会公共服务功能以及部分行政性、事业性服务机构和企业总部等四类非首都功能。针对上述疏解措施，84.9%的居民认为疏解一般制造业及污染企业对引导人口外迁最有效果，其次是疏解劳动密集型低端产业（76.7%）、疏解商品、服装批发交易市场（69.3%）、疏解部分行政事业单位（20.1%）、疏解大学、科研机构等教育资源（16.5%）、疏解大中型医院等医疗资源（10.7%）、疏解地域特征明显的企业总部（3.3%）。66.8%的居民认为上述非首都功能的疏解会使北京市人口规模有所减少，14.9%认为人口规模基本不变；13.4%认为人口规模会大大减少；4.9%认为人口规模仍然可能继续增加。

（十）“解决社区绿化问题”是2016年居民的第十大期盼

2015年北京提出要新增造林绿化面积12.6万亩、城市绿地面积600公顷。北京市林木绿化率达到59%，森林覆盖率达到41.6%，城市绿化覆盖率达到47.6%。在这场绿化战中，居住小区的绿化建设起着举足轻重的作用。但是目前社区绿化中存在着花草树木维护不到位，死亡枯萎不能及时补种；社区车位不足，社区绿地被停车位挤占；小区常绿花草树木少，冬季绿量不够；侵占绿地变身私家菜园；老旧小区绿化财力、物力不足等诸多问题。展望2016年，“解决社区绿化问题”成为居民的第十大期盼。社区绿化，增加社区绿量，既是现阶段居民追求高品质居住理念的迫切需求，更是建设绿色北京，打造国际一流的和谐宜居之都的重要标准。